21세기

자원봉사관리

-이론과 실제-

이만식 · 손 신 · 신효진 공저

학지사

머리말

우리나라 자원봉사는 1988년 올림픽을 계기로 일반 국민들에게 그 필요성이 인식되기 시작했다. 그 이후 1995년 5 · 31 교육개혁의 영향으로 중 · 고등학생들의 자원봉사활동이 활성화되기 시작했고, 일반 기업과 공공기관 그리고 일반 시민들의 참여로 이어졌다. 하지만 최근의 자원봉사활동에 대한 일반의 관심과 참여의 증가가 시민의식의 전반적인 고양과 사회 · 제도적 제반 여건의 자연스러운 성숙을 통해 이루어졌다기보다는 정부 주도의 교육개혁에 의해 중 · 고등학생들의 비자발적인 참여의 증가와 일부 시민들의 자원봉사활동에 대한 부분적인 관심의 증가에 기인한 바가 큰 것이 사실이다. 이로 인해 일회성 단편적 봉사활동이 실제적 자원봉사활동의 많은 부분을 차지하고 있으며 사회복지기관 · 시설에서는 자원봉사자들을 효과적으로 관리하고 활용하는 데 많은 혼란과 어려움이 있는 것으로 나타나고 있다.

1995년 교육개혁 이후 중 · 고등학생층인 10대 중 · 후반 연령층의 자원봉사활동 참여율은 80%에 육박하지만 이들이 학교를 졸업한 후 자원봉사활동을 지속하는 경우는 매우 드물다.

이들 중 일부라도 자원봉사활동을 지속적으로 수행한다면 현재의 20대와 30대 연령층의 자원봉사활동 참여율 역시 높아질 텐데, 지금도 20대와 30대의 자원봉사 참여율은 20.0% 미만에 머무르고 있는 것이 현실이다. 이러한 현상에는 여러 가지 이유가 있겠지만 가장 중요한 원인은 감수성이 예민한 10대들에게 자원봉사활동의 취지와 필요성 등에 입각한 동기부여가 충분하지 못했기 때문이다. 즉, 자원봉사활동에 대한 관리가 체계적이지 못하고 철저하지 못했기 때문이다.

자원봉사 분야에서는 최근 '재능나눔'이라는 용어가 활발하게 사용되고 있다. 우리 사회의 자원봉사활동이 여전히 10대를 중심으로 전개되고 있으며 사회적 양극화가 심화되고 있는 현실 속에서, 자신의 전문성을 바탕으로 사회의 각 분야에서 활동하고 있는 변호사 · 의사 · 회계사 등이 재능나눔이라는 이름으로 자원봉사활동에 적극적으로 나서고 있는 것이다. 최근에는 기업들도 이러한 '재능나눔' 운동에 동참하고 있다. 재능나눔 운동 역시 자원봉사활동이라는 점에서 향후 이 운동의 성공 여부 또한 관리체계와 관리능력에 있다고 확신한다. 영국이나 호주, 미국, 캐나다 등의 나라에서 30대, 40대의 연령층이 자원봉사활동을 주도적으로 수행하는 데는 무엇보다 자원봉사활동에 대한 과학적인 관리가 뒷받침되었기에 가능한 일이라 생각한다. 재능나눔 참여자를 포함한 자원봉사자들이 보람을 갖고 봉사활동에 지속적으로 참여할 수 있도록 보다 효과적인 자원봉사관리 방안이 마련되어야 하는 이유가 여기에 있다.

그동안 자원봉사에 관련한 이론, 자원봉사 프로그램 안내, 자원봉사자들의 활동사례 등에 관한 책자는 많이 출간되었으나 자원봉사자를 직접 관리하는 실무자들이 현장에서 겪는 어려움을 해결해 줄 수 있는 서적은 찾아보기 어려운 실정이다.

저자들은 모두 학부에서부터 사회복지를 전공했으며, 사회복지 분야에서의 실무 경험도 많은 편이다. 특히, 미국에서의 수학기간 및 현장실무기간 동안 바쁜 가운데에서도 다양한 사회복지기관에서의 직접적인 자원봉사활동은 물론 실제적 관리활동을 적극적으로 수행했다. 이때에 느끼고 배운 자원봉사관리에 대한 선진 지식을 소개하고픈 욕구를 가지고 있었던 저자들은 최근에 학생들의 자원봉사 프로그램, 서울시 '동행' 프로그램이나 공공정책 모니터 자원봉사자에 관한 강의를 통해서 자원봉사관리에 대한 교재의 필요성을 절실히 인식했다. 이런저런 이유로 자원봉사관리에 대한 논의를 계속하다가 저자 모두가 귀국한 2년 전부터 자원봉사관리에 관한 책을 집필하기로 합의하고, 방학 기간 동안 글 쓰는 일에만 하루에 10시간 이상을 할애했다.

이 책의 구성은 강의실에서 한 학기 동안 자원봉사관리론이 실제적으로 논의될 수 있도록 하는 데 역점을 두었다. 또한 가능하면 구체적인 실례를 인용하고자 노력했다. 너무나 미국적인 내용 등은 우리나라의 실정에 맞도록 수정하고자 했으나, 여전히 부족함을 절실히 느낀다.

이 책은 2부 15장으로 구성되었다. 1부는 자원봉사 개요로서 제1장부터 제3장까지 자원봉사의 개념과 특성, 자원봉사 현황 및 동향, 우리나라의 자원봉사관리 실태 및 문제점으로 나누어 현재 우리나라의 자원봉사활동 현황과 실태를 알아보고 그 문제점을 지적함으로써 효과적인 자원봉사관리라는 책의 주제를 본격적으로 다루기 위한 서론 역할을 하도록 안배했다. 특히, 이 부분은 우리나라는 물론 선진국들의 가장 최근의 자원봉사활동 관련 각종 자료와 통계 분석을 통해 현재 우리나라 자원봉사활동의 현황을 보다 객관적이고 실제적으로 파악하는 데 중점을 두었다.

2부는 모두 12개 장으로 구성되어 있는데, 제4장은 자원봉사관리에 대한 개요 부분으로 자원봉사자 관리의 의의와 필요성, 자원봉사관리자의 역할과 기능에 대해 다루었다. 제5장에서 제14장까지는 자원봉사관리의 실제적 과정과 주요 이슈를 10가지 주제로 나누어 각 주제별로 구체적인 사례의 제시와 실제적 상황의 소개를 통해 보다 현실감 있게 다루고자 했다. 여기에서 다룬 주제는 자원봉사 프로그램 기획, 자원봉사 업무설계, 자원봉사자 모집, 자원봉사자 선발과 면접, 자원봉사자 오리엔테이션과 훈련, 자원봉사자 역량 강화, 슈퍼비전체계, 자원봉사자 유지와 성취의 인정, 자원봉사자 평가 그리고 자원봉사자와 직원의 관계다. 마지막 제15장에서 자원봉사자 관리의 2가지 보편적인 원칙 등을 제시하면서 책을 마무리했다.

이 책이 대학에서의 강의 교재로 사용됨은 물론이고 자원봉사자들을 관리하는 사회복지시설 · 기관, 자원봉사센터, 각 종교기관 등의 실무자들이 자원봉사관리 업무를 보다 효과적으로 수행하는 데 유용하게 활용될 수 있기를 바란다.

이 책이 나오기까지 지난 2년 동안 믿고 기다려 주시고 세심한 교정과 편집으로 부족한 내용을 알차게 바꾸어 주신 학지사 편집부에 감사의 마음을 전한다. 출판을 허락해 주신 학지사의 김진환 사장님께도 진심으로 감사의 말씀을 드린다.

2010년
아차산 기슭에서
대표 저자 이만식

차 례

●● 제2부 자원봉사관리

제1부

자원봉사 개요

2009년 행정안전부 통계에 의하면 우리나라 자원봉사자 등록자 수는 2003년 이후 2008년까지 연평균 39%의 증가율을 보이고 있으며, 이는 우리나라 국민의 자원봉사에 대한 관심과 참여가 지난 몇 년간 꾸준히 증가하고 있음을 단적으로 보여 주는 실례다. 현재 우리나라 국민 5명 중 1명꼴로 자원봉사활동에 참여하고 있는 것으로 알려졌다. 하지만 이러한 비율은 영미 문화권은 물론 기타 선진국과 비교할 때 아직 미흡한 수준이며, 자원봉사자들의 인구사회학적 특성과 활동영역 또한 일부 계층과 영역에 집중된 비안정적 구조와 경향을 보이고 있다. 또한, 자원봉사활동을 지원하고 관리하는 제도와 체계상의 미비, 자원봉사단체 간의 연계 부족, 자원봉사관리자의 전문성 부족, 자원봉사자 교육 프로그램의 부족, 자원봉사활동 보상체계 및 사후관리의 미흡 등 효과적인 자원봉사관리체계의 확립을 위해 개선되어야 할 많은 당면과제가 있다.

01
자원봉사의 개념과 특성

1. 자원봉사의 개념

현대사회에서는 자원봉사활동이 다양한 분야에서 광범위하게 전개됨에 따라 자원봉사에 대한 개념 정의가 점점 더 어려워지고 있다. 자원봉사활동의 개념도 국가나 사회, 학자, 활동 영역에 따라 다양하게 정의되고 있다. 예를 들어, 한국여성개발원에서 사용하는 '자원활동'이라는 용어에 대해 살펴보자. 자원봉사의 '봉사'라는 용어가 사회의 '못 가진 자'에게 사회의 '가진 자'가 일방적으로 베푸는 행위라는 소극적인 뉘앙스를 풍기기 때문에 보다 폭넓고 적극적인 의미를 지닌 자원활동이라는 용어를 선호하고 있다. 또한 사회복지 분야의 대표적인 자원봉사이론가인 김영호(1997) 역시 자원봉사의 '봉사'라는 용어가 지니고 있는 '가진 자'의 자선적이고 시혜적 행위 등과 같은 부정적인 의미 때문에 본래의 의미에 충실한 '자원복지(自願福祉)활동'으로 사용할 것을 권고하고 있다. YMCA나 YWCA와 같은 전문적인 사회교육기관에서는 '자원지도자'로, 대한적십자사에서는 '봉사자' 혹은 '봉사원' 으로 사용하고 있으며, 그냥 'volunteer' 로 사용하는 기관도 있다. 최근에 봉사활동으로 활기를 띠고 있는 지방자치단체와 대부분의 사회복지기관에서는 가장 일반적인 '자원봉사' 라는 용어를 사용하고 있다. 이처럼 자원봉사라는 용어가 각 분야에서 다양한 모습으로 사용되고 있지만 이 책에서는 가장 폭넓게 사용되고 있는 개념인 '자원봉사' 를 사용하고자 한다.

자원봉사(voluntarism)라는 용어는 원래 헬라어로 "이웃사랑을 위해 신으로부터 부름 받은 사람" 을 가리키는 것으로, '자유의지' 라는 뜻을 가진 라틴어 'voluntas' 에서 유래했다. 'voluntas' 는 '자발적 의사결정에 의한 자율적 활동' 을 의미하는 단어이며, 특히 어떤 법적 이해관계나 상업적 보상이 없는 상태를 강조하는 개념이다(이민창, 2009). 한자 어원을 살펴보면, 자원(自願)은 "스스로 원해서 행동으로 옮긴다." 라는 뜻이다. 때로는 친구가 하자고 해서, 또는 종교기관에서 다들 하기에 별 생각 없이 따라나설 수도 있지만, 자의에 의해서가 아니라 우연히 시작했더라도 행하는 가운데 가치를 발견함으로써 진정한 의미의 '자원봉사자' 가 될 수 있는 것이다. 봉사(奉仕)는 "타인의 뜻을 받들어 섬긴다." 라는 뜻이다. 봉사를 자칫 부유하고 힘 있는 사람들이 가난하고 힘 없는 사람에게 베푸는 일로 볼 수도 있지만 진정한 봉사는 일방적인 '베풂' 보다는 쌍방적인 '나눔' 이며 이웃과 사회를 '섬기는' 것이다(성공회사회복지 · 선교네트워크, 1999). 즉, 자원봉사는 '이웃과 사회를 위해서 스스로 원하여 섬기는 행동' 이라고 할 수 있다.

한국사회복지협의회(1997)는 "자원봉사란 사회문제의 예방 및 해결을 위하여, 또는 국가의 공익사업을 수행하기 위하여 공사의 공식조직에 자발적으로 참여하여 영리적 보상을 받지 않고 인간존중의 정신과 민주주의의 원칙에 입각하여 낯선 타인을 상대로 필요한 서비스를 제공함으로써 사회의 공동선을 고양시킴과 동시에 이타심의 구현을 통해 자아실현을 성취하고자 하는 지속적이고 계획적인 활동이다." 라고 정의하고 있다.

한국자원봉사단체협의회(1998)는 "자원봉사란 한 개인이 가지고 있는 자원이나 능력을 활용하여 자발적으로 사회와 공동체, 환경 혹은 타인을 위하여 반대급부를 요구하지 않으면서 계획적이고 지속적으로 수행하는 활동으로 체계적인 노력을 통해 문제를 개선하고 변화시키는 것"이라고 정의하고 있다.

미국사회사업협회가 발간하는 사회사업대백과사전(Sieder, 1977)에 의하면, "자원봉사란 개인, 집단, 지역사회에서 발생하는 다양한 사회문제를 예방하고 통제하며, 개선하는 일에 종사하고 있는 공사 조직의 다양한 참여활동에 보수 없이 자발적으로 참여하는 행위를 의미한다." 그로부터 약 20년 후 발간된 대백과사전(Dunn, 1995)에서는 자원봉사를 욕구가 인식되었을 때 어떤 구체적인 이득을 생각하지 않고 사회적 책임이라는 태도로 행동을 선택하는 것이라고 정의하고 있다. 또한 자원봉사는 인간의 기본적인 의무 이상의 행동이며, 일반인들이 기대하는 것 또는 마지못해서 행동하는 것 이상을 의미한다고 규정하고 있다.

엘리스와 노이레스(Ellis & Noyles)는 자원봉사의 개념을 명확히 하기 위하여 자원봉사활동의 구성 요소를 다음의 4가지로 설명하고 있다. 첫째, 자발적 선택(voluntary choice)이어야 하며, 둘째, 사회적 책임(social responsibility)이며, 셋째, 경제적 이익을 추구하지 않으며(without monetary benefit), 넷째, 기본적 의무를 초월하는 것(beyond basic obligations)[1)]이다(류기형 외, 1999 재인용).

김영호(1997)는 "자원복지란 공동체 혹은 지역사회에 있어서 주민들이 다양한 지역사회문제들을 해결하고 예방하며, 전인적 인간화와 복지공동체 문화를 형성하며, 공동의 복지 목표(사랑 · 평화 · 행복)를 달성하기 위하여 보수

1 기본적인 의무란 가족을 돌보거나 투표를 하거나 직업을 갖는 것과 같은 시민으로서의 책임을 말한다.

를 받지 않고 자발적으로 참여 혹은 지원하는 창조적 · 가치적 · 사회적 조화 노력임과 동시에 질적인 삶 그 자체"라고 보았다.

이성록(2003a)은 자원봉사를 사람과 사회를 변화시키기 위한 것으로, 자선이나 선행 등의 도움만을 의미하는 것이 아니라 도움을 수단으로 하여 사람과 사회를 변화시키는 활동으로 정의하고 있다. 그는 더 나아가 단순히 돕는 행위에 그친다면 그것은 자선 또는 선행일 뿐이지 자원봉사라고 할 수 없다는 점을 강조하고 있다. 자원봉사의 궁극적 목적은 도움이나 선행에 있는 것이 아니라 '변화'에 있기 때문이라는 것이다.

유엔 산하조직으로 전 세계 140여 개국의 자원봉사자들이 참여하고 있는 유엔자원봉사조직(United Nations Volunteers: UNV)은 자원봉사를 사람들로 하여금 발전적 도전에 참여하게 하는 강력한 수단으로서 신뢰와 연대, 시민사회의 상호성 강화를 통해 크게는 사회 전체에, 작게는 개인 자원봉사자에게 혜택을 주는 의도적으로 고안된 참여의 기회라는 점을 강조했다.[2)]

조홍식(정무성 외, 2009)은 오늘날 사회의 중요한 성격으로 사회구성원 모두가 서로 합심 · 협조하여 '함께 잘 살아가는 사회'가 되어야 함을 강조하며 "전 국민이 공동체에 대한 관심을 가지고 자발적으로 실천해 나가야 할 의무가 있고, 이 같은 '참여하는 복지'의 대표적인 형태가 자원봉사활동이며, 이를 위해 자발적으로 참여하여 아무 대가도 바라지 않고 순수한 열정을 가지고 봉사하는 사람을 자원봉사자"라고 정의했다.

김동배(2005)는 학자에 따라, 사회의 문화나 가치에 따라 다양하게 정의되고 있는 자원봉사의 개념을 검토한 후에, 자원봉사를 "공공복지를 향한 가치이념인 동시에 민주적 방법에 의한 자주적 · 협동적 실천 노력이며 개인,

2 2010년 3월 http://www.umv.org/about-us.html에서 발췌한 내용이다.

집단, 지역사회에서 발생하는 제반 사회문제를 예방하고 해결하며 사회적 환경을 개선하기 위하여 공사의 조직체를 통해 무보수로 서비스를 제공하는 활동" 이라고 규정하고 있다.

2. 자원봉사의 특성

앞에서 정의한 자원봉사의 특성은 무엇인가? 자원봉사의 특성 역시 자원봉사에 대한 정의와 마찬가지로 많은 학자들이 다양하게 설명하고 있다. 이 중에서 가장 일반적인 특성으로 인정되고 있는 내용을 살펴보면 다음과 같다.

1) 자발성

자발성은 자기 자신이 생각해서 자기 자신이 결정하고 스스로 행동하는 것을 의미하며 자원봉사활동에 있어 가장 핵심적인 특성으로 인정되고 있는 덕목이다. 자발성에 기초한 자원봉사는 타의에 의해 강제로 하는 활동이 아니라 자신이 생각하고 판단하여 스스로 결정하는 자유로운 행동이다. 활동의 참여를 권유받을 수는 있지만 참여 여부에 대한 판단과 결정은 개인적 의사에 따라 주체적으로 이루어지며, 외적 강요에 의한 강제성이 내포된 활동이 아니라는 것이다. 이런 의미에서 최근 대학교에서 자원봉사를 교양과목으로 개설하여 강제로 활동하게 하는 것이나 중 · 고등학생들에게 상급학교 진학에 필요한 항목으로 자원봉사를 하게 하는 것은 진정한 의미의 자원봉사라고 하기에 무리가 있다. 또한 최근 언론에서 크게 부각시키고 있는 '기업에서 행하는 자원봉사' 역시 일정 부분 개인의 승진이나 업적을 위한 반강제적인 봉사이지 진정한 자원봉사는 아니다. 이런 측면에서 자원봉사와 사회봉사를 상호 대체적 개념으로 사용하는 것(이강현, 2002)은 조심할 필요가 있다.

던(Dunn, 1995)은 자발성에 관하여 좀 더 적극적인 시각을 제공하고 있다. 그녀는 자원봉사를 거절하면 자신의 직장을 잃거나 지위가 위험하다고 생각하여 자원봉사활동을 하는 사람은 진정한 의미에서의 자원봉사자가 아니라고 주장한다. 즉, 자원봉사를 하지 않더라도 전혀 손해가 없음이 확실함에도 불구하고 스스로 이타주의나 공동체성에 입각하여 활동하는 것이 진정한 자원봉사라는 것이다. 따라서 진정한 의미의 자원봉사활동을 활성화하기 위해서는 잠재적인 자원봉사자들의 자발적인 동기를 어떻게 제고시킬 수 있느냐를 우선적으로 고려해야 할 것이다.

2) 공익성

자발적으로 자유의지에 입각해서 하는 모든 활동을 자원봉사활동이라고 하지는 않는다. 자원봉사활동은 항상 전체 사회의 복지 수준을 향상시키는 일에 기여할 수 있어야 하며 동시에 인간사회의 공공선(common good)의 발전을 위한 것이어야 한다. 즉, 자원봉사는 자신의 이익이나 일시적 감정에서가 아니라 이웃과 더불어 행복한 삶을 살기 위하여 책임감을 갖고 공동체 구성원이나 어려움에 처한 사람들의 복지 향상을 목표로 하는 사회적 활동을 의미한다. 자신의 취미활동 또는 특정인(예를 들어, 친구나 친척)의 이익을 위한 활동이 아니라 지역사회의 복지 수준 향상에 기여해야 자원봉사라고 할 수 있는 것이다.

공익성을 기반으로 하는 자원봉사활동은 단순하게 자선을 행하는 것이 아니라 사회운동의 성격을 띨 수밖에 없기 때문에 가치중립적일 수 없다. 하지만 참여와 가치를 강조하고 다양성을 존중하는 현대사회에서 어떤 활동이 가치중립적인지를 판단하는 것은 사실상 의미가 없으며, 공익성의 문제는 개인의 사사로운 이익에서 벗어나 동일한 시대를 살아가는 사람으로서 사회적 책임성을 가지고 참여하는 모든 활동을 공익적인 것이라고 불러도 무방하다는 주장(윤병국, 2004)이 설득력이 있다고 보인다. 이러한 의미에서 공익성은 조홍식(정무성 외, 2009)이 자원봉사의 기본적인 특성으로 제시한 복지성[3)]과 일맥상통한다고 할 수 있다.

3) 무보수성

자원봉사활동은 원칙적으로 무보수성 또는 무대가성(無代價性)이어야 한다. 자원봉사활동은 사회, 다른 사람 또는 환경을 위해서 무엇인가 도움을 주고 싶다는 자연스러운 마음에서 출발하는 것으로 이익을 얻거나 무엇을 바라고 하는 행동이 아니다. 어떤 물질적 보상도 바라지 않는 것이다(김범수 외, 2004). 간혹 교통비나 식사비 같은 최소한의 실비를 제공하는 기관도 있지만, 자원봉사자의 입장에서 그러한 것을 기대하고 활동하는 것은 아니다. 그러나 자신이 행한 서비스에 상응하는 다른 형태의 보상은 허용할 수 있으며 이러한 보상을 활용하는 동기이론이 최근 활발하게 연구되고 있다(김범수 외, 2007).

최근에는 자원봉사자에게 실비를 지급해야 한다는 주장을 일부에서 제기하고 있는 것도 사실이다. 이것은 자원봉사의 기본 정신에 어긋나는 것이기는 하나 이웃인 일본에서는 'arbeit와' 'volunteer'의 합성어인 'arbeiteer'라는 용어가 사용되고 있다. 현재 우리 사회에도 '유급 자원봉사자'라는 말이 일반화되고 있기에 무보수성에 대한 진지한 검토가 필요하다고 생각한다.

3 조홍식은 자원봉사자가 갖는 5가지 기본 특성을 제시하면서, 그 첫 번째 특성으로 "생명을 존중하며 이웃과 더불어 사는 가치관에 바탕을 두고 공동체를 건설한다는 자각에서 출발하여 끝까지 이를 지켜 나가는 특성인 복지성"을 제시했다.

이와 관련하여 유엔자원봉사조직(UNV)은 나름대로의 기준을 제시하고 있다. 자원봉사활동은 재정적 이익을 얻기 위한 활동이 아니며 재정적 보상의 수준은 제공된 활동의 가치보다 낮아야 한다고 규정한다(www.unv.org). 조휘일의 주장 역시 비슷한 맥락인데, 그는 자원봉사 보상이 개인의 경제적인 이득은 배제하지만 자신이 행한 서비스에 상응하지 않는 다른 형태의 보상이나 변상은 허용될 수 있다고 주장하고 있다. 또한 그는 자원봉사자가 자신의 차를 이용함으로써 발생하는 가스 비용, 주차 비용 등은 봉사의 대가가 아니라 비용이므로 당연히 받을 권리가 있다고 주장한다(조휘일, 1997). 보건사회연구원의 연구에서도 자원봉사활동을 활성화시키기 위해서는 포상이나 경비 지원 등을 통해서 동기화시키는 것이 필요함을 주장하고 있다(김미숙 외, 1998).

무보수성 문제와 관련하여 이성록(2003b)의 주장에도 관심을 기울일 필요가 있다. 그는 자원봉사를 통한 이익에는 물질적 · 즉각적 이익만 존재하는 것이 아니라 정신적 · 미래적 이익이 있으며, 후자의 이익이 전자의 이익과 최소한 동일한 가치가 있다고 평가될 때 자원봉사활동을 선택하게 된다고 설명하고 있다. 물질적인 보상은 아니지만 자원봉사에 참여함으로써 자긍심과 자신감을 높이고 자신의 가치를 재발견하는 기회를 제공받거나, 새로운 친구와의 교제를 통해 인간관계의 폭을 넓히는 기회가 생기거나, 구체적인 활동을 통해 직업 준비의 기회를 경험하는 등의 정신적 · 심리적 · 사회적 보상 동기는 금전적 무보수성을 대체하는 특성이라 할 수 있다.

최근 들어 자원봉사에 소요되는 최소한의 경비 지급에 대한 논란과 논의는 더욱 가열되고 있으나(고수현, 2003), 자원봉사자들의 활동에 대한 보수와 관계없이 자원봉사활동 중 발생한 사고에 대한 보상을 위한 보험 가입, 활동 인정 및 심리적 보상은 자원봉사활동의 지속과 활성화를 위해 필요하다는 인식이 확산되고 있는 것이 사실이다.

4) 지속성

자원봉사는 본인의 자유의지에 입각한 활동이기 때문에 스스로 활동을 그만둘 수도 있다는 의미가 내포되어 있다. 언제든지 그만둘 수 있다는 특성으로 인하여 자원봉사자들이 무책임하게 간헐적으로 활동하는 경향이 있음을 우려하는 시각이 있다. 그렇기 때문에 자원봉사는 한두 번의 일회적이며 충동적인 활동이 아니라 꾸준히 실천하는 생활의 일환이어야 한다.

이런 우려를 불식시키기 위해서는 자원봉사활동이 개인의 자발성에 기초를 두고 있지만 책임감 있게 일정 기간 동안 계획된 일련의 과정에 따라 지속되어야 한다. 자원봉사활동의 심각한 문제 중 하나는 중도에 포기하는 사람이 생기는 것이다. 자원봉사활동의 궁극적인 목적은 결국 자신의 행복이나 자아실현만을 위한 것이 아니라 타인을 배려하고 타인과의 관계를 고려해야 하는 것이므로 일시적인 활동이 되어서는 안 되며, 뿐만 아니라 평생 동안 해야 할 생활인 것이다. 그렇기 때문에 자원봉사활동은 충동적이어서는 안 되며 신중하게 시작하여야 한다. 즉, 자원봉사의 지속성은 온정주의에 의한 단순한 참여나 동정적 활동과 지역사회의 일원으로서의 체계적인 자원봉사활동을 구분할 수 있는 중요한 잣대가 될 수 있는 특성이라는 것이다(안은영, 2003).

일시적이고 간헐적인 활동도 자원봉사활동이라고 단언하는 자원봉사 전문가도 있다. 그들의 주장에 따르면, 지속적인 활동이 보다 바람직하기는 하지만 자원봉사활동 자체가 지속성을 가지는 것이 아니므로 이를 자원봉사의 속성에 포함시키기에는 무리가 있다는 것이다(이강현, 2004). 그럼에도 불구하고 일부의 자원봉사자들이 약속한 과정을 마치지 못하고 중도하차함으로써 클라이언트들에게 상처를 주거나 불신감을 초래했으며, 이는 앞으로의 자원봉사활동을 관리하는 측면에서도 반드시 극복해야 할 과제이다.

그동안 이루어진 한국 자원봉사 관련 선행연구들의 가장 큰 특징은 '자원봉사자'를 대상으로 한 연구가 가장 많았다는 점이다(이민창, 2008). 이러한 자원봉사자들에 대한 연구를 구체적으로 살펴보면 초기 연구는 참여동기부여와 활동만족도 조사 등에 초점을 맞추었으나, 최근 들어 참여동기보다는 지속동기에 관심을 가지면서 자원봉사활동의 지속성 확보를 위한 대안모색에 관심이 급증하고 있다(구혜영, 2006; 김범수 외, 2007; 류기형 외, 2008). 이러한 연구 경향의 변화는 자원봉사활동의 활성화와 참여자의 확대를 위한 전제조건으로 일단 활동이 시작되면 지속성을 유지시키는 것이 무엇보다 중요하다는 점(오효근, 김욱, 2008)이 공감을 얻고 있음을 의미한다.

02
자원봉사 현황 및 동향

우리나라에서 현대적 의미의 자원봉사활동은 한국전쟁 중에 시작된 자발적인 민간구호활동에서 그 시발점을 찾을 수 있다. 당시 각종 민간단체, 외원단체들은 일부 자원봉사자들이나 독지가들과 함께 구호 중심의 복지사업을 활발하게 전개해 나갔다. 그러나 당시 자원봉사자에 대한 관리는 임기응변적인 것이었다. 1978년 한국사회복지협의회는 사회봉사안내소를 설치하여 자원봉사자 모집, 교육, 배치 등의 사업을 실시하기 시작했다. 그 후 자원봉사활동이 양적으로 증가함에 따라 이를 관리하기 위한 법적 · 제도적 논의가 시작되어 1994년 자원봉사활동진흥법 초안에 대한 논의가 본격화되었다. 2001년 보건복지부의 위탁으로 한국사회복지협의회가 사회복지봉사활동 인증관리사업을 실시하여 현재에 이르고 있으며, 2005년 6월 30일에는 그동안 논의의 결실로 자원봉사활동기본법이 국회에서 통과되고, 2006년 2월 후속조치로 시행령 및 센터설치규정이 제정되어 법적 · 제도적 정비의 마련을 이루었다. 자원봉사활동기본법과 동법 시행령이 시행됨으로써 재난 · 재해 때마다 문제가 되었던 자원봉사자들의 안전보호문제의 기본적 해결이 가능해졌음은 물론 정부가 지원하는 자원봉사 보험[1] 및 보호조치의 개발 및 시행이 가속화되고 있다. 또한 각 지방자치단체는 기존의 자원봉사활동 지원조례를 개정하거나 새로운 조례의 제정, 자원봉사활동 지원업무 추진 등 관련 제도의 정비를 통해 자원봉사활동의 비약적 발전의 토대를 마련했다.

1. 자원봉사활동 현황

1) 자원봉사활동 참여 현황

행정안전부가 1997년 각 지자체에 교부금을 주면서 자원봉사센터 설립을 독려한 이후 자원봉사자의 수는 해마다 늘고 있다. 행정안전부 통계에 따르면, 자원봉사자 등록자 수는 2003년 말 148만 9,009명, 2006년 말 268만 1,193명, 2008년 말 439만 6,633명으로 증가하여(행정안전부, 2009), 2003년에서 2008년까지 5년간 연평균 39%의 증가율을 보이고 있다. 2008년 말 현재 경기도가 105만 9,616명으로 수위이며, 서울 97만 8,373명, 경남 38만 2,891명, 부산 29만 7,020명, 경북 21만 7,653명, 대구 20만 449명 순이다. 2003년 말 자원봉사실태를 심층 분석한 〈조선일보〉[2] 기사와 비교할 때 경기도, 서울, 경남으로 이어지는 시도별 순위에는 변화가 없었으나, 증가율에 있어서는

1 행정안전부에서 발간한 『2008 자원봉사센터 현황』에 따르면 2008년 12월 현재 자원봉사 보험 가입자는 전체 등록자원봉사자 439만 6,633명의 50% 선인 218만 3,666명으로 1회 이상 봉사자의 대부분(89%)이 가입했으며, 보험료는 1인 평균 1,619원인 것으로 나타났다.

2 〈조선일보〉 2004년 9월 6일자 '한해 150만 명 …… 자원봉사 자리 잡았다'에 의하면 행정자치부 통계를 바탕으로 경기도(32만 8,059명), 서울(27만 6,447명), 경남(23만 4,762명), 강원(8만 1,069명), 전남(6만 8,167명), 대구(6만 1,358명)의 순으로 보고했다.

서울 및 수도권 지역과 타 지역 간의 편차가 심한 것으로 나타났다. 서울과 경기도는 지난 5년간 각각 254%(연평균 50.8%)와 223%(연평균 44.6%)의 증가세를 보여 전체 연평균 증가율 39%와 비교할 때 상승비율이 현저히 높은 것으로 나타났다. 하지만 2003년 조사에서 자원봉사 등록자 순위 3위에서 5위까지로 상위권을 차지했던 경남(연평균 12.4%), 강원(연평균 12.4%), 전남(17.2%) 등 비수도권 지역은 전국 연평균 증가율 39% 대비 20% 이상 낮은 수준의 저조한 증가율을 보인 것으로 나타났다. 비수도권 지역 중에는 대구(2003년 조사 6위)만이 5년간 227%(연평균 45.3%)의 증가율을 보임으로써 수도권 지역의 획기적인 증가와 비슷한 정도의 증가세를 보인 유일한 비수도권 지역이다.

자원봉사센터에 등록된 봉사자의 활동은 연인원 1,400만 명에 이르며, 그 중 사회복지 분야가 381만 명(27%), 환경 분야가 141만 명(10%), 공공기관 분야가 84만 명(6%)의 순으로 나타나 아직까지 사회복지 분야의 자원봉사활동이 주류를 이루고 있음을 알 수 있다. 또한 등록자 중 2008년에 1회 이상 활동한 사람은 등록자의 44%인 193만 7,169명이며, 50시간 이상 봉사자는 등록자의 5.4%인 23만 6,648명인 것으로 보고되었다.

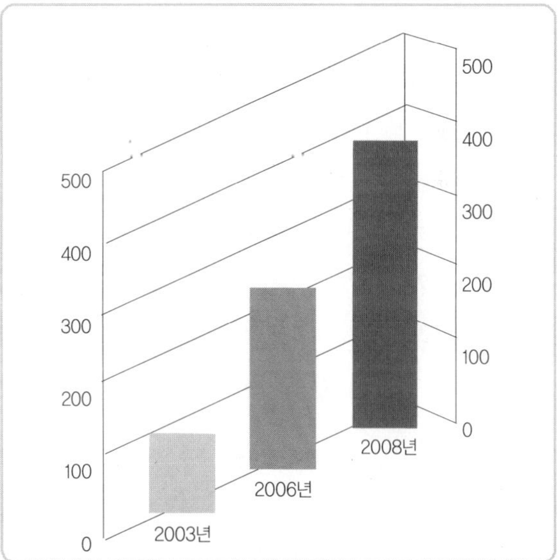

[그림 2-1] 자원봉사센터 등록자 수

보다 대표성을 지닌 표본을 대상으로 조사한 통계청 사회통계국의 자료(2010. 1.)[3]에 의하면, 2009년도 자원봉사활동 참여율은

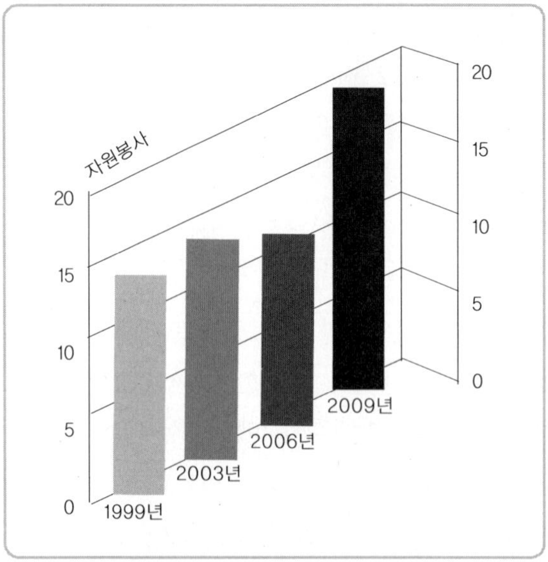

[그림 2-2] 자원봉사활동 참여율

19.3%(15세 이상 인구 대상)에 이르는 것으로 보고되었으며, [그림 2-2]에 나타나는 바와 같이 1999년도 13%의 참여율에 머물렀던 것이 2009년에 19.3%에 이르면서 지속적인 증가세를 보이고 있다.

한 통계에 의하면 2005년도의 20세 이상 성인 자원봉사(경험)자가 이미 750만 명에 이르고 있으며, 20세 이상 전체 성인의 20.5%가 자원봉사를 하고 있다고 밝히고 있다.[4] 또한 〈볼런티어 21〉의 조사에 의하면(이강현 외, 2005) 우리나라의 자원봉사활동 참여율은 1999년 14%에서 2002년 18.3%, 2005년에 20.5%로 이미 2000년대 중반에 20%를 넘어선 것으로 보고 있다. 통계청의 결과와 다른 조사들 간에 나타나는 다소간의 차이가 자원봉사활동 영역에 대한 개념상의 차이, 조사대상자 선정 및 면접원에 대한 사전교육의 차이 등 일부 외부요인에 기인한다는 점을 감안하더라도 현재 우리나라 국민의 자원봉사에 대한 관심과 참여가 최근 몇 년 사이 꾸준히 증가하여 현재 5명 중 1명꼴로 자원봉사활동에 참여하고 있음을 추론할 수 있다.

3 국가통계포털 홈페이지 http://www.kosis.kr에서 발췌한 통계청 사회통계국 사회통계기획과 자료(2010.1.)다.

4 〈중앙일보〉 2005년 7월 2일자 사회면 기사다.

외국의 자원봉사활동 참여 현황은 다음과 같다. 먼저, 영미 문화권(미국, 캐나다, 영국, 호주, 뉴질랜드, 싱가포르, 홍콩 등)의 경우, 전체 국민의 30~35%가 참여하고 있으며 기타 유럽 선진국(네덜란드, 스웨덴, 덴마크, 독일, 프랑스, 스페인 등)의 경우 국민의 25~40%가 참여하고 있다. 한 조사(윤석인, 2003)에 의하면 동구권에서는 자원봉사활동이 마치 자유를 상징하는 운동처럼 인식되어 최근 매우 빠른 속도로 성장하고 있으며, 중남미 국가들의 경우 주로 기독교인들이 교회를 중심으로 전통적인 봉사활동을 하며 대체적으로 15~20%가 참여하고 있으나 콜롬비아는 예외적으로 국민의 48%가 자원봉사활동에 적극적으로 참여하고 있는 것으로 보고되었다. 또한 아프리카 국가들은 전통적으로 매우 활발한 활동을 하여 왔으나 현대적 조직관리 운영은 이제 시작단계에 있다고 한다. 아시아 지역도 아프리카와 비슷한 수준이지만 중국, 인도네시아, 베트남, 방글라데시, 몽골 등이 매우 빠른 속도로 성장하고 있으며, 일본은 20~30%로 참가율을 추정하고 있다. 주로 개발도상국들은 사회복지와 개발에 관한 활동이 중심이 되며, 선진국에서의 활동 분야는 건강(보건의료), 환경, 인권, 교육, 문화 · 스포츠, 모금, 연구활동 등 보다 폭넓은 분야에서 다양한 형태로 이루어지고 있다. 우리나라의 경우 〈표 2-1〉에서 보는 바와 같이 자원봉사 참여도는 아직까지 선진국 수준에는 미치지 못하는 것으로 판단된다.

<표 2-1> 각국의 자원봉사활동 참여율 비교[5] (단위: %)

국가 (조사 연도)	영국* (2008)	캐나다** (2007)	호주*** (2006)	미국**** (2008)	한국***** (2009)
참여율	64(Informal) 43(Formal)	46	35	26.4	19.3

*영국: 2009년 12월 국가통계국(UK National Statistics) 발간자료(2007−2008 Citizenship Survey: Volunteering and Charitable Giving Topic). 자원봉사자활동 중 기관이나 조직을 통한 공식적 활동을 하는 경우를 formal volunteer로, 개인적인 차원에서 하는 경우를 informal volunteer로 분류.

**캐나다: 2009년 6월 국가통계국(Statistics Canada) 발간자료(Caring Canadians, Involved Canadians: Highlights from the 2007 Canada Survey of Giving, Volunteering and Participation).

***호주: 2009년 12월 국가통계국(Australian Bureau of Statistics) 발간자료(Australian Social Trends, 2008).

****미국: 2009년 1월 연방노동통계국(US Bureau of Labor Statistics) 발간자료(Economic New Release: Volunteering in the United States, 2008).

*****한국: 2010년 1월 통계청 사회통계국 사회통계기획과 자원봉사활동 자료(http://www.Kosis.kr)

2) 자원봉사자 인구사회학적 특성

자원봉사자의 봉사활동 참여 여부에 직접적으로 영향을 끼치는 인구사회학적 요인으로는 연령, 경력, 학력, 성별(임번장 외, 2003) 등을 들 수 있다. 통계청(2010)의 보고를 바탕으로 우리나라 자원봉사활동 참여자의 인구사회학적 특성에 따른 봉사활동 참여 현황은 다음과 같다.

5 한국과 캐나다는 15세 이상, 영국과 미국은 16세 이상, 호주는 18세 이상을 대상으로 국가 통계기관에서 발간한 자료다.

(1) 연령별 · 성별 · 직업적 특성

1999년부터 2010년 사이에 발표된 통계청의 자원봉사자 연령별 참여율을 정리한 〈표 2-2〉에 의하면 2009년 12월 현재 10대(15~19세)의 참여율이 79.8%로 가장 높고, 40대(18.6%) 50대(15.5%), 20대와 30대(13.9%, 13.6%), 60대 이상(7.0%)의 순으로 나타났다. 다른 연령대와 비교하여 15세에서 19세 사이 학생층의 참여율과 증가율이 두드러지게 나타나는데 이러한 현상은 수행평가 등 학교성적에 자원봉사활동이 반영되는 19세 이하의 학생층이 자원봉사자의 주요 인적자원으로 대두되고 있다는 사실을 보여 주고 있다. 이는 1995년 중 · 고등학생들의 자원봉사활동 제도화로 기인한 바가 큰 것으로 추정된다(교육과학기술부, 2006). 1995년 5 · 31 교육개혁의 한 방안인 청소년 자원봉사활동은 교육적 차원에서 청소년들이 연간 20시간씩을 기준으로 자원봉사활동을 하도록 함으로써 자발적 봉사활동을 생활화하는 능력을 배양하고 동시에 주변인들을 돌아보면서 현재 자신의 상황을 이해하며 폭넓은 대인관계를 형성하는 인성교육의 목적을 달성하기 위한 것이었다. 하지만 이러한 제도화 이후 15년이 시간이 경과하고, 주 5일 수업제 신시로 여가의 증가라는 측면에서 청소년 자원봉사활동의 활성화 계기와 기반이 마련되었음에도 불구하고 기준 시간 이후의 지속적 참여율은 여전히 20.0%에 머무르고 있어 본래의 취지나 기대에는 미치지 못하는 것으로 나타나고 있다(윤기종, 최승희, 2009).

학생층을 제외하고는 40대 여성층이 20.0%의 참여율을 보임으로써 전체 참여율 19.3%를 상회하는 유일한 집단으로 나타났다. 이는 행정자치부(2004)의 자원봉사자 직업별 분포[6]와 일치하는 것으로 사회적 기반이 있고 생활의 여유가 있는 40대 가정주부와 상급학교 진학에 필요한 자원봉사활동 점수를

6 행정자치부(2004)의 자원봉사자 직업별 분포를 보면 중 · 고등학생이 21%, 주부가 28.9%로 중 · 고등학생과 주부가 전체의 절반을 차지하고 있는 것으로 나타났다.

확보하려는 학생층의 참여 증가가 최근 자원봉사활동 참여율 증가의 주요 요인임을 다시 한 번 확인시켜 준다.

또한 각 연령대별, 성별에 따른 자원봉사 참여자의 현황을 보면 10대에는 성별에 따른 참여율의 차이가 거의 없으나 20대부터 40대까지는 여성 참여율이 남성 참여율을 앞서다가 50대에 접어들면서 남성의 참여율이 높아지는 것으로 보고되었다.[7] 이는 취업자(14.6%)의 경우보다 실업 및 비경제활동인구(25.1%)의 비율이 10.0% 이상 높게 나타난 사실에서 추론할 수 있는 바와 같이 남성의 경우 경제활동이 중단되기 시작하는 50대 이후 자원봉사활동에 대한 관심과 참여가 늘기 시작하여 노년기에 접어들면서 여성에 비해 보다

<표 2-2> 연령별 자원봉사활동 참여율 (단위: %)

연령 구분	1999년	2003년	2006년	2009년
전체 인구	13.0	14.6	14.3	19.3
15~19세[8]	33.8	52.4	59.5	79.8
20~29세	7.8	10.3	8.3	13.9
30~39세	13.2	11.6	10.2	13.6
40~49세	13.0	14.2	13.9	18.6
50~59세	10.8	12.2	12.4	15.5
60세 이상	6.7	6.7	6.5	7.0

7 15~19세에서는 남성 80.2%, 여성 79.4%, 20~29세는 남성 13.6%, 여성 14.2%, 30~39세는 남성 11.2%, 여성 16.2%, 40~49세는 남성 17.2%, 여성 20%, 50~59세에서는 남성 15.9%, 여성 15.1%, 60세 이상에서는 남성 8.2%, 여성 6.0%, 65세 이상에서는 남성 6.7%, 여성 4.4% 비율을 나타냈다.

8 1991년 사회통계조사에 의하면 15~19세의 자원봉사활동 참여율은 3.7%로 모든 연령대 중 최하위를 기록했다. 학생층의 자원봉사 참여율이 1990년 중반 이후 급격한 성장세를 보인 요인의 하나로 1995년 5월 공표된 자원봉사활동점수를 학교성적에 포함시키는 내용을 골자로 한 5 · 31 교육개혁의 영향을 생각할 수 있다. 이를 반증하는 자료로 사회복지자원봉사 인증관리시스템을 통한 2008년 자원봉사 통계자료(보건복지가족부, 2009b)를 보면 전체 인증서의 79.35%가 학생층에게 발급된 사실을 들 수 있다.

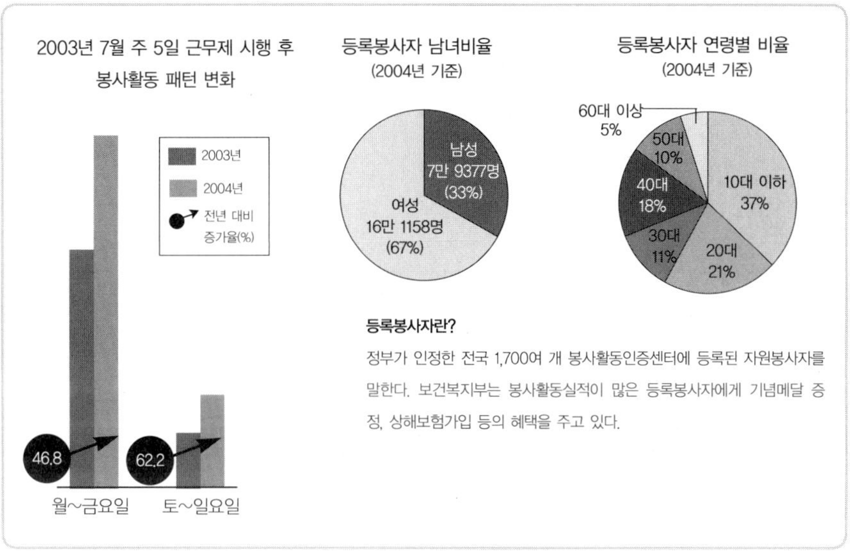

[그림 2-3] 자원봉사 참여자 현황

출처: 중앙일보(2005. 6. 11.). 도우며 사는 재미 예전엔 몰랐어요.

적극적으로 자원봉사활동에 참여하고 있음을 알 수 있다. 또한 취업자 대비 비경제활동인구의 적극적인 참여 현상은 중년의 전업주부층이 실제적인 자원봉사활동의 주체로 자리매김하고 있다는 최근의 각종 보고들을 반증하는 자료라 할 수 있다.

한국자원봉사협의회의 용역조사연구보고서(2007)에 의하면 직업별 분포는 가정주부가 가장 높고, 최근 기업의 자원봉사 참여를 반영하듯 사무 · 기술직의 참여가 과거에 비해 늘어 전국 평균치를 상회했으며, 전문 · 자유직, 경영 · 관리직 등에서는 참여가 저조한 것으로 나타났다. 또한 한국갤럽(2002)의 연구를 보면 지난 1년 중 자원봉사에 참여한 인구의 성비는 여성이 52.6%로 남성의 47.4%보다 높게 나타났고, 자원봉사 경험자의 직업은 27.5%가 가정주부, 19.8%가 자영업, 13.8%가 사무 · 기술직으로 나타났다. 2010년 현재 전국의 자원봉사센터에 등록된 자원봉사자의 성별 역시 여성

(57%)이 남성(43%)보다 많고, 연령별로는 10대(25%)와 40대(21%)가 가장 많고, 이어서 30대(15%)와 20대 순이며, 직업별로는 중고생(18%)이 가장 많고, 주부(16%), 회사원(7%), 자영업(5%) 순으로 나타나고 있다(통계청, 2010).

연령별 자원봉사활동 현황과 관련하여 한 가지 주목할 만한 현상은 고령화 사회로의 전환에 따른 생산적 복지라는 정책 방향의 설정과 함께 노인자원봉사활성화 방안이 최근 들어 노인복지의 중요한 주제가 되고 있음에도 불구하고 60세 이상 노년층의 자원봉사활동 참여율은 7.0%로 다른 연령층과 비교하여 현저히 낮은 상태라는 점이다. 또한 지난 10년간의 참여율 변화 추이 역시 타 연령층의 경우 지속적인 증가세를 보이고 있는 데 반해 노년층의 경우는 큰 변화가 나타나지 않고 있다. 보건복지부의 위탁으로 시행된 '전문 노인자원봉사 프로그램 매뉴얼 개발연구' 최종 보고서(권중돈, 2008)는 기존 연구의 결과를 취합하여 노인 자원봉사 참여에 부정적 영향을 끼치는 요인들을 지적하면서, 노인의 신체적 기능 수준의 약화와 경제적 어려움을 가장 주된 요인으로 들었다. 그 밖에 급격한 사회변화로 인한 노인의 지식과 기술의 효용성 약화, 노년기의 독특한 심리적 발달요인 등도 노인의 자원봉사 참여를 저해하는 요인이라고 지적하고 있다. 이러한 문제에 대한 보다 심도 있는 분석과 개선 노력이 지속적으로 이루어져야 할 것이며, 권중돈(2008)이 지적 한 대로 노인맞춤 자원봉사 프로그램의 개발, 노인전담 자원봉사관리자 및 지도자 양성, 노인 자원봉사 전담조직의 설치와 운용, 자원봉사활동에 대한 보상체계의 강화 등과 같은 다양한 실질적 대안이 마련되어야 할 것이다.

한국의 연령별, 성별 자원봉사 참여 실태를 외국의 경우와 비교할 때 〈표 2-3〉에서 보는 바와 같이 현저한 차이가 있음이 발견된다. 영국과 미국의 경우 한국의 학생집단에 상응하는 16세에서 24세 사이 집단의 참여율이 타 연령집단과 비교할 때 가장 낮은 연령집단 중 하나로 나타난 반면, 4개국 모두 35세에서 45세 사이 연령집단의 참여율이 가장 높거나(호주, 미국), 두 번째로 높은 것(영국, 캐나다)으로 나타났다. 각국의 성별 구성을 보면 한국과 마찬가지로 모든 나라에서 여성의 참여율이 남성보다 높은 것으로 나타났다. 하지만 그 해석에서 주의해야 할 점이 있는데, 예를 들어 미국의 경우 자원봉사자의 인구 집단별 참여율을 세분해 보면 여성 중 일하는 여성(working women)의 참여

<표 2-3> 각국의 연령별, 성별 자원봉사활동 참여율[9] (단위: %)

국가 (조사 연도)	영국* (2008)	캐나다** (2007)	호주*** (2006)	미국**** (2008)
전체 인구	27(35)	46	35	26.4
16~24세	23(41)	58	32	21.9
25~34세	22(35)	40	32	22.8
35~44세	29(37)	52	43	31.3
45~54세	29(31)	48	40	29.9
55~64세	31(35)	40	33	28.1
65세 이상	24(28)	36	33	23.5
성별(여성)	25(29)	45(47)	32(36)	23.2(29.4)

*영국: 이 자료는 적어도 한 달에 한 번 이상 자원봉사활동에 참여하는 적극적 참여자를 대상으로 분류한 것이다. 2009년 12월 국가통계국(UK National Statistics) 발간자료(2007-2008 Citizenship Survey: Volunteering and Charitable Giving Topic)로 ( )안의 숫자는 개인적인 차원에서 하는 자원봉사활동인 informal volunteer로 분류했을 경우의 참여율이다.

**캐나다: 2009년 6월 국가통계국(Statistics Canada) 발간자료(Caring Canadians, Involved Canadians: Highlights from the 2007 Canada Survey of Giving, Volunteering and Participation).

***호주: 2007년 7월 국가통계국(Australian Bureau of Statistics) 발간자료(2006 Voluntary Work Australia).

****미국: 2009년 1월 연방노동통계국(US Bureau of Labor Statistics) 발간자료(Economic New Release: Volunteering in the United States, 2008).

9 영국(한 달에 한 번 이상 참여자)을 제외한 3개국은 1년에 한 번 이상 참여자를 대상으로 한 자료다. 16~24세의 참여율은 캐나다는 15세 이상, 영국과 미국은 16세 이상, 호주는 18세 이상을 대상으로 국가통계기관에서 발간한 자료다.

율이 일하지 않는 여성(non-working women)의 참여율보다 크게 높은 것으로 나타나고 있다. 이러한 수치는 여성의 참여가 높다고 해서 우리나라의 경우처럼 전업주부가 자원봉사활동의 주요 계층이라고 일반화할 수 없음을 의미한다. 이러한 통계는 외국의 경우 자원봉사활동 주요 참여층의 성향과 참여 동기가 한국의 경우와는 분명히 다름을 보여 주는 실례라 할 수 있다.

(2) 학력별, 소득 수준별 특성

통계청 자원봉사자 교육별, 소득별 참여율을 정리한 〈표 2-4〉에 의하면 지난 수년간 중졸 학력 봉사자의 참여가 가장 두드러지게 나타나고 있는데 국민 전체 평균 참여율이 19.3%인 점을 고려할 때 중졸 이외 학력자들은 평균 수준에도 미치지 못하는 저조한 참여율을 보이는 것으로 드러났다. 소득 수준에 따른 자원봉사 참여 실태를 보면 소득이 증가할수록 참여율이 높아지는 경향

<표 2-4> 학력별, 소득별 자원봉사활동 참여율 (단위: %)

교육 정도	2003년	2006년	2009년
초졸 이하	10.0	8.9	10.4
중졸	27.7	30.8	42.4*
고졸	12.2	11.4	15.0
대졸 이상	13.6	12.7	18.4
소득 수준			
100만 원 미만		10.0	11.3
100~200만 원		12.4	15.0
200~300만 원		14.3	19.9
300~400만 원		17.6	23.3
400~500만 원		19.7	25.7
500~600만 원		19.7	27.1
600만 원 이상		20.3	30.1

출처: 통계청(2003, 2006, 2009). 사회통계국 사회통계기획과 자원봉사활동.

*42.4%를 나타내는 중졸은 대체적으로 고등학교에 재학 중인 학생이다. 이들이 상급학교인 대학교에 진학하기 위해서 자원봉사활동을 열심히 하고 있다고 생각된다.

을 알 수 있다. 구체적으로 월소득 200만 원 미만의 저소득층은 평균 이하의 저조한 참여율을 보이고 있으며, 소득이 올라갈수록 참여율도 점차 높아져 고소득층의 경우 평균 참여율을 크게 상회하는 높은 참여율을 나타내고 있다.

한국자원봉사협의회의 용역조사연구보고서(2007)에 따르면 자원봉사 참여자들은 학력이 높아질수록 참여율이 높아지는 경향이 있다. 한국갤럽이 실시한 연구(2002) 역시 비슷한 결과를 보여 주는데, 자원봉사 참여자의 82.2%가 고졸 이상인 것으로 나타났다. 이러한 결과들은 통계청의 결과와는 일치하지 않는 것으로, 연구 대상과 시기에 따라 차이가 나는 것으로 생각된다. 각 조사별 표본이 갖는 대표성을 고려할 때 통계청 사회통계조사의 결과가 현 실태를 가장 잘 반영하는 것으로 추측된다.

외국의 경우 많은 나라가 학력이 높을수록 자원봉사 참여율 역시 높아지는 것[10]으로 드러나, 중학교 졸업 학력의 자원봉사자들의 참여율이 가장 높은 우리나라의 경우[11]와는 크게 대비되는 것으로 나타났다. 미국의 경우 학력이 자원봉사활동과 밀접한 관련이 있음은 여러 조사를 통해 나타나는데 대학 졸업 이상인 사람이 고등학교만 졸업한 사람들보다 최소한 50.0~60.0% 이상 자원봉사활동을 하는 것으로 보고되었다.[12] 또한 자원봉사활동은 사회를 위한 기부(donation)와도 깊은 관계가 있음이 나타났다. 예를 들면, 가족 중 한 명이라도 자원봉사를 하는 가정이 한 명도 자원봉사를 하지

10 각국 정부기관에서 발표한 학력별 자원봉사 참여율을 보면 미국(2008년 기준)은 고졸 미만(9.4%), 고졸(19.1%), 전문대졸/대재(30.1%), 대졸(41.8%) 순으로 높아지는 것으로 나타났으며, 캐나다(2007년 기준)도 고졸 미만(39%), 고졸(42%), 전문대졸/대재(50%), 대졸(57%) 순으로 나타났다. 그 외 영국, 호주 등도 학력과 자원봉사 참여율 간에 밀접한 상관관계가 있는 것으로 보고되었다.

11 중졸의 학력을 가진 자원봉사자의 상당수가 현재 고등학교에 재학 중인 학생자원봉사자로 추정된다.

12 2010년 1월 http://www.independentsector.org에서 발췌한 자료다.

않는 가정보다 사회를 위하여 기부하는 비율이 2배나 된다는 보고가 있다.[13)] 자원봉사활동은 가정의 수입과도 연관이 있는 것으로 보고되고 있는데, 연수입 2만 달러 이하의 가정에서는 42%만이 자원봉사를 하는 반면 4만 달러 이상 5만 달러 이하의 가정의 68%가 자원봉사를 하고 있는 것으로 밝혀졌다.[14)]

3) 자원봉사자 활동 분야 및 기여

자원봉사의 활동 분야를 보면 2008년 12월 현재 사회복지시설 및 의료시설 봉사 27%, 환경보호 봉사 10%, 교통질서 봉사 8%, 범죄예방활동 7%, 공공기관 봉사 6%, 문화관광 · 예술체육 봉사 5%, 재난 · 재해 복구활동 1.5%, 기타 35% 순으로 다양한 분야에서 활동이 이루어지고 있다.

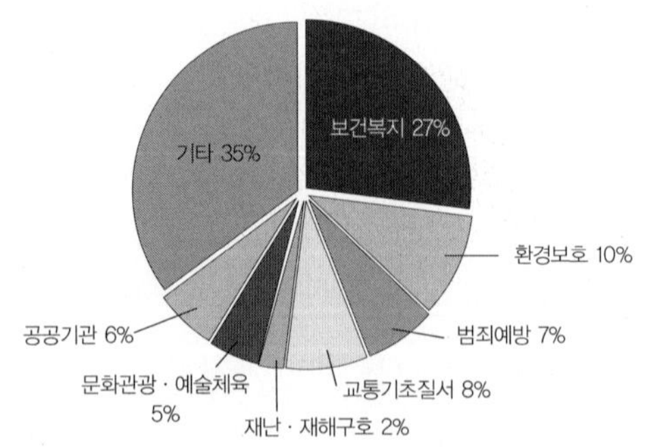

[그림 2-4] 자원봉사활동 현황(2008년 12월 현재)

출처: 행정자치부[15)](2009). 자원봉사센터현황.

13 2010년 1월 http://www.independentsector.org에서 발췌한 자료다.
14 2010년 1월 http://www.independentsector.org에서 발췌한 자료다.
15 행정자치부는 2008년 2월 29일 중앙인사위원회, 국가비상기획위원회, 정보통신부의 일부 업무를 통합하여 행정안전부로 개편되었다.

또한 자원봉사 경험자의 90% 이상이 도시에 거주하고 있으며, 27.5%는 사회복지 영역, 종교단체에서 20.6%, 17.5%는 관공서, 8.1%는 공익민간단체에서 활동하고 있는 것으로 나타났다(교육인적자원부, 2004). 2002년에 실시한 한국자원봉사단체협의회의 조사 결과에 따르면, 사회복지, 교육, 환경, 문화예술 등 총 13개 자원봉사활동 중 전국 자원봉사단체의 55.4%가 사회복지 분야에서 활동하는 것으로 나타났으며, 자원봉사자의 종교별 참여율은 개신교 32.7%, 불교 21.4%, 가톨릭 19.9%의 순으로 나타났다. 시간대별 자원봉사활동 현황은 자원봉사자의 82.8%가 평일(월~금)에 활동하고 있는 것으로 나타났고 주말(토~일)의 경우는 17.2%에 불과한 것으로 나타났다(한국자원봉사단체협의회, 2002).

〈표 2-5〉에서 알 수 있듯 지난 몇 년 사이에 보건복지, 환경보호, 교통질서, 재난구호, 공공기관봉사 등 정부 분류의 기준이 되는 주요 활동 분야의 비율은 점차 줄어들고 과거에는 소수에 불과했던 범죄예방이나 문화관광 · 예술체육 분야 등 새로운 분야의 자원봉사활동이 활성화되는 추세에 있다.

한 조사에 따르면 우리나라의 성인 자원봉사자는 주 평균 1.9시간을 자원봉사활동에 사용하며 연간 총 자원봉사시간은 약 5억 3,230만 시간으로 추

<표 2-5> 자원봉사자의 활동 분야 (단위: 명)

연도	활동 분야						
	총계	사회복지 의료시설	환경 보호	교통 질서	구조구급 수해복구	공공 기관	기타
2003	4,681,503	1,507,577 (32.2%)	824,555 (17.6%)	593,054 (12.7%)	589,213 (12.6%)	352,751 (7.5%)	814,353 (17.4%)
2006	10,314,903	2,989.688 (29.0%)	1,054,025 (10.2%)	646,520 (6.3%)	221,039 (2.1%)	669,983 (6.5%)	4,733,648 (45.9%)
2009	14,020,872	3,812,157 (27.2%)	1,413,702 (10.1%)	1,149,349 (8.2%)	214,678 (1.5%)	846,779 (6.0%)	6,587,207 (47.0%)

출처: 행정안전부(2004, 2007, 2009). 자원봉사센터현황.

정되었다. 이러한 자원봉사활동을 경제적 가치로 산출했을 때, 직업노동을 통한 시장임금으로 측정한 기회비용법에 의거해 자원봉사활동의 경제적 가치는 98~100억 원이었고, 임금노동자로 대체해 지불해야 하는 임금 수준으로 평가한 시장대체비용법을 감안한 경제적 가치는 최소 65억 원 이상이었다. 국가 전체적으로는 3조 6,000억 원 이상의 금전적 가치를 갖는 것으로 추정되고 있다(한국자원봉사센터협의회, 2005). 또 다른 조사에서는 우리나라 국민 전체의 자원봉사활동의 금전적 가치를 연간 총 자원봉사시간 수에 전체 산업 남녀 시간당 평균임금을 곱하여 연간 3조 1,700억 원으로 추산했다(이강현, 2004). 이러한 경제적 평가에 의한 자원봉사활동은 사회복지서비스 규모에 0.6~1.4% 정도 기여하는 것으로 추산되며, 이는 2004년 GDP의 0.41%에 해당하는 금액이다.

참고로 미국 및 유럽 주요 선진국의 자원봉사활동의 경제적 가치는 GDP의 평균 2% 이상에 해당하는 수준으로 자원봉사활동이 국민경제에 미치는 비중이 상당히 큰 것으로 나타난다. 1997년 영국의 자원봉사활동은 326억 달러(37조 9,000억 원), 1998년 미국의 자원봉사활동은 2,250억 달러(261조 원), 캐나다는 160억 달러(18조 6,000억 원)어치의 GDP 증진 효과가 있었다고 한다(이강현, 2004). 우리나라의 경우 2004년 기준 선진국의 25% 수준에 머무르고 있는 것으로 나타나 현재로서는 선진국에 비하여 그 비중이 상당히 낮음을 알 수 있다. 그러나 2000년 중반 이후 자원봉사 인력이 크게 증가하는 경향에 비추어 앞으로 한국의 자원봉사활동도 국민경제에 적지 않은 비중을 차지할 것으로 예상된다.

미국인들의 자원봉사활동 분야를 보면 음식을 제공한다든지 건물을 수리해 준다든지 하는 등의 직접적인 서비스 분야(direct service activity) 24.0%, 기금모집(fund raising) 분야 16.0%, 비공식적 자원봉사(informal volunteering) 분야 15.0%, 종교 분야 14.0%, 상담 분야 11.0%, 청소년 분야 11.0%, 이벤트 조직 분야 10.0%, 가정 방문 9.0% 순으로 나타나고 있다. 미연방노동통계국(US

Bureau of Labor Statistics, 2009)의 자료에 의하면 미국 자원봉사자의 35.0%가 종교단체에서, 26.0%가 교육 및 청소년 단체에서 활동하고 있으며, 사회복지단체에서 활동하고 있는 자원봉사자는 13.0%에 이르고 있는 것으로 보고되었다. 미국 자원봉사에서 또 다른 한 가지 특이한 점은 75세 이상의 자원봉사자 비율이 계속 증가하고 있다는 점이다. 예를 들어, 1995년에는 75세 이상 노인의 35.0%가 자원봉사활동에 참여했는데, 3년 후인 1998년에는 그 비율이 43.0%로 증가 현상을 보였다.[16] 이러한 현상은 한국의 상황과 대비되는 것으로 시사하는 바가 적지 않다.

2. 자원봉사 관련 기관 현황

1) 자원봉사센터 현황

우리나라 자원봉사센터 설립 및 지원의 근간이 되는 법률은 2005년 8월 제정되어 2006년 2월 시행된 자원봉사활동기본법이다. 이 법은 자원봉사전달체계의 단일화를 통해 인적·물적 자원의 낭비와 중복을 방지하고 지역사회 자원봉사활동을 체계적으로 지원하기 위한 목적으로 제정되었으며(배기효 외, 2007) 자원봉사 활성화를 위해 자원봉사센터의 설치 및 운영에 대한 설립근거를 명시하고 있다.[17]

2010년 우리나라에서 자원봉사활동의 행정지원과 관련한 핵심 부처는 행정안전부, 보건복지부, 여성가족부 등 3개 부서다. 이 중 주무부처는 행정안전부

16 2010년 1월 http://www.independentsector.org에서 발췌한 자료다.
17 자원봉사활동기본법 제19조 1항 및 3항을 참조하기 바란다.

이지만 나머지 부처에서도 여전히 산하에 자원봉사센터나 자원봉사 담당기구를 두고 자원봉사와 관련한 행정적 지원을 하고 있다(윤병국, 2004). 행정안전부는 2009년 현재 전국 시 · 군 · 구에 1개소씩 총 248개소의 자원봉사센터를 설치하여 운영하고 있다. 248개 자치단체 중 246개 자치단체가 자원봉사활동지원조례를 제정하여 센터 운영 및 자원봉사활동을 지원하고 있으며, 자치단체가 직접 운영하는 센터가 158개(64%), 비영리법인에 위탁하여 운영하는 센터가 74개(30%), 별도 법인을 설립하여 운영하는 센터가 16개(6%)로 센터 운영의 민영화율은 36%에 이르고 있다. 또한 자원봉사센터에는 총 1,253명이 근무하고 있으며, 이 중 민간인이 1,038명(83%), 공무원이 215명(17%)이다. 자원봉사의 필요성이 새롭게 인식되면서 자원봉사센터는 각 지역단위 내에서 자원봉사활동을 진흥시키고 활성화하는 것과 관련된 각종 업무 및 자원봉사 인력관리, 자원 업무, 프로그램 개발 및 진행 등의 총체적인 임무를 담당하는 자원봉사활동의 공식적 · 대표적 기관으로 자리매김하고 있다(행정안전부, 2009).

또한 보건복지부는 한국사회복지협의회, 시도사회복지협의회가 주관하는 전국의 17개 중앙 및 광역시 · 도별 사회복지자원정보센터 운영의 주체가 되고 있다. 사회복지자원봉사센터는 2009년 7월 현재 전국의 5,698개 사회복지기관과 시설을 자원봉사인증기관으로 공식화시켜 사회복지 분야의 자원봉사활동 활성화의 주체가 되고 있음은 물론 사회복지 봉사활동의 정보제공시스템이자 자원봉사 인증관리시스템인 VMS의 운영을 통해 사회복지 봉사활동의 효과적 운영관리 및 상호협력체계 구축, 정책통계 확보 및 활성화 기반의 구축을 통한 사회복지 봉사활동실적의 사회적 신뢰 구축에 일조하고 있다.[18] 또한 대국민 사회복지 봉사활동 참여 촉진과 지속적 활동 기반 조성

18 한국사회복지협의회 웹사이트(http://kncsw.bokji.net/02_Business/vms.jsp)의 내용이다.

<표 2-6> 행정부처별 자원봉사센터 지원현황[19]

구분	행정안전부	보건복지부		여성가족부	
담당부서	지방행정국 민간협력과	사회복지정책실 사회서비스자원과		청소년가족 정책실	
센터명	자원봉사센터	사회복지자원 정보센터	재가복지 봉사센터	한국청소년 진흥센터	여성자원 활동센터
설치근거	자원봉사활동 기본법 제19조	사회복지사업법 제9조		청소년활동 진흥법 제33조	여성발전기본법 제28조
설치단위	시·군·구	광역시·도	시·군·구	광역시·도	시·군·구
법인여부	지자체 직영 또는 민간위탁	민간위탁			지자체 직영 또는 민간위탁
주요재원	특별교부세	국고 보조금	보조금	청소년육성기금	여성발전기금
관리체계	자원봉사 관리시스템	VMS (자원봉사인증 관리시스템)	지역사회복지관 부설조직	온라인 포털사이트	여성자원봉사 네트워크
주요기능	자원봉사자 모집, 배치	사회복지 봉사활동 지원	사회복지 봉사활동 지원	청소년자원봉사 모집, 배치, 관리	여성자원봉사 활성화

출처: 승금희(2005: 77), 조성숙(2009: 135), 주성수(2005: 159)를 참고하여 재구성하고, 국가기관 공식자료 및 공식 웹사이트 자료[20]를 통해 보완했다.

19 2010년 3월 19일 국가조직 개편에 따라 보건복지가족부는 보건복지부로, 여성부는 여성가족부로 명칭이 변경되고, 가족 · 청소년 업무가 여성가족부로 이관되었다. 이에 따라 그동안 보건복지가족부 산하였던 '아동청소년정책실'이 '청소년가족정책실'로 명칭이 변경되어 여성가족부 산하로 확대, 운영되고 있다.

20 행정안전부(2009 자원봉사센터개요), 보건복지가족부(2008 사회복지자원봉사센터 운영안내, 보건복지부 공식 웹사이트), 한국자원봉사협의회(자원봉사활동진흥을 위한 국가기본계획수립 연구용역 2008~2012), 여성가족부(공식 웹사이트) 자료다.

의 일환으로 '자원봉사자 상해보험제도'를 운영함은 물론 자원봉사자카드 발급사업을 추진하고 있다(보건복지가족부, 2008).

보건복지부의 관리를 받는 또 다른 자원봉사조직으로서 재가복지봉사센터가 있다. 2009년 현재 전국적으로 374개가 설치·운영 중인 재가복지봉사센터는 지역사회복지관 부설조직으로서 자원봉사센터와는 구별된 자원봉사활동 전달체계를 가지고 있으며, 해당 사회복지관의 관장이 센터의 장을 겸직하면서 업무의 총괄적 책임을 지고 있다. 이 센터는 가정방문 서비스 제공, 지역사회 자원의 동원 및 활용, 지역사회 욕구의 조사와 진단, 사업의 평가와 참여자 교육 등 사회복지 자원봉사활동의 또 다른 전달체계로서 중요한 역할을 수행하고 있다(보건복지가족부, 2009a).

여성가족부가 운영의 책임을 맡고 있는 또 하나의 중요한 자원봉사활동 관련 조직으로 청소년가족정책실[21]산하의 한국청소년진흥센터가 있다. 한국청소년진흥센터는 청소년 활동, 청소년 복지, 청소년 보호에 관련된 종합적 안내 및 서비스를 제공하는 단체다. 특히, 이 기관은 2006년 청소년자원봉사센터와 통합된 이후 청소년자원봉사자 모집, 배치, 관리, 인증 관련 업무를 총괄하고 있으며, 산하에 16개 광역시·도별 청소년활동진흥센터의 온라인 포털사이트를 통해 청소년자원봉사활동을 운영, 관리하고 있다.

여성발전기본법[22]에 의거, 시·군·구 단위로 운영 중인 여성자원활동센

21 문화관광부 청소년국과 국무총리실 청소년위원회가 통합되어 2005년 탄생한 국가청소년위원회가 2008년 2월 보건복지가족부에 흡수되면서 아동청소년정책실로 명칭이 바뀌었다. 아동청소년정책실은 다시 2010년 3월 여성가족부로 이관되면서 청소년가족정책실로 확대 개편되었다.

22 여성발전기본법 제28조에 의거, 여성가족부장관은 전국 단위의 자원봉사활동을 지원하기위해 전국 여성자원활동센터를 설치·운영할 수 있으며, 여성발전기본법 시행령에 따라 지방자치단체의 장은 여성자원봉사활동을 촉진하기 위해 여성자원활동센터를 설치·운영할 수 있다.

터는 2006년 현재 전국에 157개소가 운영되고 있으며, 이들 센터는 지방자치단체 자원봉사센터 소속으로 지자체 혹은 여성회관 직영의 형태 혹은 민간단체 위탁 형태로 운영되고 있다. 여성자원활동센터는 다양한 여성자원활동의 전문 영역을 개발하고 여성자원활동가의 발굴, 모집, 교육을 통해 자원봉사활동의 수요처와의 연결 및 관련 기관 간 정보 교류와 주민홍보 등의 역할에 주안점을 두고 있다(주성수, 2005).

2) 자원봉사단체 현황

2008년 12월 현재 시 · 도별 자원봉사단체 현황을 살펴보면 총 1만 6,786개소 중에 경기가 2,106개소로 가장 많은 것으로 나타났으며, 이어서 경남 1,733개소, 서울 1,704개소, 경북 1,567개소, 부산 1,505개소, 울산 1,150개소, 제주 1,133개소 순으로 나타났다. 전체 16개 광역시 · 도 중에서 자원봉사단체 수가 1,000개소가 넘는 시 · 도는 일곱 곳인 것으로 나타났다. 한 가지 특이한 사항은 불과 수년 전인 2004년(교육인적자원부, 2004) 당시 자원봉사단체 수 상위 3위와 6위를 기록했던 광주(2004년 1,607개소)와 전남(2004년 1,368개소)의 자원봉사단체들이 각각 857개소와 765개소로 50% 가까이 감소했다는 사실이다.

소속 인원 현황은 총 95만 4,509명이며, 단체 수로는 3위인 서울이 12만 460명으로 가장 많고, 이어서 경기가 10만 8,341명으로 부산 10만 3,900명과 함께 10만 명을 넘는 것으로 나타났다. 다음으로는 경남 9만 2,149명, 경북 8만 3,123명, 울산 6만 2,607명 순이다(보건복지가족부, 2009b).

<표 2-7> 시 · 도별 자원봉사단체 및 소속인원 현황(2008년 12월 기준)

(단위: 개소, 명)

구분	봉사단체 수	소속 구성원 수
서울	1,704	120,460
부산	1,505	103,900
대구	451	32,775
인천	707	38,437
광주	857	41,623
대전	745	34,377
울산	1,150	62,607
경기	2,106	108,341
강원	720	37,902
충북	426	27,541
충남	617	27,641
전북	602	39,494
전남	765	49,267
경북	1,567	83,123
경남	1,733	92,149
제주	1,133	54,872
계	16,786	954,509

출처: 보건복지가족부(2009b). 2008 사회복지 자원봉사 통계연보.

3. 자원봉사활동의 동향

지금까지 우리나라 자원봉사자들의 참여 현황, 정부와 관련 단체의 지원 및 관리 현황, 자원봉사센터의 운영 현황 등을 살펴보았다. 이에 대한 이해를 바탕으로 현재 우리나라 자원봉사자 및 활동 영역의 주요 특성과 동향을 다음과 같이 정리할 수 있다.

첫째, 자원봉사 참여인구의 양적 증가 현상이다. 앞 장에서 언급한 바와 같이 최근 자원봉사활동 참여 인구가 크게 증가했으며 참여 가능성이 높은 잠재 인구 역시 급증했다.

둘째, 자원봉사활동 구성원의 다양화 현상이다. 학교, 기업, 사회단체 등 다양한 사회조직이 자원봉사활동에 참여함으로써 이제 자원봉사활동은 특정 계층에 국한되지 않고 각 계층이 참여하는 범국민운동으로 발전하고 있다는 점이다.

셋째, 자원봉사활동 영역의 다변화 현상이다. 즉, 자원봉사활동이 특정 영역에 한정되지 않고 광범위하게 확대되고 있다는 점이다. 과거의 자원봉사활동 영역은 아동, 노인, 장애인 등 소외층을 대상으로 하는 사회복지 영역에 한정되었으나, 이제는 사회복지 영역에서도 활동 범위가 크게 확대되었고, 나아가 재난구호와 범죄예방 등의 지역사회활동, 교통과 환경, 보건과 의료, 문화예술과 스포츠 및 레크리에이션, 또한 국제 구호와 개발도상국 지원 등 국제사회 영역에까지 자원봉사자의 활동 무대가 크게 확대되어 가고 있다.

넷째, 자원봉사활동의 제도화 현상이다. 즉, 자원봉사활동이 인성교육과 시민교육을 목적으로 학교교육에 제도화되고 있다는 점이다.

다섯째, 자원봉사활동의 생애체제화 현상이다. 즉, 한 개인이 평생 자원봉사활동을 수행하는 생애체제가 정립되고 있다는 점이다. 초 · 중 · 고교와 함께 많은 대학들이 자원봉사활동을 정규 교과로 채택하고 있으며, 많은 기업들이 종사자들에게 자원봉사활동을 장려하고 있다. 또한 은퇴시민의 자원봉사활동을 통한 사회참여가 증대되고 사회적 제도화의 필요성이 제기되고 있다. 이처럼 한 개인이 청소년기로부터 성년기 및 노년기에 이르기까지 전 생애주기에 걸쳐 자원봉사활동을 수행하는 생애체제가 정립되어 가고 있다.

여섯째, 자원봉사활동의 전문화 현상이다. 즉, 자원봉사자들은 자신의 기술과 지식을 활용한 전문적 자원봉사활동을 선호하며, 한편으로는 전문가들과 함께 일하면서 기술과 지식을 습득할 수 있는 기회를 지향하고 있다. 동시에 자원봉사활동의 동기는 종래 강조해 온 박애주의를 넘어 새로운 경험 습득이나 자신의 지식을 활용하려는 동기, 취직을 위한 준비나 탐색 등의 동기가 강조되고 있다.

일곱째, 자원봉사활동의 공조화 현상이다. 즉, 자원봉사활동을 관리, 조정하고 지원하는 전문기구와 단체 간의 네트워크가 구축되고 있다는 점이다.

여덟째, 자원봉사활동의 세력화 현상이다. 즉, 자원봉사활동이 심각한 사회문제를 해결하고 예방하기 위한 사회개혁운동의 원동력으로서 세력화(empowerment)되고 있다는 점이다. 과거의 자원봉사활동은 특정 사회문제에 한정된 캠페인 등 소극적인 차원에서 전개되었으나, 지금의 자원봉사운동은 각종 심각한 사회문제들을 시민의 참여와 노력으로 해결할 수 있는 단계로까지 성장해서 사회개혁의 또 다른 주체 세력으로 성장하고 있다. 특히 지방자치 실시 이후 지역사회에서 주민이 자원봉사자가 되어 지역사회문제를 해결하고 예방하는 활동에 직접 참여함으로써 실질적인 지방자치를 추구할 수 있다는 밝은 전망을 보여 주고 있다.

아홉째, 자원봉사활동의 국제화 현상이다. 이제 자원봉사활동은 국제사회로 그 지평을 넓혀 가고 있다. 최근 지구촌이라는 말에 걸맞게 국경을 초월한 국제자원봉사활동이 활발하게 전개되고 있고 유엔은 2001년을 '세계 자원봉사자의 해(International Year of Volunteers)'로 정해, 시민사회 중심의 자원봉사운동을 지구촌 운동으로 발전시켜 가고 있다. 우리나라도 과거 다른 나라로부터 원조를 받았던 빚을 갚아야 할 상황에 이르렀고, 특히 국제적 위상이 높아짐으로써 이에 걸맞은 국제사회에 대한 기여가 요구되고 있다(교육인적자원부, 2004).

03
우리나라의 자원봉사관리 실태 및 문제점

1. 자원봉사관리 실태

우리나라에서 현대적 의미의 자원봉사활동은 86아시안게임과 88올림픽을 기점으로 활성화되었다고 볼 수 있다. 그리고 1990년대 중반에 이르러 학교, 기업, 언론계가 중심이 되어 자원봉사의 새로운 장을 열게 되었다. 이후 2002년 6월 개최된 월드컵에는 월드컵 공식 자원봉사자만 전국적으로 1만 6,000명이 넘게 참여했다. 또한 같은 해 7월 태풍 '루사' 의 피해 복구에 40만 명이 넘는 자원봉사자가 활동한 것으로 추산된다. 그러나 아직도 전체 인구 중 자원봉사활동에 참여하고 있는 성인 인구 비율은 19.3%에 지나지 않고 있다(통계청, 2010). 이러한 비율은 제2장에서 언급한 영미 문화권(미국, 캐나다, 영국, 호주 등)은 물론 기타 선진국(네덜란드, 스웨덴, 덴마크, 독일, 프랑스, 스페인 등)의 25~40%와 비교할 때 매우 낮은 수준임을 알 수 있다(윤석인, 2003).

그러나 자원봉사활동에 참여하는 인구는 지속적으로 늘고 있는 것으로 보인다. 보건복지부와 한국사회복지협의회가 2001년부터 추진하고 있는 '사회복지 봉사활동 인증관리사업' 운영 결과를 중심으로 좀 더 살펴보면 다음과 같다(http://www.vms.or.kr). 2008년 12월 현재, 사회복지 봉사활동 인증센터에 등록된 자원봉사자는 총 252만 1,165명이며, 이 중 2008년도에 한 번 이상 봉사활동을 한 사람은 91만 5,122명으로 2003년 14만 4,623명을 기록한 이후 연평균 증가율 150% 이상을 지속적으로 기록해 온 것으로 나타났다. 좀 더 구체적으로 살펴보면, 자원봉사자를 특성별로 분류한 결과 여성이 전체의 60%(54만 5,042명)로서 남성보다 많았으며, 연령대별로는 10대 및 20대가 59%(10대 이하 39.3%, 20대 19.7%)에 달하여 중 · 고등학생과 젊은층이, 직업별로는 학생(48%)과 주부(15%)들이 63%로서 우리나라 봉사활동의 주축을 이루고 있다. 자원봉사자 1인이 한 해 동안 활동한 평균 봉사시간은 20.05시간(남성 16.09시간, 여성 22.70시간), 평균 봉사횟수는 5.61회(남성 4.22회, 여성 6.54회)로서, 봉사자는 평균 두 달에 한 번 3.4시간씩 활동하고 있는 것으로 나타났다. 이러한 통계는 사회복지 분야에서 봉사활동을 한 사람만을 대상으로 하며, 환경, 교통 등 다른 분야를 제외한 것으로 전국적으로 봉사활동을 하는 인구는 상당수에 이를 것으로 생각된다.

이와 같이 사회복지 봉사활동 인증관리는 2001년부터 자원봉사자를 양성 · 관리하는 법인 · 단체 · 시설 등을 대상으로 사회복지 봉사활동 인증관리 규정에 의하여 인증관리 업무를 수행하고 있다. 즉, 전국적으로 다양한 자원봉사단체 및 기관 간 상호 연계체계를 구축하고 이를 바탕으로 조직적이고 효과적인 자원봉사관리를 실시하기 위해 구성된 제도다. 인증센터로 지정받기 위한 신청 자격은 연간 활동 자원봉사자가 10인 이상인 각종 법인 · 영리민간단체지원법에 의해 등록된 민간단체와 사회복지사업법에 의한 사회복지시설 · 보건 · 의료 · 기업 등을 대상으로 한다. 인증관리 사업 운영체계는 [그림 3-1]에 제시한 바와 같다.

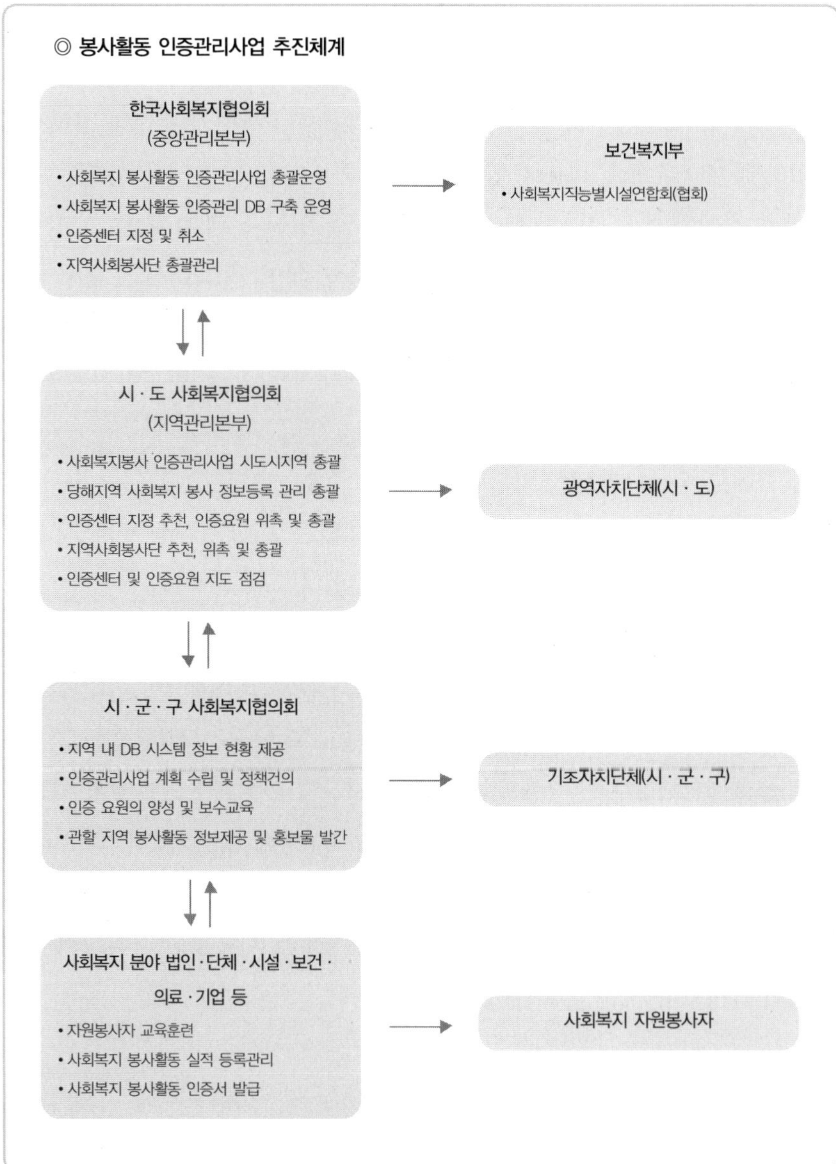

[그림 3-1] 사회복지 봉사활동 인증관리사업 추진체계(http://www.vms.or.kr)

자원봉사자 관리는 이상의 체계를 통해서 조직적으로 이루어지며 자원봉사활동에 대한 인센티브를 제공함으로써 자원봉사자들의 참여를 촉진하고 있다. 이러한 예로서 보건복지부는 2003년 4월부터 봉사자에 대한 상해보험 가입(상해 및 후유장애, 의료비, 입원비, 물질손괴보상 등)을 통해 봉사활동에 대한 사회적 안정성을 보장할 뿐 아니라 취업 및 입학 등에 활용할 수 있는 사회복지 봉사활동 실적인증서 발급, 우수봉사자에 대한 각종 훈·포상 추천 및 표창 수여를 하고 있다. 또한 일정 시간 이상 참여 실적 대상자에 대한 배지 수여, 문화이벤트 초청, 건강검진, 사이버대학 장학금, 콘도할인 등의 다양한 혜택을 제공하고 있다.

이 외에도 우리나라에서 자원봉사관리의 주요 기능을 담당하는 기관으로 자원봉사센터를 살펴볼 수 있다. 자원봉사센터는 2008년 12월 현재 시·도, 시·군·구에 1개소씩[1)] 248개소가 운영되고 있다.

〈표 3-1〉에서 볼 수 있듯이 자원봉사센터의 운영 형태는 각 자치단체별로 직영하는 경우와 민간단체에 위탁 운영하는 경우, 그리고 별도 법인설립을 하는 3가지 체계로 나누어진다. 각 시·도별로 운영되는 센터 수는 경기도 32개소, 서울시 26개소, 경상북도 24개소, 전라남도 23개소의 순으로 나타났다. 또한 상근인력은 각 센터별로 14명에서 230명에 이르기까지 매우 다양한 분포를 보인다. 자원봉사센터의 등록 인원을 살펴보면, 경기도가 105만 9,616명으로 가장 많고 충청남도를 제외한 15개 각 시·도별로 여성의 등록 인원이 남성보다 많음을 알 수 있다.

자원봉사센터는 자원봉사활동을 체계적으로 조정하고 지원함으로써 지역사회 자원을 효율적으로 활용하고 자원봉사를 활성화함으로써 지역사회의

1 광역자체단체 16개소, 기초자치단체 230개소, 제주특별자치도 행정시(제주시, 서귀포시) 2개소가 있다.

<표 3-1> **전국 자원봉사센터 현황(2008. 12. 현재)**

지역 구분	운형 형태/센터 수				상근인력	센터 등록 인원		
	직영	위탁	법인	계		남	여	계
서울시	21	3	2	26	180	391,840	586,533	987,373
부산시	2	13	2	17	71	133,998	163,022	297,020
대구시	1	7	1	9	45	80,873	119,576	200,449
인천시	11			11	67	79,115	121,298	200,413
광주시			6	6	36	49,597	79,537	129,134
대전시	6	0		6	30	55,615	79,116	134,731
울산시	4	2		6	29	23,784	33,698	57,482
경기도	15	12	5	32	230	466,036	593,580	1,059,616
강원도	16	3		19	76	59,547	71,755	131,302
충청북도	13	0		13	56	55,684	70,574	126,258
충청남도	7	10		17	17	77,439	71,209	148,648
전라북도	12	3		15	65	67,845	90,669	158,514
전라남도	22	1		23	88	62,164	64,538	126,702
경상북도	10	14		24	109	94,053	123,600	217,653
경상남도	19	2		21	85	170,721	212,170	382,891
제주도		3		3	14	21,858	25,589	47,447
합계	158	74	16	248	1,253	1,890,169	2,506,464	4,396,633

출처: 행정안전부(2009). 2008 자원봉사센터 현황.

복지 증진을 목적으로 운영된다. 따라서 자원봉사센터는 자원봉사의 참여를 촉진하기 위한 홍보, 자원봉사 및 수요처 발굴, 모집, 연결, 자원봉사 프로그램 개발 운영 및 보급, 자원봉사자 및 지도자의 교육, 자원봉사 관련 조사 및 연구, 자원봉사조직 지원 등 자원봉사관리의 핵심적 기능을 담당하는 조직이라 할 수 있다.

자원봉사자 교육은 센터별로 차이는 있지만 대부분 자원봉사를 처음 희망하는 사람을 대상으로 자원봉사에 대한 기본 교육과 자원봉사자활동 관리자를 대상으로 하는 관리자 교육 등을 실시한다. 일반자원봉사자들을 위한 교육으로는 기본교육, 직무교육, 재교육, 전문교육 등이 있다. 기본 교육은 1~3시간 정도 이루어지며 자원봉사자의 역할과 자세, 봉사활동별 모임 및 오리엔테이션 등의 내용으로 구성된다. 직무교육은 활동 시작 전 수요처로부터 받게 되는 교육이며, 현재 활동 중인 봉사자를 대상으로 하는 교육은 재교육과 전문교육으로 구성된다. 자원봉사지도자 및 관리자를 위한 교육은 지도자교육과 관리자교육, 수요처 담당자교육으로 이루어진다. 지도자교육은 동료 자원봉사자들을 대상으로 상담, 조정, 활동지원 역할을 담당하는 준전문가 양성과정이며, 자원봉사자를 활용하고 있는 모든 기관이나 시설 관리자를 위한 관리자교육, 자원봉사자를 배치하여 관리하고 있는 수요처의 담당자들이 정보를 공유하고 네트워크를 강화하는 수요처 담당자교육 등이 있다.

자원봉사 프로그램 내용은 사회복지 분야, 보건 · 의료 분야, 문화 · 예술 분야, 레크리에이션, 환경, 행정 분야 등 매우 다양하다. 또한 중학생 프로그램, 대학생 프로그램, 노인이나 여성 자원봉사자를 대상으로 하는 프로그램 등 자원봉사자의 특성에 맞게 프로그램이 이루어지고 있다. 최근 들어 가족이 함께 자원봉사활동에 참여할 수 있도록 가족 자원봉사 프로그램도 진행되고 있다.

2. 자원봉사관리의 문제점

1) 자원봉사활동의 정착 미비

자원봉사의 활성화를 위해서는 자원봉사활동에 대한 법적 · 행정적 지원체계를 구축하고 자원봉사활동을 지원할 수 있는 직 · 간접적인 체계가 제도화되어야 한다. 2006년 2월 자원봉사지원법의 시행 이후 자원봉사 전달체계의 단일화를 위한 정부 차원의 노력이 지속되고 있고, 이로 인해 행정지원체계의 중복으로 인한 문제점들이 일정 부분 해소되면서 자원봉사활동의 제도화 부재로 인해 나타나는 문제점들이 점차 개선되고 있다.

자원봉사지원법 입법 전 행정자치부, 보건복지부, 교육인적자원부, 국가청소년위원회, 그리고 여성부의 정부 5개 부처로 나누어 관리되던 자원봉사활동의 국가지원 및 운영체계는 현재 행정안전부를 중심으로 보건복지부, 여성가족부 3개 부처로 통합되어 운영되고 있다. 보건복지부는 교육인적자원부와 국가청소년위원회의 자원봉사업무를 흡수, 병합해서 아동청소년정책실 산하 아동청소년활동진흥과에서 청소년진흥센터의 업무를 관리해 왔으나 이 부서 역시 설립된 지 2년 만에 여성가족부 산하로 이관되면서 청소년가족정책실로 명칭이 변경되었다. 그 밖에 여성부는 여성층의 독자적인 자원봉사활동 활성화를 목적으로 여성자원봉사네트워크를 활용한 독자적인 자원봉사업무를 별도 운영하고 있다. 또한 국무총리실 산하 민·관 합동 자원봉사진흥위원회가 5년마다 국가적인 기본 계획을 수립하고, 이를 행정안전부를 비롯하여 각 관련 부처와 지방자치단체들이 연도별 시책을 수립하고 시행하도록 되어 있어 앞으로 다양한 분야에 걸쳐 지속적으로 영역을 확대해 가는 자원봉사활동을 체계적으로 지원할 수 있는 제도적 장치가 마련되었다.

하지만 2010년 8월 현재 행정안전부와 보건복지부를 중심으로 운영되고 있는 자원봉사센터들은 관련 부처 간의 체계화된 조정 및 연계 시스템이 부족하고, 특히 각 지역별로 자원봉사센터의 업무를 총괄할 수 있는 일원화된 기구가 없는 것이 가장 큰 문제점으로 지적되고 있다. 일부 관련 관조직의 개입으로 일부 지방자치단체의 자원봉사센터 운영 및 직원 인사권에서 자율성을 침해 받는 사례가 근절되지 않는 것 또한 심각한 문제점으로 지적되고 있다(한국자원봉사협의회보고서, 2007). 급변하는 자원봉사자의 욕구와 환경적 변화에 적극적, 능동적으로 대처하기 위해 상설화된 총리실 산하 자원봉사진흥위원회의 활동 역시 아직 정착되지 못한 상태이고, 일부에서는 위원회의 무용론을 제기하면서 폐지를 추진하는 움직임을 보이고 있다. 따라서 자원봉사지원법이 그 목적에 부응하는 실질적 기능을 다할 수 있도록 국가 차원의 후속 조치와 지원, 지속적인 제도화 노력이 요구된다.

2) 자원봉사 관련 단체 간의 상호연계 부족

보건복지부와 한국사회복지협의회가 2001년부터 추진해 온 '사회복지 봉사활동 인증관리사업'과 한국자원봉사협의회의 출범 등은 자원봉사 관련 단체 간의 상호연계를 높이는 데 기여하고 있음이 분명하다. 그러나 자원봉사 관련 단체들 간의 활발한 정보교류와 연대활동을 위한 협력은 부족한 실정이다. 앞서 언급한 '사회복지 봉사활동 인증관리사업'의 경우에도 사회복지 분야를 중심으로 진행되고 있기 때문에 환경 · 교육 · 문화 등 다양한 분야에서 이루어지고 있는 자원봉사활동은 포함되지 못하고 있다. 따라서 자원봉사활동 전반을 관리할 수 있는 전국 전산망의 구축을 포함한 자원봉사관련 단체 간의 상호연계체제를 공고히 하는 것은 매우 시급한 과제라 할 수 있다. 전국의 자원봉사 현황 및 관련 기관에 대한 정보교류가 보다 활성화됨으로써 활동의 중복을 피하고, 보다 체계적인 자원봉사관리가 이루어질 수 있도록 보다 체계적인 네트워크를 구축하며, 단체들 간의 협력관계를 강화해야 한다(김동배 외, 2001). 실제로 현재 정부의 여러 부처에서 자원봉사를 지원하고 육성하는 과정에서 지원체계의 난립으로 인하여 자원봉사관리에 들인 노력에 비해 기대만큼의 효과를 거두지 못한 것이 사실이다. 따라서 통합된 협조체계를 구축하여 보다 효과적으로 기관 운영을 할 수 있도록 해야 한다. 이러한 연계망 구축은 자원봉사에 대한 홍보를 위해서도 효과적으로 기능할 수 있다. 특히, 아직은 열악한 상황에 있는 개별 기관에서 자체적으로 홍보나 교육훈련을 수행하기 어렵기 때문에 외부 지원의 필요성을 절실히 요청하고 있으며 이를 위해 기관 간의 협력관계는 매우 중요한 요소인 것이다(김동배 외, 1998). 아울러 국제 자원봉사단체와 연계, 협력, 교류하는 것은 자원봉사관리의 질적 수준을 한 단계 끌어올리는 데 기여할 수 있을 것이다.

3) 자원봉사관리자의 전문성 부족

자원봉사관리에 대한 전문성을 갖춘 자원봉사관리자를 확보하는 것은 시급한 과제이다. 비교적 최근의 한 연구에 의하면 자원봉사센터를 효과적으로 운영하는 데 있어 가장 큰 문제점으로 자원봉사 관련 종사자들의 전문성 부족을 지적하고 있다(오홍석, 2003). 현재 전국적으로 광역자치단체를 중심으로 약 248개에 이르는 자원봉사센터가 설립 · 운영되고 있다. 이 중에서 약 3분의 1은 자원봉사단체들이 위탁 운영하고 있고, 16개소는 별도 법인을 세워 운영하고 있으며, 나머지는 각 자치단체별로 공무원을 배치해 직접 운영하고 있다. 그러나 어떤 모델이든 잘 훈련된 자원봉사관리자가 부족하고 이로 인해 종종 자원봉사자들을 지도, 관리함에 있어 혼란이 일고 있다(이창호, 2003).

자원봉사활동에 참여하는 봉사자가 증가하면서 자원봉사활동에 있어서도 다양한 문제점이 늘어나는 추세다. 자원봉사자와 직원 간의 갈등이나 동료 자원봉사자 간의 갈등, 클라이언트와의 갈등 등이 나타날 수 있고 이러한 문제는 자원봉사의 중도 탈락을 가져오는 중요한 원인 중 하나다. 이러한 이유로 자원봉사관리자들을 위한 교육 프로그램을 체계화하고, 지속적인 훈련을 실시해야 한다. 관리자들은 프로그램의 기획에서부터 평가 및 보상의 전(全) 관리과정에 있어서 자원봉사자들의 욕구를 정확하게 파악하여 그들에게 적합한 자원봉사 프로그램을 연결해 주고, 자원봉사자들이 책임감과 보람을 갖고 활동할 수 있도록 지속적으로 관리할 필요가 있다. 무엇보다 자원봉사관리자의 교육은 일회적으로 그칠 것이 아니라 지속적으로 재교육 차원에서 이루어지는 것이 필요하다.

4) 자원봉사자 교육 프로그램 부족

사회복지 봉사활동 인증센터에서 실시하고 있는 설문조사에 따르면 응답자(612명)들은 자원봉사자에게 가장 필요한 것으로 자원봉사자교육(31%)을 들고 있다.[2] 자원봉사자의 능력 개발과 효과적인 업무수행을 위해서 자원봉사자교육은 반드시 필요하다. 자원봉사활동 전반에 대한 기본 정보를 제공하는 오리엔테이션과 자원봉사자가 업무를 수행하는 데 필요한 세부적인 태도 · 행동 · 기술 등을 교육하는 시간은 모두 중요하다. 특히, 지속적으로 자원봉사활동을 수행하는 봉사자에 대한 재교육은 봉사자들의 전문성 강화와 소속감을 높이기 위해서 반드시 이루어져야 한다. 자원봉사활동의 지속성에 관한 한 연구는 자원봉사자 지속성 확보의 선결과제로 자원봉사 관련 교육 프로그램을 개발 · 실시하고, 이를 위해 자원봉사 관련 전문교육기관을 확대할 것을 제안하고 있다(안은영, 2003). 특히, 자원봉사활동이 곧 봉사학습인 청소년 자원봉사활동에 있어서 교육은 필수적인 활동 요소다. 따라서 청소년 봉사활동의 경우 외국의 경우처럼 전체 봉사활동 시간의 반 이상을 교육 프로그램으로 구성해야 할 것을 주장하는 목소리도 있다.

또한 교육과정에서 다양한 교육방법을 활용하는 것은 효과적인 교육을 위해서 도움이 된다. 가능한 한 소규모의 인원을 대상으로 교육을 실시하는 것이 바람직하고 다양한 시청각자료를 활용함으로써 자원봉사활동에 대한 흥미를 유발할 수 있도록 해야 한다. 특히, 재교육 시에는 자원봉사활동에 대한 봉사자 자신의 경험을 이야기할 수 있도록 토론식 교육 시간을 마련해야 한다.

2 http://www.vms.or.kr/poll/poll_view.jsp?seq=5에서 발췌한 내용이다.

5) 자원봉사 프로그램 개발의 미흡

자원봉사자들이 봉사활동에 대한 흥미를 잃고 중도 탈락하게 되는 원인 중 하나로 자신의 기대가 충족되지 못한 경우를 생각해 볼 수 있다. 광역자치단체를 중심으로 전국에 설치된 자원봉사센터와 자원봉사자를 많이 활용하는 사회복지기관의 자원봉사 프로그램의 내용은 거의 유사하게 나타나고 있다. 자원봉사관리자는 자원봉사자의 변화하는 욕구를 지속적으로 파악하고, 자원봉사자를 필요로 하는 수요처를 끊임없이 개발하고 점검할 필요가 있다. 그리고 지역의 특성에 맞는 전문 인력을 활용한 자원봉사 프로그램의 개발과 활용을 통해서 기관 간 차별화를 시도해야 한다. 또한 중·고등학생 자원봉사 프로그램의 질적 향상을 위해서 중·고등학생에게 적합한 자원봉사 프로그램을 개발하는 것은 자원봉사관리자의 중요한 과제다.

6) 자원봉사활동에 대한 보상체계 미흡

자원봉사활동은 대가를 바라지 않고 자발적으로 참여하는 것이 원칙임은 분명하다. 그러나 자원봉사활동에 대한 적절한 보상은 자원봉사자의 봉사활동에 대한 만족과 사기를 높이고 봉사활동 참여를 촉진하게 된다. 2003년부터 보건복지부에서 자원봉사자에 대한 상해보험제도를 도입한 것은 이러한 인센티브의 한 형태로 볼 수 있다. 자원봉사자를 활용하는 사회복지기관 및 단체에서 현재 시행하고 있는 자원봉사자에 대한 보상으로 연말에 자원봉사자를 위한 감사 잔치를 열고 선물을 제공하거나 감사카드나 편지를 보내는 것 등이 대부분이다. 기관에 따라서는 교통비, 식사비 등을 제공하기도 한다. 그러나 여전히 자원봉사활동에 대한 보상은 미비한 실정이다. 사회복지봉사활동 인증센터에서 실시하고 있는 자원봉사자에게 가장 필요한 것에 대한 조사 결과 응답자(612명)들은 교통비(27%), 자원봉사상해보험(15%), 자원봉사카드(15%)를 각각 1, 2, 3순위로 제시했다.[3] 따라서 현재 실시하고 있는 상해보험을 자원봉사자를 활용하는 기관에서는 필수적으로 확대 적용하고, 봉사자에 대한 교통비 지급을 긍정적으로 검토할 필요가 있다.

또한 자원봉사자에 대한 보상을 다양한 형태로 개발할 필요가 있다. 포항시의 '자원봉사 마일리지' 제도를 한 예로 살펴볼 수 있다. 즉, 자원봉사자들의 봉사활동시간을 예금통장과 같은 통장에 기록하고, 이를 근거로 봉사자 할인 가맹점에서 물건을 싸게 구입할 수 있게 한다. 이 외에도 자원봉사자를 활용하는 기관에서 자원봉사자들이 상시적으로 편안하게 이용할 수 있는 휴게실 등 각종 편의시설을 포함한 물리적인 여건을 조성하는 것도 중요하다. 자원봉사 신분인정제도, 자원봉사자 무료건강진단기회의 제공 및 확대, 지역편의시설 이용 시 할인혜택 부여 등 다양한 형태의 보상제도의 개발과 확대 시행이 필요하다.

7) 자원봉사활동에 대한 사후관리체계 미흡

자원봉사관리자는 자원봉사 프로그램의 기획에서 자원봉사활동에 대한 평가에 이르기까지 자원봉사관리의 전 과정을 효과적으로 진행해 나가는 것이 필요하다. 그러나 자원봉사자를 모집하고 배치한 이후에는 적절한 사후관리가 이루어지지 못하고 있는 실정이다. 따라서 자원봉사관리자는 대표적 사후관리체계의 하나인 자원봉사자의 활동에 대한 평가의 기회를 제공함으로써 자원봉사자들의 흥미를 유발하고 자원봉사활동에 대한 관심을 유지시

3 http://www.vms.or.kr/poll/poll_view.jsp?seq=5에서 발췌한 내용이다.

킬 필요가 있다. 자원봉사활동에 대한 사후관리는 자원봉사활동에 대한 피드백을 위해서도 필요할 뿐만 아니라 자원봉사자에 대한 심리적 보상을 제공하는 것이기도 하다.

제2부

자원봉사관리

자원봉사 프로그램이 효과성과 효율성의 측면에서 의도한 성과를 책임성 있게 성취하기 위해서는 자원봉사자의 동기에 대한 정확한 파악과 변화에 따른 능동적 대처, 그리고 자원봉사 프로그램 전반에 대한 관리기술이 필요하다. 자원봉사관리의 핵심적 요소들로 업무의 기획, 모집, 선발과 면접, 오리엔테이션과 훈련, 자원봉사자 역량강화, 슈퍼비전체계, 유지와 보상, 평가 등을 들 수 있다. 이러한 관리적 요소들은 금전적 보상보다는 심리적 · 사회적 보상이 행위의 동기가 되는 자원봉사활동의 특성에 맞추어 그 계획과 실행이 이루어져야 한다.

04 자원봉사관리 개요

1. 자원봉사활동

1) 자원봉사자를 필요로 하는 기관들과 주요 특성

우리는 흔히 자원봉사자를 필요로 하는 기관이나 단체는 비영리단체에 국한된다고 생각한다. 하지만 실제적으로 자원봉사자를 필요로 하는 기관은 매우 다양하다. 미국의 경우 많은 수의 자원봉사자들이 비영리기관이나 사회복지기관에서 봉사하고 있지만, 그들 중 18.0% 이상이 정부기관에서 봉사하고 있으며, 약 7.0%는 양로원이나 사설병원 등의 영리기관에서 자원봉사활동을 하고 있다.[1)]

1 2009년 1월 미국 연방노동통계국(US Bureau of Labor Statistics) 발간자료 내용이다.

특히, 비영리기관 입장에서 자원봉사자들의 중요성은 아무리 강조해도 지나치지 않다. 비영리기관들이 운영상의 어려움으로 문을 닫느냐 아니면 계속 운영할 수 있느냐의 문제에 때때로 자원봉사자의 활동 여부가 결정적인 요소가 된다. 어떤 면에서는 자원봉사자들의 기여가 재정적 기부만큼이나 사회복지기관에 중요할 수 있다. 실제로 우리나라 자원봉사자들의 활동을 금전적으로 환산했더니 국가 전체적으로는 3조 6,000억 원 이상의 가치를 갖는 것으로 추정되고 있다(이성록, 2003b). 미국의 경우에도 1998년에 자원봉사자들이 비영리기관을 위해서 봉사활동한 시간을 금액으로 환산하면 약 2,250억 달러(약 225조 원)에 이른다. 대부분의 국가에서 공공으로부터의 기금이 충분하지 못할 경우[2] 자원봉사자들의 도움이 없다면 많은 수의 비영리단체들이 운영에 심각한 어려움을 겪을 것이다.

사회복지기관은 비영리조직으로 만성적인 자원의 부족 현상이 보편화되어 있으며, 후원이 재정에서 차지하는 비중이 여타 기관보다 높다. 이러한 부족한 자원의 효율적인 관리와 사회복지서비스의 올바른 분배를 위해 합리적인 결정에 필요한 전문적인 기술을 활용할 필요가 급증하고 있으며 사회복지기관은 이러한 자원을 효율적으로 사용할 것을 사회로부터 요구받게 된다. 따라서 최근에는 마케팅이론을 사회복지기관의 자원봉사와 후원관리에 도입하는 것이 효율적인 관리를 이루어 낼 수 있는 하나의 방법으로 인식되어 왔다.

마케팅(marketing)을 사회경제적 견지에서 정의하면 "사회적으로 생산된

2 실제적으로 최근 수십 년간 미국과 영국을 포함한 대부분의 선진국에서 지역사회의 비영리단체에 대한 공공기금의 지원 방향이 지방자치화라는 명분하에 지원 및 관리 주체로서 지방정부의 역할 강화와 지역사회 비공식적 지원망과의 적극적인 연계를 장려하는 정책 방향으로 바뀌고 있다. 이는 궁극적으로 지역사회의 자생적 원조 노력을 장려함으로써 중앙정부의 지원 금액을 축소하겠다는 의지와 연결되어 있다.

상품이 생산자로부터 소비자 또는 사용자에게 유통되어 가는 현상"이라고 할 수 있다. 또한 학계에서는 마케팅을 "생산자로부터 소비자 또는 사용자에게로 상품, 서비스가 흐르도록 관리하는 모든 기업활동의 수행"(the performance of the business activities that direct the flow of goods and services from producer to consumer or user)이라고 정의하고 있다(Kotler & Levi, 1969). 그러나 마케팅이 단순한 판매의 의미만을 갖는 것은 아니다. 마케팅은 조직의 목표를 달성하기 위하여 표적시장(target market)에서 자발적인 가치의 교환(voluntary exchanges of value)이 이루어지도록 만들어진 프로그램의 분석(analysis), 계획(planning), 집행(implementation), 조정(control)이다. 조직이 제공할 수 있는 물품을 표적시장의 욕구에 따라 결정하며, 사람들에게 알리고 동기를 부여하고 서비스를 제공하기 위해 효과적인 가격설정(pricing)과 홍보(communication), 그리고 유통경로(distribution)를 사용하는 것에 달려 있다고 정리된다. 따라서 마케팅의 중심 개념은 '교환(exchange)' 이라고 할 수 있다(윤중현 외, 1994). 교환은 상대방에게 무엇을 주는 대가로 무엇을 되돌려 받는 것을 의미한다. 사회복지기관과 자원봉사자 간의 교환은 자원봉사자들이 제공하는 활동과 그 대가로 받게 되는 만족감과 보람이 된다(Dunn, 1995).

이와 같은 마케팅이론을 비영리조직에 적용하는 이유는 무엇일까? 앞에서 지적한 바와 같이 미국의 경우 1960년대 이후 최근까지 비영리조직들이 비용상승과 수익감소로 어려움을 겪어 왔으며, 이에 따라 비영리조직도 일반조직과 같은 효과적인 재정 관리의 필요성이 제기되고 있다. 이와 같은 상황에서 코틀러와 레비(kotler & Levi, 1969)는 논문「마케팅 개념의 확대(Broadening the Concept of Marketing)」에서 "마케팅이 이제 더 이상 기업에만 국한된 기능이 아니며 마케팅은 비영리조직에서도 유용한 기능이고 모든 조직은 마케팅적 문제를 지니고 있어서 모든 조직이 마케팅을 이해할 필요가 있다"고 주장했다. 이러한 주장은 앞에서 지적한 바와 같이 점차로 증가하는 재정적 압박 속에서 높은 사회적 책임성을 요구받는 오늘날의 비영리 사회복지기관의 현실을 고려할 때 더욱 큰 설득력을 얻고 있다.

또한 감소하는 자원과 더불어 다변화, 개별화의 성향이 높아지고 있는 자원봉사자와 클라이언트의 욕구에 능동적으로 대처해야 하는 현실에서 보다 효과적인 자원봉사 프로그램의 관리를 위해 마케팅 전략의 중요성이 강조되고 있다(Dunn, 1995).

빈야드(Vineyard, 1995)는 자원봉사 프로그램 관리에 있어서 마케팅의 중요성을 다음과 같이 열거하고 있다.

첫째, 모집에 있어서 마케팅은 잠재적 자원봉사자들과 자원봉사 프로그램을 연결시키는 교량 역할을 한다. 다시 말해 마케팅은 자원봉사자들을 프로그램에 참여하게 하는 유인책을 제공함과 동시에 무엇이 필요하고 어떤 혜택이 가용한지를 규명해 준다.

둘째, 자원봉사자의 유지 및 보존에 있어서 마케팅은 중요한 역할을 한다. 즉, 유형 또는 무형의 보상으로 자원봉사자들에게 주어지는 자원봉사활동의 가치들은 자원봉사자들을 유지하고 보존하는 데 결정적 역할을 할 뿐 아니라 그들이 다른 사람들에게 자원봉사의 가치를 전달하는 계기를 마련하여 모집에도 도움을 준다.

셋째, 마케팅은 자원봉사 프로그램에 필요한 자원개발(모금활동 등)에도 중요한 역할을 한다. 즉, 자원봉사 프로그램이 물품, 서비스 또는 현금을 필요로 할 때에 마케팅 방법은 이들 자원을 확보하는 가장 합리적인 방법이 될 수 있다. 그러나 아직도 자원봉사 프로그램에 있어서 마케팅은 유용한 도구로 활용되지 못하고 있는 실정으로 자원봉사 프로그램의 목적 달성에 매우 효과적인 도구로서의 인식이 확산될 필요가 있다(Vineyard, 1995: 17-18; 조휘일, 2000: 9-10 재인용).

이상의 필요성을 바탕으로 사회복지기관의 자원봉사자 관리와 후원 행위에 적용될 수 있는 마케팅이론을 제시하기 위한 비영리기관 마케팅의 기본적인 내용을 살펴보면 다음과 같다.

(1) 비영리기관 마케팅의 특징

비영리기관과 영리기관인 일반 기업이 추구하는 목표는 근본적으로 차이가 있지만 '고객만족'이라는 측면에서는 일맥상통한다고 할 수 있다. 따라서 잘 발달된 기업마케팅을 적절히 활용한다면 비영리조직이 목표를 달성하는 데 효과적인 한 방법이 될 수 있다. 그러나 기업마케팅과 비영리기관의 마케팅은 근본적으로 다음과 같은 차이가 있다.

첫째, 비영리기관의 마케팅은 상업적인 마케팅보다 높은 수준의 윤리성을 기대한다. 사회복지기관은 공익을 추구하기에 프로그램이나 서비스에 의한 마케팅의 이념과 목적이 사회적으로 용인되는 윤리적 기준에 적합해야 한다. 사회마케팅의 비윤리성은 기업마케팅보다 훨씬 피해가 크고 고객에게 영향을 끼친다. 이는 공정성의 원칙에 입각하는 것으로 자원봉사자관리와 후원개발 마케팅의 원칙을 정하면 다음과 같다.

- 사회복지기관과 자원봉사자 · 후원자 간의 자유의지에 의한 거래여야 한다. 즉, 자원봉사자들에게 자원봉사나 후원을 강요하거나 불편한 자리를 마련해서는 안 된다.
- 불확실한 정보를 그대로 제공하거나 거짓된 정보를 제공해서는 안 된다.
- 자원봉사와 후원을 통하여 자원봉사자와 후원자 그리고 기관이 모두 이익을 얻어야 한다. 기관은 후원을 통하여 복지사업을 위한 재원을 마련하며 자원봉사자를 통하여 부족한 인력을 보충하고 자원봉사자와 후원자는 자원봉사활동과 후원을 통하여 만족감을 얻어야 한다.

둘째, 비영리기관의 마케팅은 투입비용과 산출비용을 비교하여 순익의 극대화를 꾀하는 기업마케팅과는 다르다. 즉, 비영리기관은 영리부문의 기업보다는 이타주의적 성향이 강하기 때문에 비용효과성이 낮은 부문에 서비스를 제공해야 하는 경우도 있다. 따라서 마케팅 전략 수립 시 무조건적으로 기업마케팅을 적용해서는 안 된다.

셋째, 비영리마케팅은 사람과의 접촉을 기초로 하고 있으며 이로 인해 고객에 대한 객관적인 정보나 시장의 정보를 적용하기에 어려움이 있다. 예를 들어, 미국의 경우 소득과 후원액의 그래프가 U자 형태를 나타내는 것[3]으로 보고되고 있다. 이는 고소득층만이 후원금을 가장 많이 내는 소득집단이라는 보편적인 생각은 잘못된 것으로 저소득층의 경우 중간계층보다 훨씬 적극적으로(고소득층과 유사한 정도의 참여율로) 후원금 모금에 적극적인 계층이라는 것을 단적으로 보여 주고 있다. 우리나라의 경우 1997년 IMF 직후 후원금이 오히려 많이 모금되는 등 비영리기관의 후원마케팅의 표적이 되는 시장은 고정화되어 있거나 예측하기가 쉽지 않다는 사실을 명심해야 한다.

(2) 비영리기관 마케팅의 기본 구조

마케팅의 기본 틀은 마케팅함수(marketing mix)로 7P[4]로 구성된다. 기존의 4P에서 최근에는 생산자(Producer), 구매자(Purchaser), 조사(Probing) 등 3P가 추가되었는데, 7P는 마케팅 전략을 수립하는 데 보다 광범위한 틀을 제시하고 있어(Rafig, 1995), 사회복지기관이 마케팅 전략을 제시하는 데 보다 적합한 모델로 여겨진다.

3 미국의 경우 후원모금과 소득과의 상관관계를 나타내는 그래프가 U자형을 나타냈다. 즉, 저소득층의 후원액이 높았으며 중산층에서 낮게, 그리고 고소득층에서 다시 높게 나타났다.

4 7P는 Producer(생산자), Purchaser(구매자), Product(상품), Price(가격), Promotion(홍보), Place(장소), Probing(조사)을 의미한다.

① 생산자(Producer)

마케팅을 위해 구매자와 교환할 아이디어를 창출하고 메시지를 생산해 내는 주체를 말한다. 마케팅의 주체로서 사회복지관은 일반 시민들에게 믿음을 주는 공신력 있는 기관으로서 신뢰를 받아야 하고, 사회복지서비스 대상자에게는 중요한 대변자 역할을 수행할 수 있어야 한다.

② 구매자(Purchaser)

잠재적인 자원봉사자와 후원자를 뜻한다. 이들은 반드시 초기 단계에서 파악되어야 하고, 사회복지기관은 이들에게 특별한 인상을 심어 주고 호소할 필요가 있다. 이들을 효율적으로 관리하기 위해서는 특정한 기준을 두어 여러 범주로 나누는 것이 필요하고 이를 시장 세분화라고 한다.

③ 상품(Product)

구매자의 욕구를 충족시키기 위한 산출물로 사회복지기관은 잠재적인 자원봉사자와 후원자들의 공감을 얻어 낼 수 있는 가치를 지닌 구체적인 상징물이 된다. 상품 개발에 있어 중요한 점은 자원봉사자 모집과 후원금 자체에 중점을 두기보다는 자원봉사활동과 후원행위를 통한 사회적 기여와 소외계층의 삶의 질 향상에 중점을 두어야 한다는 것이 사회복지기관 상품 개발 시 주안점이 된다.

④ 가격(Price)

구매자가 상품을 얻기 위하여 지불하는 대가를 말한다. 사회복지기관은 마케팅 전략을 수립할 때 '사회적 비용'을 고려해야 한다. 즉, 후원금을 지불하기 위하여 복지관을 방문한다든지 은행 방문 시에 너무 오래 기다린다든지 하는 사회적 비용을 감안하여 후원 절차를 최소화하여 사회적인 비용을 감소시켜야 하고, 이것이 마케팅의 좋은 방법이 된다.

⑤ 홍보(Promotion)

창의성과 다양성이 요구되는 의사소통(communication)을 말한다. 철저한 경쟁을 전제로 하는 자유시장 경제체제에서 사회복지기관은 과거와 같이 편지나 전화를 통한 수동적인 홍보가 아닌 특별한 행사에 잠재적인 봉사자와 후원자를 참여시킨다든지, 온라인시대에 적합하게 인터넷을 활용한다든지 하는 적극적인 방법과 창의적인 아이디어로 기발한 소재의 개발과 자원봉사자와 후원자에 대한 접근이 요구된다.

⑥ 장소(Place)

마케팅상품이 구매자들이 구입하기에 가장 적합한 때와 장소에 있도록 하는 것을 말한다. 시장조사를 통해 후원자들이 밀집되어 있는 곳이 있다면 사회복지기관은 자원봉사자의 개발을 위하여 그곳에 가서 마케팅을 해야 한다.

⑦ 조사(Probing)

현대와 같이 정보 제공이 폭넓게 이루어지고 빠른 속도로 이루어지는 첨단 정보화사회에서는 사회의 일반적인 환경과 사회복지기관에 대한 인식 등에 대하여 철저하고 주의 깊은 조사가 이루어져야 한다.

2) 자원봉사활동을 하는 이유

자원봉사활동을 하는 이유는 매우 다양하다. 가장 많은 이유는 다음과 같다.

- 다른 사람들을 돕고 싶어서
- 내가 가지고 있는 것을 다른 사람들과 나누어야 한다는 책임감 때문에
- 시민의식 때문에
- 종교적인 감정으로 인해

■ 성취감을 맛보기 위해
■ 또래집단과 함께 어울리고 싶어서

일반적으로 자원봉사자는 자원봉사활동을 하면서 이타주의에서부터 이기주의까지 다양한 동기에 의해 영향을 받게 된다. 실제적으로 한 기관에서 오랫동안 동일한 자원봉사활동을 하는 경우에도 지속적인 자원봉사활동을 가능케 하는 동기는 시간에 따라 상황에 따라 다르게 나타난다. 또한 자원봉사자들이 자원봉사기관과 어떠한 유형의 관계를 맺고 있는지의 여부도 다양한 형태로 나타난다. 대체적으로 평균적인 자원봉사자들은 일주일에 수시간을 한두 개의 기관이나 조직에 봉사한다. 그러나 어떤 자원봉사자들은 오로지 한 기관을 위해서만 일 년에 수백 시간을 봉사하기도 한다.

자원봉사자들이 한 기관에서 얼마나 오랜 기간 자원봉사활동을 지속하느냐에 있어서도 매우 다양한 양태를 보인다. 어떤 자원봉사자는 한 조직으로부터 다른 조직으로 옮겨 가면서 많은 수의 기관에서 다양한 형태로 봉사하는 것을 선호하는 반면, 어떤 사람들은 수십 년 동안 오직 한 조직에서 헌신적으로 봉사하는 경향을 보이고 있다.

3) 변화하는 자원봉사자들의 참여 방식

최근 들어 자원봉사활동은 참여하는 방식과 관련하여 2가지 형태의 구별되는 방식으로 변하고 있음을 볼 수 있다. 즉, '장기적인 자원봉사자' 와 '단기적인 자원봉사자' 로의 구분이다.

(1) 장기적인 자원봉사자

장기적인 자원봉사자들은 자원봉사의 당위성에 대한 전통적인 대의명분을 갖고 활동하는 사람들로서, 다음과 같은 특징을 보인다.

첫째, 자원봉사 명분과 기관에 대한 확고한 신념을 가지고 있다. 장기적인 자원봉사자들은 자원봉사자로서의 헌신과 노력에 확고한 신념을 가지고 있으며 자신이 몸담고 있는 기관을 향한 깊은 유대감을 보인다. 즉, 자신을 기관과 자원봉사활동의 주체적이고 실제적인 당사자로 간주하는 경향이 있다.

둘째, 장기적인 자원봉사자들은 일반적으로 활동의 당위성에 대한 개인적 신념을 실현하고자 스스로의 결단에 의해 참여를 결정하는 경우가 많으며, 때로는 봉사조직과 체계의 내적 성장에 의해 부수적으로 일어나는 양적 증가 현상의 일환으로 참여하게 되는 경우도 있다.

셋째, 장기적인 자원봉사자들은 자원봉사활동의 목적 달성과 당위성의 실현을 위해 필요하다고 판단되는 경우 자신의 시간과 에너지를 더 쓰더라도 업무의 형태를 조정하고 기간을 연장하는 것을 마다하지 않는다.

넷째, 장기적인 자원봉사자들의 주된 동기는 '성취감(achievement)' 과 '소속감(affiliation)' 이며, 때때로 인정(recognition)은 보다 적극적인 참여와 명분을 고양하는 역할을 수반한다.

다섯째, 이러한 장기적 자원봉사자들과 함께 일하는 데 있어서 핵심적으로 고려해야 할 사항은 그들과 함께 생각하고, 함께 노력하는 동반자적 관계의 형성이다.

사회적으로 인정받고 있는 기존의 많은 비영리단체들이 현재의 성공을 이룰 수 있었던 주요한 요인의 하나가 장기적인 자원봉사자들이 오랜 기간 꾸준하고 의미 있는 시간적 기여를 할 수 있도록 자원봉사체제를 확립, 운영한 것임을 간과해서는 안 될 것이다.

(2) 단기적인 자원봉사자

최근 들어 또 다른 형태의 자원봉사활동방식이 대두되었다. 앞에서 설명한 '장기적인 자원봉사자' 와 구별되는 '단기적인 자원봉사자' 의 중요한 특징은 다음과 같다.

첫째, 자신이 활동하고 있는 기관이나 활동 자체의 대의명분에 대해 일반적이고 기초적인 관심은 갖고 있으나 자세히 알지는 못한다. 즉, 기관의 입장에서 이러한 자원봉사자들은 아직 '신념을 나누는 자(believer)' 혹은 '함께하는 자(joiner)'로 볼 수 없다.

둘째, 단기적인 자원봉사자들은 대체적으로 3가지 방법에 의해서 충원된다. 첫 번째 방법은 자원봉사자들이 개인적 관심을 가지고 있는 분야와 관련해 사회복지기관에 스스로 자원한 경우다. 이 경우에는 기관의 활동 목적보다는 자원봉사자들이 스스로 매력을 느껴서 자원봉사를 선택하는 방식이다. 두 번째 방법은 주말의 스포츠 프로그램같이 특별한 이벤트에 참여함으로써 충원되는 경우다. 이러한 이벤트들은 자원봉사자들에게는 매력적이나 이를 집행하는 기관의 입장에서는 반드시 해야 할 일은 아니다. 단기적인 자원봉사자들이 자원봉사활동을 시작하게 되는 세 번째 방법은 주변의 친구 혹은 친지나 자원봉사자들이 근무하는 직장의 고용주 등의 권유에 의한 비자발적인 선택에 의해서다. 이러한 경우 단기적인 자원봉사자들은 기관에 대한 선지식이 있거나 자원봉사에 대한 당위성을 느껴서라기보다 권유한 사람들과의 개인적 관계 때문에 자원봉사를 하게 된다.

셋째, 단기적인 자원봉사자들은 정해진 시간 동안 명확하게 규정된 일을 하고 싶어 한다. 많은 단기 자원봉사자들은 대체적으로 특정한 일을 하는 사람으로 여겨진다. 예를 들면, 복지관에서 이・미용 자원봉사를 하는 사람이나 차량봉사를 하는 사람들이 한 예다. 일반적으로 시간이 보다 제한적일수록, 요구하는 일의 범위가 한정적일수록, 단기 자원봉사자들을 모집하는 일이 쉬워진다. 단기 자원봉사자들은 생의 많은 부분을 자원봉사 관련 활동에 기꺼이 쓰기도 하지만, 대체적으로 한 기관에서 일정 기간 이상 자원봉사활동을 하지는 않는다. 또한 자신들이 기관에 봉사하는 시간을 스스로 조절할 수 있는 업무를 원하는 경향이 있다.

넷째, 단기 자원봉사자들의 동기는 집단이나 조직 내에서의 지위에 대한 인정보다는 개인적인 성취에 대한 인정 여부에 더 큰 영향을 받는다. 인정이란 그들이 기관에 기여한 것에 대하여 감사의 마음을 표시하는 일이다.

다섯째, 단기 자원봉사자들과 함께 일할 때 가장 중요하게 고려해야 할 사항은 그들과 함께 생각하기보다는 그들을 위한 생각을 해야 한다는 것이다. 즉, 그들이 기여한 시간들이 헛된 일에 소비된 것이 아니라, 매우 유용한 도움을 주었다는 것을 실질적으로 알려 주어야 한다. 예상 외로 많은 경우에, 사람들은 어떤 단체에서는 단기 자원봉사자이지만, 다른 단체에서는 장기 자원봉사자로 활동함을 유의해야 할 것이다.

근래 들어 전통적 측면에서의 장기적 자원봉사자에 대한 관심이 줄어들고, 단기 자원봉사자로서의 활동을 선호하는 뚜렷한 경향이 보인다. 직장과 가정으로부터의 가중되는 부담에 적절히 대처하고, 자원봉사활동이 감당하기 부담스럽지 않은 상태에서 개인적인 생활상의 욕구들과 조화를 이루는 것을 선호하면서 잠재적인 자원봉사자들은 단기적인 자원봉사자가 되는 것을 선택함으로써 자신들의 참여를 스스로 조절하고 통제할 수 있기를 원하는 것이다.

(3) 자원봉사자 관리에 있어서 자원봉사자 참여 방식 변화의 함의

단기 자원봉사활동을 선호하는 방향으로의 참여 방식의 변화가 자원봉사자 관리에 미치는 영향과 함의는 다음과 같다.

첫째, 자원봉사자들을 위한 업무를 기획하거나 자원봉사자를 모집하는 전략에 있어서 획기적인 변화가 요구된다. 즉, 사회복지기관들은 자원봉사자의 업무량을 더 작게 세분화하여 부담을 줄이고, 자원봉사자가 보다 쉽게 자신에게 주어진 업무를 감당할 수 있는 방향으로 자원봉사업무를 변화시킬 필요성이 증가하고 있다. 또한 자원봉사자들의 봉사 기간이나 할 수 있는 일에 대한 자격요건 역시 다양화 · 구체화시켜서 모집 전략을 세워야 할 것이다.

둘째, 장기 자원봉사자들과 단기 자원봉사자들이 함께 자원봉사업무를 수행하는 경우가 늘어나면서 이들의 상반된 욕구를 균형 있게 관리하는 것이 점점 더 어려워지고 있다. 장기 자원봉사자들은 단기 자원봉사자들이 기관에 대한 소속감이 없을 뿐만 아니라, 클라이언트에 대한 배려와 사랑이 부족한 사람으로 간주하는 경향이 있다. 장기 자원봉사자들은 자신들보다 훨씬 적은 시간과 에너지를 자원봉사활동에 사용하는 단기 자원봉사자들의 모습을 사명감의 부족으로 치부하면서 그들을 달갑지 않게 여기고, 경우에 따라 적대시하는 경향을 보이기도 한다.

셋째, 실제적으로 장기 자원봉사자들이 더 바람직하고, 관리하기도 수월하며 자원봉사자들의 리더십 발휘의 측면에서도 더욱 유용하다. 이러한 장기 자원봉사자들을 더 많이 확보하기 위해서 기관은 이들을 위하여 내부로부터의 승진시스템을 적극 활용할 필요가 있으며, 자원봉사자들에게 더 많은 권한과 책임을 부여하는 방향으로, 단계적으로 더 많은 시간을 헌신할 수 있도록 천천히 납득시키는 전략이 필요하다.

넷째, 기관들은 잠재적인 단기 자원봉사자와 장기 자원봉사자들을 확보하기 위해서 점점 더 치열하게 경쟁해야 할 것이다. 앞으로는 자원봉사자들이 기관과의 관계에서 훨씬 더 유리한 위치를 점하게 될 것이며, 그들의 관심이나 욕구를 가장 잘 충족시켜 줄 수 있는 기관을 선택하게 될 것이다.

2. 자원봉사자 관리

1) 관리의 의의

일반적으로 자원봉사활동의 관리란 '자원봉사활동을 원하는 측'의 욕구와 '자원봉사활동의 원조를 받는 측'의 욕구를 연결시켜 효과적인 자원봉사활동이 이루어지게 하는 일련의 절차와 방법을 강구하는 것으로 정의할 수 있다.

자원봉사활동이 성립하기 위해서는 자원봉사활동을 필요로 하는 사람들(요원조자)에게 이러한 원조를 제공할 수 있는 사람(자원봉사자)을 연결하여 실질적인 서비스가 제공될 수 있어야 한다. 이렇게 자원봉사자의 도움을 필요로 하는 요원조자에게 적절한 자격을 갖춘 자원봉사자를 연결시켜 주는 것이 자원봉사활동 관리의 핵심이다.

이러한 연결을 효율적으로 수행하기 위해서는 일련의 관리절차가 필요하다. 자원봉사활동 관리에 포함되는 일반적인 절차는 대체로 다음과 같다. 먼저 자원봉사자의 도움을 필요로 하는 요원조자의 욕구를 접수한다. 자원봉사자의 도움을 필요로 하는 사람은 영아에서 초고령자에 이르기까지 다양하며 그들이 필요로 하는 욕구 또한 다양하다. 다음으로는 이러한 욕구에 대응하기 위한 자원봉사자의 모집과 선발, 훈련, 임무 부여 그리고 지도가 필요하다. 자원봉사조직은 다양한 방법으로 이런 절차를 수행한다.

그러나 이러한 자원봉사관리절차가 모든 조직에 일관되게 적용될 수 있는 단일 구조나 접근책이 없다는 것은 주지의 사실이다. 그렇기 때문에 한 조직의 성공사례가 다른 조직에서는 실패라는 결과를 가져올 수도 있다. 그렇지만 자원봉사자들이 특정의 관리절차에 어떻게 반응하는지를 이해하는 것은 관리자들이 다른 조직에서 보다 나은 관리절차를 선택하는 데 도움을 줄 수 있을 것이다.

2) 관리의 필요성

이러한 자원봉사활동의 관리는 최근 들어 그 중요성이 더욱 부각되고 있다. 주된 이유는 자원봉사 프로그램이 급속히 성장, 발달하면서 국민들에게 실질적으로 제공되는 중요한 사회서비스로서의 역할이 커지게 되고, 이로 인해 자원봉사활동의 관리 역시 그 중요성이 커지고 있기 때문이다. 이러한 변화에 발맞추어 자원봉사자 영역에서도 자원봉사 프로그램을 관찰하거나 지도하는 자원봉사행정가, 관리자, 조정자라는 새로운 직업이 생기게 되었다. 그리고 원조를 제공하는 측과 그 원조를 받는 측을 보다 효과적으로 연결할 필요성이 더욱 증가하고 있다.

그러면 자원봉사자와 요원조자 간에 좋은 관계를 유지한다는 것은 어떤 상태를 말하는 것일까? 그것은 자원봉사자와 요원조자 양자가 서로의 생활방식에 공감하고 같은 목표를 위해서 각자에게 주어진 일을 행하고 있는 상태를 말한다. 자원봉사자가 상대방의 입장에 대한 깊은 공감 없이 서비스를 제공하는 경우 요원조자에게는 실제적인 도움이 될 수 있는 것이 자원봉사자에게는 고통스러운 것으로 작용할 수 있다. 한편, 자원봉사자의 원조를 받고 있는 사람이 자원봉사자에 대하여 단지 '마음 좋고 어리석은 사람' 으로 내심 생각하는 것에 그치는 것도 바람직한 것은 아니다.

따라서 자원봉사자와 요원조자의 보다 좋은 관계는 상대방을 공감하고 그 공감을 토대로 문제해결을 위해 함께 노력하고 있는 상태일 것이다. 자원봉사자와 요원조자가 한께 '더불어 계획하는' 것에 동반자로 참여하는 기회를 제공하는 것이 자원봉사활동 조정자에게 있어서 조정의 기본이다. 그리고 이러한 '자원봉사자와 요원조자와의 좋은 상태' 를 실현하기 위하여 자원봉사활동 조정자는 다방면의 연구와 노력, 활동을 수행해야 한다.

또한 다양한 형태로 나타나는 자원봉사 프로그램의 운영 방식에 따른 차별화된 관리의 필요성이 요구된다. 전담직원을 통한 정형화된 운영 구조를 지닌 프로그램(예를 들면, 수감자 대상 프로그램이나 성폭력 피해자 상담 프로그램)부터 자원봉사자들에 의해 자발적으로 운영되는 프로그램(예를 들면, 지역사회 범죄예방감시 프로그램)에 이르기까지 자원봉사자에 대한 지도와 감독체계는 프로그램 속성에 따라 다양한 방식과 형태를 요구하게 된다. 자원봉사 프로그램 관리의 기본적 원칙은 운영 방식에 관계없이 모든 프로그램에 동일하게 적용되지만, 구체적인 관리방법은 구조화된 운영 방식 프로그램에서 자발적 운영

방식 프로그램에 이르기까지 다양한 형태로 적용되어야 한다.

3) 자원봉사관리 과정

자원봉사관리 과정은 다음과 같은 운영체계를 갖고 있으며, 정상적인 자원봉사 프로그램의 경우 다음의 과정과 절차를 통해 운영되어야 한다.

<표 4-1> 자원봉사관리 과정

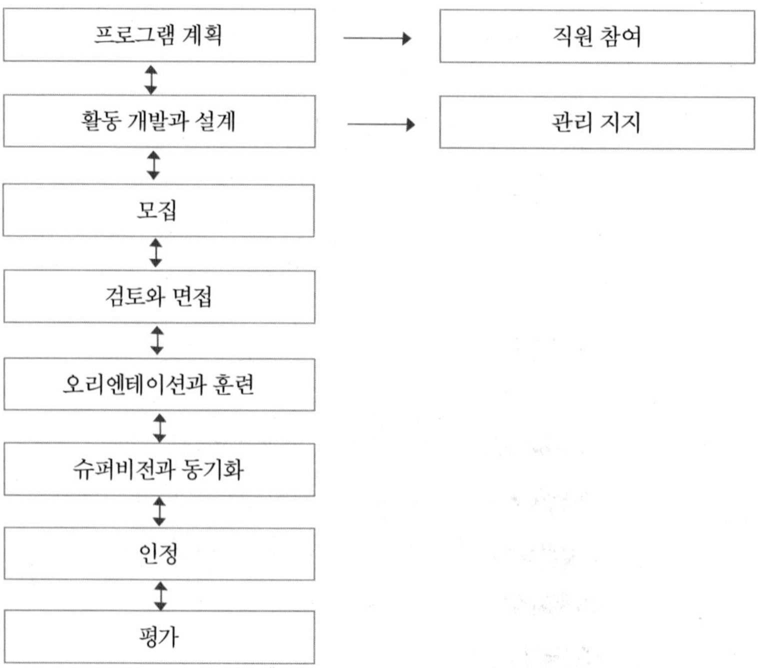

4) 자원봉사자 개입의 모형

자원봉사자관리 과정을 보다 쉽게 설명하기 위해 이 책에서는 효과적인 자원봉사자 프로그램 관리를 위해 각 단계별 성취 과제로서 다음의 3가지 간단한 모형을 사용하고자 한다. 이에 대한 자세한 내용은 이후의 내용에 서술했다.

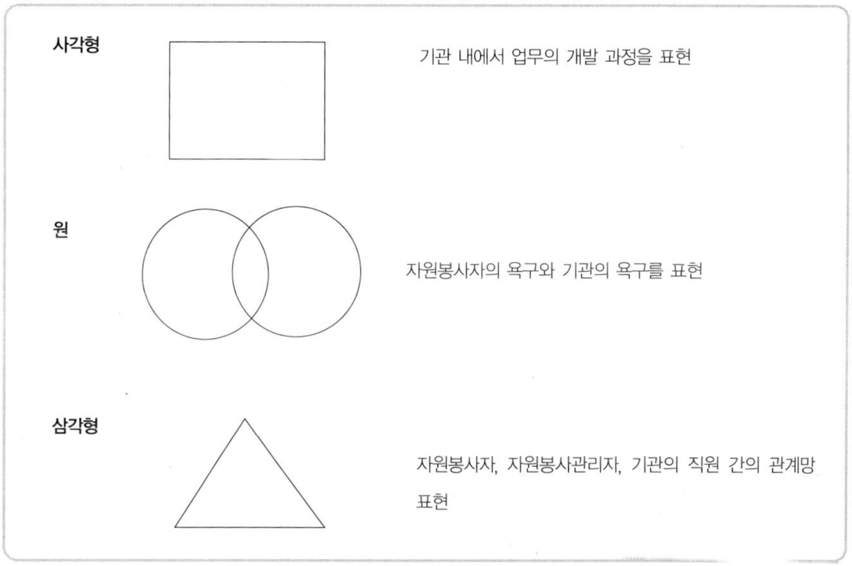

[그림 4-1] 자원봉사자 개입 모형

3. 자원봉사관리자의 역할과 기능

1) 자원봉사관리자의 역할

프로그램 관리 과정에 있어 가장 중요한 역할은 자원봉사자 관리자에 의해 수행된다. 관리자는 조직의 목적을 달성하기 위해 다른 사람들과 더불어 그리고 그들을 통해서 일하는 사람이라고 할 수 있다. 특히, 자원봉사 프로그램 관리자는 자원봉사자 관리 과정에 핵심적 역할을 하는 사람으로서 자원봉사 프로그램을 통해 지역사회에 보다 의미 있는 변화를 가져오는 활동을 가능하게 하는 사람이다. 즉, 자원봉사관리자란 자원봉사자들이 주어진 업무를 다 할 수 있도록 하여 지역사회에 바람직한 변화를 가져오도록 하는 지도자를 말한다. 자원봉사자 프로그램은 저절로 이루어지는 것이 아니라, 기관의 욕구가 지역사회의 욕구에 합치될 수 있도록 복합적인 시스템을 구축, 조정하는 일을 담당하는 전문가를 필요로 하며 이 일을 위해 자원봉사 관리자는 물심양면의 노력과 헌신을 다 할 자세를 갖추고 있어야 한다.

효과적인 자원봉사관리자로서 가장 중요한 역할은 자문가의 역할이다. 자문가의 역할은 구체적으로 기관과 지역사회에 어떠한 욕구들이 있는지, 파트타임 자원봉사자들이 할 수 있는 일들이 무엇인지, 이들을 동기부여시키는 데 효과적인 방법은 무엇인지 등의 분석을 기관의 동료들과 함께함을 의미한다. 즉, 자문가로서의 자원봉사관리자는 자신이 몸담고 있는 기관에서 함께 일하는 직원들의 욕구와 자원봉사자들의 욕구를 동시에 충족시키는 일에 일차적 초점을 두는 관리자를 말한다(McCurley & Lynch, 1998).

이러한 역할을 효과적으로 수행하기 위해서는 다음의 3가지 능력이 요구된다. 첫 번째 능력은 다른 사람들과 좋은 인간관계를 형성할 수 있고, 그들이 원하고 바라는 것이 무엇인지를 잘 이해할 수 있는 능력이다. 두 번째로는 변화하는 개인적 · 집단적 · 사회적 욕구와 관심에 유연하게 대처하고 적응할 수 능력을 갖추어야 한다. 마지막으로는 기회를 창출할 수 있는 능력, 다시 말해 잠재적인 기회를 찾아내 그 기회를 현실화시킬 수 있는 구조와 체제를 만들어 낼 수 있는 능력이 필요하다.

2) 자원봉사관리자의 기능

자원봉사관리자의 실제적 기능은 일반적으로 계획 수립, 조직화 작업, 직원 직무배치, 지시와 슈퍼비전, 통제와 평가의 5개 영역으로 나눌 수 있다 (Wilson, 1970).

(1) 계획 수립

계획 수립(planning)은 실행할 수 있는 대안들 가운데 실질적인 실천방안을 선택하는 것이다. 다시 말해서 계획 수립은 목적에 의거하여 목표를 설정하고 구체적 행동계획을 결정하는 것이다. 예를 들면, 축구 경기에서 주전선수가 부상을 입거나, 상대팀이 새롭고 예상치 못한 작전을 쓴다면, 또는 폭우 등으로 경기장 조건이 갑자기 변한다면 계획은 상황에 맞게 수정되어야 한다. 변화된 상황에 적절히 대처하면서 목표를 향하여 정진하는 팀이 승리자가 될 수 있을 것이다. 만일 합리적인 계획이 없거나 경직성에 얽매여 있다면 상황이나 조건이 변했을 때 곤경에 처하게 된다. 따라서 계획 수립은 융통성 · 유연성 · 개방성을 가져야 한다.

(2) 조직화 작업

관리자의 주요한 기능의 하나인 조직화 작업(organizing)은 설정된 목적과 목표 달성을 위하여 관련된 사람들을 구성하고 각자의 역할을 규정하는 것이다. 이러한 역할 규정은 자원봉사자에 대한 직무의 위임을 통해 이루어지며, 효과적인 조직화를 이루기 위해 관리조정자는 다음과 같은 몇 가지 질문에 솔직하게 답변할 수 있어야 한다.

첫째, 당신보다 능력이 있는 자원봉사자에 대한 적극적 수용의 준비가 되어 있지 않으면서도 능력 있는 자원봉사자를 선호하는 이율배반적인 자신을 신뢰할 수 있는가? 즉, 유능한 자원봉사자에게 업무에 대한 권한과 책임을 부여할 생각이 없으면서 능력 있는 자원봉사자를 찾는 당신의 이중적 태도를 당신 스스로 어떻게 생각하는가?

둘째, 당신은 당신이 책임지고 있는 프로그램의 운영에 있어서 중요한 업무를 능력 있는 자원봉사자에게 전적인 신뢰를 가지고 기꺼이 위임할 의사가 있는가?

셋째, 당신은 분별력 있고 논리적인 자원봉사자들에게 합당한 수준의 직무를 제공할 수 있는가?

넷째, 당신은 직접 과업을 수행하는 '실행자' 로부터 과업이 잘 수행되도록 직무를 부여하고 조정하는 '제공자' 로 변화할 의지를 가지고 있는가? 다시 말해서 바람직한 관리조정자가 될 수 있으며 이러한 역할에 만족할 수 있는가?

위임이라는 이슈와 관련하여 관리자는 스스로의 시간적 제약과 지식적 한계를 인식하고 정직하게 받아들일 수 있어야 한다. 위임이라는 행위를 단지 해야 할 필요성이 있는 것으로서의 수동적 자세가 아닌 유능하고 적절한 지식과 기술을 갖고 있는 자원봉사자의 도움이 필요하다는 적극적 · 능동적 인식과 인정이 필요한 것이다. 이러한 위임의 구체적인 방법은 조직의 구조와 해당 프로그램의 규모와 성격 등에 따라 다양한 형태로 나타나지만, 업무에 대한 체계적인 분석과 적절한 설계 과정을 거치면서 효과적인 위임 방법을 도출해 내게 된다. 예를 들면, 일반적으로 사용되는 보편적인 위임의 한 방법으로 적합한 자원봉사 지도자를 선정하고 그(그녀)에게 과업수행의 관리적 기능을 위임하는 것을 생각해 볼 수 있다. 이렇게 관리적 기능을 위임할 때 고려해야 할 중요한 요소는 다음과 같다.

- 위임으로 인해 발생하는 업무상의 책임에 대한 명확한 규정
- 단절되고 단편적인 업무의 위임이 아닌 전체적 맥락에서 의미 있는 하부 단위로서의 프로그램 위임(예를 들어, 청소년 자원봉사자 프로그램 위임)
- 적합한 자격을 갖춘 사람의 선택(기술 · 지식 및 장단점 고려)
- 위임자와 피위임자 간의 상호 협의를 바탕으로 타당한 목표 설정 및 수행방법의 표준화
- 정확하고 공정한 피드백 기회의 제공

- 기관의 정규직원과 자원봉사자 간의 지식 · 정보의 공유 및 협력적 계획수립을 통한 협력적 동반자 관계 수립
- 프로그램의 특정한 분야를 책임지고 있는 자원봉사자에게 의사결정과정의 참여와 발언권 부여
- 형식적이 아닌 실질적인 위임(권한과 책임 부여)

또한 위임될 직무의 설계는 일차적으로 고도의 책임성을 요구하는 직무, 적당한 정도의 책임성 있는 직무, 그리고 책임성이 상대적으로 적은 직무 등으로 분류되어야 하며, 이를 바탕으로 각 직무별로 직무의 명칭, 강제적 성격의 봉사 시간 및 기간, 구체적 직무 내용, 자격 조건, 보상 기준 및 내용, 기관이 추구하는 목표와의 상관관계 등이 규정되어야 한다.

(3) 직원 직무배치

직원 직무배치(staffing)는 그 직무를 누가 수행할 것인가를 결정하는 것이며, 모집 · 면접 · 배치 · 훈련이라는 일련의 과정이 포함된다. 자원봉사 프로그램 관리조정자가 모집에 있어서 고려해야 할 매우 중요한 사항은, 첫째 직무를 확실히 규정한 후 이에 따라 적합한 사람들을 모집할 수 있도록 시장조사절차가 먼저 이루어져야 하고, 둘째 자신이 모집하려는 사람들이 어떤 욕구 및 동기를 가지고 있는지를 확인해야 하며, 셋째 이들이 원하는 의미 있는 직무를 약속할 수 있어야 한다는 것이다. 따라서 모집 방법에 있어서 일반적인 모집보다는 구체적인 모집을 해야 하며, 상시적으로 필요에 따라 동원할 수 있는 자원봉사자를 확보하기 위한 모집계획을 세운 후 적극적으로 모집활동을 전개하는 노력이 요구된다.

또한 특수한 기술이나 재능을 가진 특별한 관리가 요청되는 자원봉사자는 적절한 직무가 없을 시 기존의 직무에 일방적으로 배치하여 잠재력을 축소시키기보다 새로운 직무를 개발하여 배치함으로써 그 잠재력을 발휘할 수

있는 기회를 제공하는 노력이 필요하다. 즉, 새롭게 모집되는 자원봉사자들의 자질과 능력에 합당한 맞춤형 직무가 지속적으로 개발되고, 실제화될 수 있어야 한다.

(4) 지도(directing)와 슈퍼비전

자원봉사자가 모집, 심사, 선발되고, 일정한 직무를 배정 받으면 그들이 직무를 수행할 수 있도록 적절한 교육과 훈련이 이루어져야 한다. 여기서 훈련이라는 용어는 특정 영역에 국한된 제한적인 성격의 학습 상황을 의미하는 것이 아닌, 자원봉사자 개인은 물론 기관의 잠재력을 실현시킬 수 있게 도와주는 모든 노력을 포함하는 개념이다.

자원봉사자 또는 직원을 훈련시키는 가장 중요한 목적은 그들이 효과적으로 직무수행을 할 수 있도록 돕고, 성과를 증진시키는 데 있다. 이러한 훈련이 지속적으로 이루어져야 하는 것은 기관의 의무이자 자원봉사자의 권리다. 또한 훈련은 정보 및 지식을 제공하는 차원과 실천적인 기술의 학습과 능력을 배양시키는 현장실습 차원의 내용이 함께 포함되어야 한다. 자원봉사활동을 처음 의도대로 마치지 못하고 중도 탈락한 자원봉사자들 중 많은 수가 그 이유로 "봉사 기간 중 자신의 활동을 지도하거나 자신의 문제를 상의할 사람이 없었기 때문에" 혹은 "자신의 일에 대하여 피드백을 받지 못하고 마치 진공상태에서 일하는 것처럼 느꼈기 때문에" 그만두었다고 말한다. 자원봉사자는 많은 경우 자신이 하는 일이 별다른 가치가 없는 쓸모없는 일이라는 인상을 갖게 되어 중도 탈락이라는 바람직하지 못한 방향으로 귀결될 수 있다.

기관 내에서 자원봉사자를 위한 바람직한 지도 및 슈퍼비전 체계를 세우기 위해서는 무엇보다 각각의 자원봉사자를 책임지고 지도할 수 있는 전담 직원을 지정하는 체제가 갖추어져야 하며, 이러한 지도 및 슈퍼비전의 책무를 해당 직원의 직무내용설명서(job description)에도 명시해야 한다. 또한 해당 직원들이 지도 및 슈퍼비전의 직무를 효과적으로 감당할 수 있도록 다음의 사항이 고려되어야 한다.

첫째, 직무에 관하여 명확한 지시를 통한 이해가 있어야 하며, 어떤 질문에도 응답할 준비를 갖추어야 한다.

둘째, 기관이 기대하는 사항을 자원봉사자에게 정확히 전달할 수 있어야 한다.

셋째, 자원봉사자의 활동과 노력을 인식하는 수준을 넘어, 구체적으로 인정하고, 언어적(비언어적)으로 감사를 표현할 수 있어야 한다.

넷째, 자원봉사자들의 부적절한 행동을 정확히 파악하고 지적할 수 있어야 하며, 자원봉사자의 욕구 변화에 민감함을 유지하고, 변화하는 욕구를 충족시킬 수 있도록 유연성을 발휘할 수 있어야 한다.

(5) 통제(controlling)와 평가

자원봉사 프로그램 운영에 있어 자원봉사자의 통제와 관련된 중요한 과제 중 하나로 자원봉사활동의 지속성 확보를 들 수 있다. 이를 위해 활용되는 것이 인정과 보상이다. 인정과 보상은 공식적인 것과 비공식적인 것으로 구분된다. 공식적인 것은 배지나 핀, 일정 기간 근무 후에 수여하는 증서 또는 감사장, 표창 등을 들 수 있고, 비공식적인 것은 진정한 감사의 말, 보다 중요한 책임부여(신입회원 훈련 참여, 기관을 대표한 지역사회 연설), 개인의 직무

> 인정과 보상에는 관례적인 감사장 수여와 같은 것도 있겠지만 더 중요한 것은 "어제는 당신이 없어서 곤란했습니다." "그것은 참 좋은 생각입니다. 감사합니다." 그리고 "오늘 당신을 만나게 되어서 정말 반갑습니다."와 같은 말을 해주는 일이다.
>
> 용기를 고취하는 격려(필요한 때와 장소에서 언제든지 할 수 있다)와 동반자적 협의 그리고 자원봉사자와 직원 간의 공식적 · 비공식적 모임은 자원봉사자들의 공헌과 중요성을 인정하는 중요한 방법이다.

성과를 인정하려는 배려, 직원회의에 참여초대 등을 들 수 있다.

그러나 인정과 보상의 전달에는 각 개인의 자원봉사 동기 및 욕구가 가장 우선적으로 고려되어야 한다. 따라서 자원봉사자를 개별화(individualization)하여 의미 있는 보상을 실시하는 것이 관리조정자의 중요한 임무다. 예를 들어, 성취 지향적인 사람에게 가장 의미 있는 인정 및 보상은 더욱 책임 있고 중요한 직무를 부여(승진 같은 것)하는 것이 될 수 있고, 권력 지향의 사람은 직책부여, 또는 다른 자원봉사자를 훈련시킬 수 있는 기회를 부여하는 것 등을 생각해 볼 수 있다.

평가(evaluating)는 자원봉사 프로그램의 관리자가 활용할 수 있는 중요한 관리도구가 된다. 자원봉사 프로그램 관리에서의 평가 유형은, 첫째 각 개인 자원봉사자의 개별적 평가, 둘째 자원봉사 서비스의 수혜자로서 클라이언트에 의한 평가, 셋째 직원에 의한 자원봉사 프로그램 평가, 넷째 자원봉사자 서비스에 상응하는 화폐적 가치에 따른 기관에 대한 기여도 평가 등이 있다.

4. 관리자의 적성과 자질

1) 성공적인 관리자의 적성

관리자의 적성이란 동기, 특성, 기술, 자아의식, 지식 등을 포괄하는 개념으로 한 연구에 의하면 다음의 9가지 적성이 중요하다고 지적하고 있다(이성록, 2001).

(1) 효율성 지향

과업 목표의 비용 효율적 달성에 대한 관심, 높은 내적 업무 기준, 높은 성취동기다. 실현 가능성이 있는 목표 및 시한의 설정, 구체적인 행동계획의 수립, 장애 극복 방안의 마련, 업무의 효율적 조직화, 타인과 대화할 때 성과에 대한 강조 등의 형태로 나타난다.

(2) 영향력에 대한 관심

권력욕과 권력 상징에 대한 높은 관심을 말한다. 행동상으로는 강한 주장에 근거한 행동, 타인에 대한 영향력 발휘 시도, 높은 지위를 수반한 직책의 추구, 자신이 속한 조직의 산출물과 서비스에 대한 평판에 관심을 표명하는 것 등으로 나타난다.

(3) 적극성(Pro-activity)

자기효능감(self-efficacy)과 내부통제에 대한 강한 신념을 말한다. 행동상으로는 발생할 일에 대한 수동적 대처보다는 예비적 차원의 주도적 대응, 장애 발생 시 극복 방안의 단계적 조치, 다양한 경로로부터의 적극적·객관적 정보 수집, 성공과 실패에 대한 책임의 수용 등으로 나타난다.

(4) 자기확신감

자기 자신의 아이디어와 능력에 대한 확고한 신념을 말한다. 행동상으로는 자신 있는 자세, 태도, 몸짓과 함께 주저 없이 단호하게 행동하며, 우왕좌왕하지 않고 확실하게 의견을 제시하는 형태 등으로 나타난다.

(5) 구두발표 기술

정확하고 설득력 있는 발표에 필요한 상징적·언어적 및 비언어적 행동과 시각적 보조자료를 활용하는 능력을 말한다.

(6) 개념화 능력

수집된 정보에서 일정한 패턴이나 관계성을 찾아내고 이를 바탕으로 새로운 개념이나 모델을 만들거나, 적절한 비유를 사용하여 그 의미를 전달할 수 있는 능력, 그리고 문제에 대한 창조적 해결책이나 새로운 통찰력을 키울 수 있는 능력을 말한다.

(7) 개념의 진단적 사용

개념이나 모델을 사용하여 사건을 해석하고, 상황을 분석하며, 관련 있는 정보와 그렇지 못한 정보를 분별하며, 본래 계획으로부터의 이탈 여부를 탐지할 수 있는 연역적 추론 능력이다.

(8) 사회화된 권력(Socialized power)의 사용

조직망과 동맹을 형성하고 타인으로부터 협조를 얻어 내며, 건설적인 방법으로 갈등을 해결하고, 타인에게 영향을 주기 위하여 역할모델을 사용하는 능력이다.

(9) 집단과정의 관리

구성원들의 집단 동일시를 가능케 하고, 단체정신을 공유할 수 있도록 하는 능력을 말한다. 행동상으로는 집단 정체감을 나타내는 상징 제작, 공동이익과 협동의 필요성 강조, 성공적 팀워크 조성, 개별 구성원의 집단 공헌에 대한 공개적 칭찬과 인정의 형태로 나타난다.

2) 성공적인 관리자의 자질

(1) 포용력과 리더십

원만한 성품과 리더십이 있어야 한다. 우선 자신에게는 엄격하면서도 타인에게는 너그러운 포용력이 필요하다. 업무 자체가 대인관계에 기초하고 있으므로 철저한 자기 절제와 관리 능력이 있어야 하며 또한 친화력을 가지고 수용하고 이끌어 가는 원만한 성품이 요구된다.

(2) 인간에 대한 이해와 지식

인간에 대한 이해와 지식을 갖고 있어야 한다. 인간을 탐구하는 기회를 많이 가지고 편견과 차별 없이 클라이언트나 자원봉사자와 동등한 위치에서 인간관계를 유지해 나갈 수 있어야 한다. 즉, 인간행동의 유형을 이해하고, 특히 조직(환경) 속에서의 인간행위에 대한 지식과 조정 능력이 있어야 한다.

(3) 행복에 관한 직관력

인간의 행복이 무엇인지를 깊이 이해할 수 있는 직관력을 갖추어야 한다. 개개인의 행복에 대해서 생각을 깊이 가지는 것은 효과적인 자원봉사서비스를 수행하기 위한 당연한 덕목이다. 따라서 서비스를 필요로 하는 사람의 자주성과 존엄성이 제고되는 자원봉사서비스가 될 수 있도록 보다 본질적이고 존재론적인 욕구를 파악할 수 있는 능력이 있어야 한다.

(4) 업무추진력

사회복지적 문제인식능력과 더불어 업무를 실천할 수 있는 추진력이 있어야 한다. 지역적 특성에 따른 지역복지의 욕구를 바탕으로 자원봉사자의 특성에 맞는 적합한 서비스를 추진해 나가는 유연성과 자원봉사활동의 입장만을 고집하지 않고 지역복지활동을 함께 추진할 수 있는 추진력이 있어야 한다. 즉, 거시적 차원에서 자원봉사활동이 지역복지의 원동력이 되도록 조정할 수 있어야 한다. 시설의 경우 시설에서의 자원봉사활동이 단순한 인력 보충이 아닌 진정한 자원봉사활동의 의의와 가치를 자원봉사자나 시설에 인식시켜 조정해 나갈 수 있어야 한다.

(5) **통찰력**

통찰력은 관리자가 갖추어야 할 기본적 자질의 하나다. 관리자의 역할은 자원봉사자를 적절하게 배치하고, 자원봉사서비스 제공 중 발생하는 각종 문제점에 효과적으로 대처해야 하며, 때로는 상담자의 역할을 해야 하는 등 필요에 따라 여러 가지 상황에서 적절히 대처해 나갈 수 있는 유연성과 통찰력을 필요로 하기 때문이다.

05
자원봉사 프로그램 기획

1. 초기 시작단계: 기관과 자원봉사자의 욕구 조정

대다수의 자원봉사자들은 체계적이지 못하고 즉흥적으로 기획된 자원봉사 프로그램에 참여하게 될 때, 자신들의 활동이 제대로 활용되지 못함을 안타까워한다. 예를 들어, 사회복지기관의 지나칠 정도로 열정적인 행정책임자가 자원봉사자 활용의 잠재력을 우연히 깨달은 후 직원회의에서 "자원봉사자를 활용하자."라고 무책임하게 결정하는 경우를 들 수 있다. 이러한 현상이 우리 주변에서 흔히 일어날 수 있는 이유는 자원봉사자들의 활동을 제도화하는 것은 아주 단순하며 큰 노력 없이도 쉽게 할 수 있는 일이라는 편견이 보편화되어 있기 때문이다. 대체로 이러한 결정 이후 기관 책임자는 업무에 대한 전문성이 없는 직원에게 자원봉사자들을 모집하라는 지시를 하달함과 동시에 자원봉사자를 총괄하는 업무를 부여하게 된다.

물론 효과적인 자원봉사자 관리는 이론적으로는 단순한 것이 사실이다. 하지만 실제 운영에 있어서는 매우 미묘하고 다루기 힘든 이슈들이 발생하고, 이러한 문제들을 어떻게 처리하느냐에 따라 그 결과는 상반되게 나타날 수 있다. 우선 자원봉사자 관리는 직무개발, 슈퍼비전, 평가체계 등 기본적 인사관리에 필요한 모든 복합적 요소가 포함된다. 이러한 인사관리상의 복합적 요소에 자원봉사자 관리라는 독자적 영역에 수반되는 고유의 복합성이 혼재하게 된다. 정규직원을 대상으로 하는 일반적 인사관리에서는 찾아보기 힘든 예로서 지나치게 열정적인 자원봉사자를 들 수 있다. 이러한 경우 자원봉사관리자는 일에 대한 동기를 어떻게 강화시켜야 하느냐의 문제가 아닌 지나치게 동기화된 봉사자로 인해 생기는 프로그램 운영상의 문제에 어떻게 대처해야 할 것인가의 딜레마에 빠지게 된다. 이러한 유형의 자원봉사자들은 대의명분에 지나치게 몰입되어 있기 때문에 문제가 생겼을 경우 즉각적인 해결책을 기대하고, 실제적으로 해결을 위한 신속한 행동에 돌입하기를 요구한다. 이들은 문제해결에 대처하는 기관의 시스템이 경우에 따라 늦게 작동할 수 있음을 이해하지 못한다. 따라서 조급해진 자원봉사자는 시스템이 완벽하게 또 즉각적으로 작동하도록 전심전력을 다하지 않는 사람은 그가 누구든지 간에 상관없이(동료 자원봉사자든, 기관의 직원이든) 지나치게 격앙된 감정을 노출하기도 한다.

효과적인 자원봉사 프로그램은 어느 날 갑자기 만들어지는 것이 아니며 우연히 달성되는 것은 더더욱 아니다. 정말로 좋은 자원봉사 프로그램을 기획하기 위해서는 수많은 요소가 고려되어야 하며, 특히 자원봉사자들을 모집하기 전에 프로그램에 관한 많은 결정이 이루어져야 한다.

자원봉사자를 기관의 활동에 참여시키는 것이 퍼즐을 맞추는 것이라고 한번 생각해 보자.

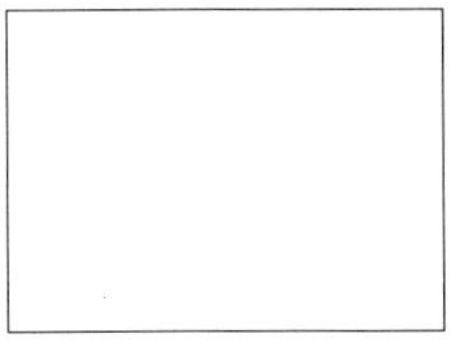

사각형 퍼즐의 전체 모양은 기관에서 자원봉사자들이 성취해 주기를 바라는 업무를 모두 합한 것을 의미한다.

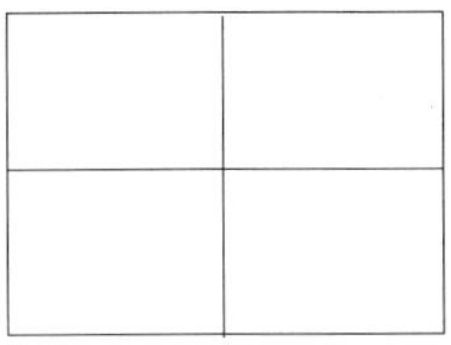

사각형 내부의 4개로 나누어진 조각(부분)은 특정한 자원봉사자들에 의해 수행될 각각의 업무를 나타낸다.

[그림 5-1] 전통적인 자원봉사업무 도식

과거와는 달리 오늘날의 자원봉사관리에 있어서 이러한 퍼즐의 각각의 조각을 맞추는 작업은 점점 복잡해지고 있다. 이전에는 급여를 받는 정규 직원들이 담당했던 일들을 점점 자원봉사자들이 대신하는 경우가 늘어나면서 자원봉사자들에 대한 기관의 의존도 역시 커지게 되고 결과적으로 사각형 퍼즐의 크기 역시 지속적으로 확장되고 있다.

또한 앞부분에서 언급한 바와 같이 최근 들어 전통적 장기 자원봉사자의 비중이 줄어들고 단기 자원봉사자들이 증가하면서 이러한 변화에 능동적으로 대처하는 과정 속에 자원봉사자들에게 주어지는 업무들이 점점 개별화되고, 구체화되는 추세에 있다. 즉, 보다 적은 시간을 투자하면서도 보다 많은 업무적 유연성을 선호하는 이들 단기 자원봉사자의 기호에 맞는 차별화되고, 개별화된, 그리고 경직되지 않고 융통성 있는 업무들이 새롭게 개발, 확대되고 있다.

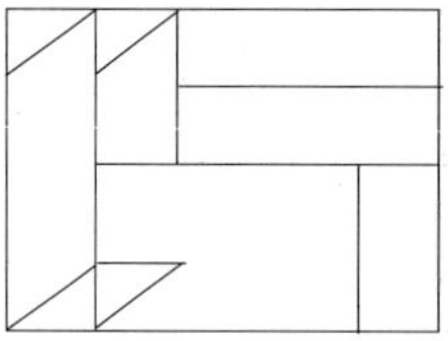

[그림 5-2] 오늘날 자원봉사업무 도식

자원봉사관리자는 퍼즐의 전체 모양을 만드는 일은 물론 각각의 조각을 적합하게 맞춤으로써 퍼즐을 완성시켜야 하는 책임이 있다. 이를 위해서는 프로그램을 디자인하는 데 도움을 주는 기관의 직원들과 자원봉사자들의 개별적 업무를 결정하는 데 도움을 주는 자원봉사자들과의 긴밀한 협력과 공조가 필수적이다.

2. 자원봉사 프로그램 실행의 당위성 설정

기관의 자원봉사 프로그램을 디자인하는 데 있어 선행되어야 하는 것은 왜 기관이 자원봉사자들의 참여를 필요로 하는지에 관한 명확한 근거가 있어야 한다는 것이다. 이러한 당위성에 대한 결정은 자원봉사 프로그램의 개발에 있어서 다음과 같은 중요하고 결정적인 영향력을 갖는다.

- 기관이 자원봉사자들에게 맡길 업무의 유형과 부여할 책임 정도를 결정하는 기준이 된다.
- 기관이 자원봉사자들에게 어떻게, 그리고 왜 자원봉사활동에 참여해야 하는지에 대해 보다 적절하게 설명할 수 있는 근거가 된다.
- 또한 기관의 직원들에게도 왜 자원봉사자들이 필요한지를 이해시키고,

협조를 당부할 수 있는 근거로 작용한다.

- 마지막으로 기관으로 하여금 자원봉사자들의 활동 결과가 효과적이었는지에 대한 평가계획을 수립하는 데 기준이 된다.

1) 자원봉사 활용의 이유

자원봉사자들을 기관의 업무에 참여시키는 많은 이유 중 의미 있는 일부를 살펴보면 다음과 같다.

- 지역사회로의 아웃리치와 지역사회로부터의 자원유입의 기회를 제공한다.
- 정규 직원이라는 기관의 한정된 인적자원과 경험적 자원을 확충할 수 있다.
- 부가적인 전문적 지식과 기술을 취득하는 효과적인 수단이다.
- 클라이언트에게 서비스를 제공하는 데 있어 보다 개별적인 접촉을 강화할 수 있다.
- 기금을 확보하는 일(fund raising)에 도움을 받을 수 있다.
- 비용절감의 효과가 있다.

2) 합의의 도출

기관이 왜 자원봉사자들을 필요로 하는지에 대한 명확한 근거에 입각하여 프로그램의 중요한 합의점이 도출되어야 한다. 먼저 이러한 근거들은 자원봉사 프로그램의 존재 목적으로서의 '사명(mission)'을 구성하는 중요한 요소가 된다. 또한 자원봉사 프로그램을 통해서 기관이 추구하는 잠재적인 기대편익(expected benefit)은 무엇이며, 이를 위한 프로그램의 구체적인 목적은 무엇인지에 대한 명확한 이해를 가능하게 한다(Dunn, 1995). "본질적으로 우리가 왜 이 일을 하고 있는가?" 에 대한 합의 도출(reaching agreement)이 가능하다(Fletcher, 1987).

3. 직원들의 참여 촉진

자원봉사 프로그램 기획의 전체 과정에 있어서, 기관 내 모든 직원의 참여는 필수조건이다. 자원봉사자들은 정규 직원들을 돕는 역할이든 정규 직원들의 도움을 받아야 하는 업무든 관계없이 업무상 정규 직원들과 함께 일을 할 수밖에 없기 때문에 자원봉사 프로그램의 가치와 목적에 관하여 직원들의 이해와 동의를 구하는 절차가 선행되어야 한다.

자원봉사자들과 함께 일을 해야 한다는 사실에 거부감이 있는 직원들의 경우 직접적인 반대 의사를 표시하거나 프로그램 자체에 대해 무관심한 자세를 견지함으로써 자원봉사 프로그램 개발 노력을 저해하고 무력화시키기도 한다. 만약 직원들이 자원봉사자들이 수행해야 할 실질적인 업무를 개발하는 일에 비협조적인 태도를 보이거나, 자원봉사자들을 무시하면서 자신들과는 차별화된 하위집단으로 간주하는 행동을 한다거나, 자원봉사자들이 도움을 주는 존재가 아닌 방해가 되는 불필요한 존재라는 생각을 언어적 · 행동적으로 표출하는 경우 자원봉사자들은 모멸감을 느끼게 되고 자원봉사활동에 대한 열의와 동기가 소멸되면서, 자신들을 필요로 하는 다른 기관에서의 자원봉사 기회를 찾게 될 것이다.

1) 직원들의 태도 조사

새로운 자원봉사 프로그램에 대한 직원들의 태도를 조사하는 가장 일반적인 방법은 사회조사(survey)이다. 면접조사나 설문조사의 형태로 이루어지는 사회조사는 다음의 내용을 확인하는 작업이다.

(1) 자원봉사자와 함께 일한 경험의 정도

이전에 자원봉사자들과 함께 일하면서 그들에게 슈퍼비전을 준 경험이 있는지, 자원봉사자들을 활용하는 기관에서 근무했던 경험이 있는지 등의 조사를 말한다.

(2) 자원봉사자들과 함께 일해야 하는 것에 대해 느끼는 편안함의 정도

자원봉사자들이 할 수 있고, 해야 할 필요가 있는 프로그램, 그리고 자원봉사자들이 해서는 안 되는 프로그램이 있다고 느끼고 있는지, 예를 들어 직원들을 위한 보충교육과 같은 반드시 포함시켜야 할 프로그램 요소가 자원봉사 프로그램에 있다고 느끼는지 등을 파악함을 말한다.

(3) 자원봉사자 활용에 대한 거부감과 두려움의 정도

법적 책임성의 문제와 같이 자원봉사자를 활용하기 전에 사전 검토와 대책 마련이 필요한 잠재적 문제들이 있는지, 자원봉사자들이 자신이 해야 할 일을 대체할지도 모른다는 두려움이 있는지 등을 확인해야 한다.

이러한 사회조사의 결과는 자원봉사자들의 업무동참과 관련하여 직원들이 어떠한 반응을 보일 것인지에 대해 자원봉사관리자에게 적절한 정보를 제공하는 역할을 하게 된다. 이에 대한 구체적인 내용은 제14장 '자원봉사자와 직원의 관계' 에서 보다 자세하게 다룰 것이다.

2) 기관 최고책임자로부터의 지지

기관 최고관리자들로부터의 지원을 받는 것 역시 성공적인 프로그램의 기획을 위해 매우 중요한 일이다. 이러한 지원은 자원봉사자 활용을 명문화하는 이사회의 정관 개정이나 기관 실무최고책임자에 의한 자원봉사자들의 지위를 공식적으로 보장하는 대내외적 공표나 선언의 형태로 이루어지는 것이 바람직하다.

하지만 자원봉사 프로그램에 대한 최고관리자의 공식적인 지원을 받는 과정에서 직원들에게 강압적인 방법의 사용은 지양되어야 한다. 왜냐하면 최고관리자가 직원들에게 자원봉사자와 함께 효과적으로 일하라고 강요하는 것은 실제적으로 불가능하기 때문이다. 이러한 강요를 부당하게 생각할 경우 직원들은 아주 쉽게 자원봉사자를 기관에서 떠나게 하거나 자원봉사자들이 자신의 업무를 성공적으로 수행할 수 없도록 만들어 버린다. 따라서 최고관리자는 자원봉사자를 효과적으로 활용하는 직원들을 격려하고 포상하는 태도를 보임으로써 직원들의 적극적 참여를 유도하는 방법을 쓰는 것이 보다 바람직하다. 다시 말해 처벌[stick]이 아닌 포상[carrot]을 활용하는 접근이 보다 효과적이다.

4. 기관의 환경적 요인에 대한 이해

전반적인 기관의 환경 또한 자원봉사자들을 어떻게 활용할 수 있을 것인가에 영향을 끼치는 중요한 고려사항이다. 처음 기관에 발을 들여놓게 된 자원봉사자들은 무엇보다도 전반적인 기관의 문화와 업무환경에 관심을 갖게 되고, 빠른 속도로 이를 파악하게 된다. 예를 들면, 기관이 고유의 업무를 얼마나 잘 수행하고 있는지, 어떠한 방식으로 업무가 이루어지고 있는지, 기관에서 누가 핵심적 인물이고, 기관에서 중요한 일은 무엇인지 등을 인식하게 된다. 기관의 본질에 관한 외부에 드러나지 않은 이러한 미묘한 특성들은 때때로 자원봉사자들로 하여금 그 기관이 자신의 귀중한 시간과 재능을 기부할 가치가 있는 곳인지를 다시금 생각하게 하는 중요한 요소로 작용한다.

자원봉사기관은 자원봉사자들이 실제적으로 일을 하는 장소가 되기 때문에 자원봉사자들은 보다 바람직한 환경을 제공하는 기관을 선호하고 그런 기관에서 봉사하기를 원한다. 여기에서 중요한 것은 기관과 자원봉사자가 함께 공유할 수 있는 사명과 목적의식을 갖는 것이며, 이러한 사명과 목적을 달성하기 위해서 생산적인 과정을 통해 바람직한 수단과 방법이 활용되고 있다는 사실을 자원봉사자에게 이해시키는 것이다.

바람직한 기관 환경은 다음과 같은 요소를 포함한다.

- 기관 내 다른 사람의 역할을 존중하면서도 개인의 개별적 업무에 대한 명확한 구분과 상호 이해
- 목적 달성을 위한 희생적 자세
- 상호 신뢰
- 인내와 수용
- 개방되고 솔직한 의사소통
- 집단 정체성(group identity): "우리는 이것을 위해 함께하고 있다."
- 배척이 아닌 허용적인 환경

바람직한 환경의 기관에서 일하는 자원봉사자들은 2가지 중요한 느낌을 교류하게 된다. 첫째, 수용(acceptance)의 교류다. 이것은 자원봉사자들이 기관이 추구하는 전반적인 목적이나 운영과 밀접하게 연계되어 있음을 느끼는 감정으로 기관으로부터 진심으로 환영받는 존재라는 것을 느끼고 있음을 의미한다. 둘째, 감사함(appreciation)이다. 이는 각각의 자원봉사자들이 기관의

운영이나 목적의 달성에 있어 다른 사람과는 구별되는 특별한 공헌을 하고 있음을 기관으로부터 인정받고 있음을 느끼는 것이다.

5. 규정 및 절차상의 고려사항: 인사관리시스템

자원봉사 프로그램 관리는 또한 정관에 있어서 공식적인 규칙과 절차의 신설을 요구한다. 자원봉사자가 활용되어야 하는 당위성이 규정된 후에 기관에서는 자원봉사자 활용에 관한 정관상의 정책이나 규정을 심도 있게 논의하고, 정관 개정을 통해 그 내용을 공식화시킬 필요가 있다. 이러한 규정에는 다음의 사항이 포함되어야 한다.

- 출석 및 결석에 대한 규정
- 업무수행 검토 절차
- 보상체계(benefits): 보험, 주차, 교육훈련 등
- 고충(불평)처리 절차
- 비용환급 규정
- 기관의 장비나 시설 사용에 대한 규정
- 비밀보장의무 규정
- 견습기간 규정
- 업무정지 및 종료에 대한 규정
- 기록보존의무 요구

이러한 정관상의 규정과 절차들은 효과적인 자원봉사자 관리를 위한 일관성 있는 지침의 개발을 위해 필요한 것일 뿐 아니라, 문제 상황 시 이에 대한 불편부당한 처리에 지침을 제공하는 역할을 한다. 이러한 규정과 절차의 수

립 과정에 직원들의 동참은 필수적이다. 특히, 기관 내 여러 분야에서 다양한 형태로 자원봉사활동이 이루어지는 경우 직원들의 참여를 통해 의견수립 과정을 거치는 것이 중요하다. 만약 자원봉사자에 관한 규정과 절차의 개발에 어려움이 있다면 정규직원을 대상으로 하는 기관의 정관을 참조한다. 이는 자원봉사자들을 위한 규정과 절차는 가능하면 직원들을 위한 규정 및 절차와 최대한 비슷한 방향과 내용으로 구성되고, 적용되어야 하기 때문이다.

자원봉사자 프로그램은 또한 그 운영을 위한 기본적인 인사관리체계가 요구된다. 자원봉사자 프로그램에서 인력 관리는 그 운영의 핵심 요소이며, 이를 위한 기본적 양식, 즉 초기면접양식, 직무내용설명서, 업무평가도구 등을 갖추어야 한다. 또한 개별 자원봉사자의 인사서류 역시 체계적 절차에 의해 작성, 분류, 보관되어야 하는데, 이러한 인사서류에는 이력사항, 개인정보와 연락처, 자원봉사활동상의 지위와 업무 내용, 교육/훈련에 대한 기록, 최초 기관접촉일 등의 정보가 수록된다.

이러한 인사서류와 자원봉사자들에 대한 인사관리시스템은 가능한 정규직원과 동일한 기준과 절차를 적용하여 세워질 필요가 있다. 일반적으로 기관들은 특정한 컴퓨터 소프트웨어제품을 사용하거나, 자체적으로 개발한 프로그램을 활용하여 인사관리자료를 분류, 보관하고 있으며, 자원봉사자 관리 역시 동일한 프로그램을 활용(자원봉사자 관리라는 업무적 특수성에 따른 약간의 수정을 거친)하는 것이 바람직하다 볼 수 있다.

인사관리시스템을 구축할 때 법적 책임성의 한도와 상해보험에 대한 이슈 역시 포함되어야 한다. 즉, 위험관리(risk management)절차와 내용의 구축을 통해 상해 발생 시 혹은 법적 문제 발생 시 자원봉사자는 물론 기관을 위한 보호와 보상, 그리고 책임성의 내용을 명확히 설정해 두어야 한다. 예를 들면, 클라이언트의 사생활을 보호하기 위해서 자원봉사자들이 비밀보장의 의무를 다할 것을 서명을 통해 명문화하는 것처럼 위험관리절차의 설정은 일어날 수 있는 불상사에 대비하고, 문제 발생 시 피해를 최소화하기 위해서 기관이 취해야 할 행동지침이 된다. 또한 자원봉사자들이 자원봉사활동과 관련하여 개인적인 부상을 입었거나, 소송에 결부되었을 경우, 기관 차원의 적절한 보험을 통해 이들이 보호받을 수 있도록 장치를 마련하고 있는지, 아니면 자원봉사자가 개인적 차원에서 보험가입을 통해 보호장치를 개별적으로 마련해야 하는지를 명확하게 할 필요가 있다.

6. 기획된 프로그램 평가: 계획의 사정

자원봉사 프로그램 기획의 마지막 단계는 자원봉사 프로그램 평가 과정에 대한 검토다. 프로그램 운영의 기획에는 기관관리자, 직원, 자원봉사자 그리고 자원봉사관리자들로 하여금 정기적인 업무진행 상황에 대한 검토와 수정이 가능할 수 있도록 경영정보시스템[1)]이 포함되어야 한다.

평가의 내용은 자원봉사 운영상의 문제점(자원봉사자의 지속적 활동참여 비율의 하락, 보충훈련의 필요성 등)을 밝혀냄은 물론 바람직한 활동 결과에 대하여 보상을 하기 위한 근거 자료로 활용된다. 개인의 경우와 마찬가지로 기관과 프로그램 역시 성공이 언제 이루어졌는지를 아는 것은 매우 중요하다. 하지만 성공에 대한 조작적 정의와 의도하고 있는 성공과 그 시기에 대한 측정 방법의 설정 없이 성공이 실제적으로 이루어졌는지를 아는 것은 불가능하다 (Macduff, 1996).

평가계획의 개발을 위해서 고려해야 할 사항은 다음과 같다.

1 기업 경영에서 의사결정의 유효성을 높이기 위하여, 경영 내외의 관련 정보를 필요에 따라 즉각적으로, 그리고 대량으로 수집 · 전달 · 처리 · 저장 · 이용할 수 있도록 편성한 인간과 컴퓨터와의 결합 시스템을 말한다.

- 자원봉사자들이 자신들과 프로그램에 대하여 무엇을 알기 원하는가? 예를 들면, 활동참여 시간, 프로그램 참여에 대한 보상적 급부 등
- 자원봉사자와 함께 근무하는 직원들은 무엇을 알고 싶어 하는가? 예를 들면, 자신들의 부서에서 봉사하는 자원봉사자 수, 자원봉사자들이 클라이언트집단에 미치는 영향 등
- 기관 관리자는 무엇을 알기 원하는가? 예를 들면, 누가 자원봉사자들을 활용하는가, 기관에 기여한 자원봉사자 시간의 가치 등
- 자원봉사관리자들은 무엇을 알고 싶어 하는가? 예를 들면, 자원봉사자들의 개인적인 약력, 자원봉사자들을 봉사활동에 참여하도록 유도한 요인은 무엇인가, 자원봉사자들의 중도 탈락 비율 등

다음과 같은 체크리스트를 검토함으로써 자원봉사자 프로그램을 위한 계획을 사정해 보기로 하자. 만약 리스트에 있는 항목들에 대한 검토를 완벽하게 끝내지 못했다면, 자원봉사자 관리자나 기관은 자원봉사자들에 대한 효과적인 개입을 시작하기 전에 준비해야 할 사항이 여전히 존재함을 의미한다.

- 자원봉사자들과 일할 직원들의 자문을 구해 봤는가?
- 자원봉사자와 함께 일하는 직원들이 자신들의 역할에 대해 정확히 인지하고 있는가?
- 자원봉사자들의 직위에 관해서 규정된 정확한 업무분장이 있는가?
- 자원봉사자 직위규정(position description)은 업무상의 자격에 대한 명확한 규정과 함께 수행할 업무의 목적과 성격에 대해 정확하게 명시하고 있는가?
- 슈퍼바이저와의 관계 설정이나 업무 공간 등과 같은 자원봉사자들의 근무환경을 명확하게 설정했는가?

- 업무에 적합한 자원봉사자 모집계획은 무엇인가?
- 업무에 적합한 자원봉사 응모자와 적합하지 않은 자원봉사 응모자를 어떻게 구분해야 할 것인가? 적합하지 않은 자원봉사 응모자에 대한 대처방안은 무엇인가?
- 선발된 자원봉사자들을 위한 사전교육 및 훈련계획은 마련되었는가?

7. 자원봉사 프로그램 기획의 기본 법칙

자원봉사 프로그램의 기획은 지역사회 내의 가용한 인적자원과 기타 자원의 효율적이고 효과적인 활용은 물론 기관 내 이해당사자들 간의 합의와 당위성의 공유 과정을 통해 프로그램의 지속적 운영의 토대를 제공하고, 지역사회 내 타 기관 및 프로그램과의 연결을 통해 서비스 중복을 사전에 예방하는 중요한 과정이다(Jacobson, 1978).

하지만 즉흥적인 생각으로 성급하게 자원봉사 프로그램을 시작하는 것은 바람직하지 않다. 치밀한 준비 없이 자원봉사자들을 활용하고 싶은 충동을 억제해야 한다. 충분한 시간적 여유를 가지고 자원봉사 프로그램을 계획하고 준비하는 것은 후일 야기될 수 있는 어려움이나 혼돈을 줄이는 데 크게 도움이 된다.

자원봉사 프로그램의 기본 법칙을 명심하라!

첫째, 먼저 생각하고, 자원봉사자를 활용하라. 자원봉사자들은 준비된 당신을 인정하고 따를 것이다.

둘째, 처음 시작을 올바르게 하는 것이 중요하다. 나중에 고치는 것은 훨씬 어렵기 때문이다.

06
자원봉사자 업무설계

자원봉사자들이 비영리조직 속에서 주어진 업무는 무엇이며, 그가 담당할 업무가 적성에 맞는 것인지, 그리고 그가 해당 업무를 수행할 만한 자격을 갖춘 사람인지를 파악하는 것은 중요하다. 즉, 자원봉사자 개인과 그가 수행하게 될 업무에 대한 체계적인 이해가 선행되어야 한다.

1. 직원 참여

자원봉사자 업무설계의 과정은 자원봉사자들이 감당할 수 있고, 기관에 도움이 되는 업무를 개발하기 위해 직원들과 아이디어를 함께 나누는 일에서 시작된다(Macduff, 1987). 이 과정은 자원봉사관리자의 가장 중요한 기능 중 하나다. '좋은 업무' 를 줄 수 없다면 기관이 자원봉사자에게 줄 수 있는 가치 있는 것이 하나도 없는 것이나 마찬가지다. 재미있으면서도 생산적인 업무를 제시할 수 있는 기관은 자원봉사자들을 모집하는 일이 매우 쉬울 것이다. 반면 지루하고 만족감을 줄 수 없는 업무를 제시하는 기관은 기존의 자원봉사자들을 유지하기도 어려울 것이다.

1) 직원들에게 자문하기

좋은 업무를 개발하는 가장 효과적인 방법은 직원들에게 자문을 구하는 것이다. 이 시간 동안 자원봉사관리자는 자원봉사자들을 가장 잘 활용할 수 있는 방법을 결정하기 위해서 직원들과 논의해야 한다. 이때 직원들이 자원봉사자들에게 어떠한 일을 줄 수 있는지에 대해 단순하게 질문하는 것에 그치는 것은 바람직하지 않다. 왜냐하면 이러한 단순한 질문을 통해서는 자원봉사자와 함께 일을 한 경험이 없는 직원들로부터 창조적이며 건설적인 응답을 받아 내기가 어렵기 때문이다.

대신 직원들에게 다음의 질문에 대한 구체적인 응답을 유도할 필요가 있다.

첫째, 현재 자신이 책임을 맡고 있는 전체 업무 중 자신이 좋아하는 업무는 무엇인가? 이에 대한 답변은 클라이언트와의 직접적인 접촉이 이루어지는 업무일 수도 있고, 사회조사업무와 같은 연구업무 혹은 행정업무일 수도 있다.

둘째, 자신의 전체 업무 중 정말로 하기 싫은 업무는 무엇인가? 답변은 정보문의에 답변하는 기계적인 업무일 수도 있고, 프레젠테이션을 수행하는 일과 같이 사람들 앞에 나서야 하는 업무일 수도 있다.

셋째, 정말로 하고 싶은데 시간적 제약 때문에 못했던 일이나 프로젝트는 무엇인가? 답변은 새로운 클라이언트집단을 위한 일을 시작하는 것이나 지역사회에서 새로운 필요한 프로그램을 시작하는 일 등이 있을 것이다.

이러한 질문에 대한 다양한 답변은 특정 직원과 자원봉사자 모두에게 도움이 되는 차별화된 자원봉사업무를 구성하는 데 활용될 수 있다. 직원들이 원하지 않는 또는 시간이 없어서 하지 못했던 업무의 유형이 무엇인지를 파악함으로써, 직원들이 그 필요성에 적극적으로 공감함은 물론 실제적으로 그들에게 도움이 되는 자원봉사업무를 개발해 낼 수 있을 것이다. 그렇게 함으로써 직원들은 자원봉사자들과 함께 일하는 업무상의 변화를 받아들이고, 그 변화를 유지하는 일에 보다 많은 관심을 보일 것이다. 또한 이러한 노력은 직원들로 하여금 자신들이 정말로 원하는 업무에 보다 집중할 수 있는 업무환경의 조성을 가능케 함으로써 자원봉사자 활용에 대한 직원들의 긍정적 수용과 적극적 협조를 가능케 하는 간접적 효과 역시 기대해 볼 수 있다. 결론적으로 정말로 좋은 자원봉사 프로그램은 우리 모두를 행복하게 만드는 프로그램일 수밖에 없다는 사실이다.

또한 직원들과의 면접과정 자체는 자원봉사업무에 대한 올바른 인식 및 수반되는 의무사항들—자원봉사활동의 시간적 구성(time frame), 교육 욕구, 슈퍼비전 제공의 자격요건 및 의무사항 등—에 대해 직원들을 교육시키는 기회로 활용될 수 있다. 즉, 자원봉사자를 위한 업무 개발 과정에 직원들의 동참을 보장하고, 적극 활용하는 것은 비현실적인 자원봉사업무를 기대하고 요청할 개연성을 미연에 방지하는 또 다른 중요한 기능을 수행한다. 예를 들면, 자원봉사자들도 직원들과 마찬가지로 주 5일 동안 출근해서 하루에 8시간 자신의 서류 작업을 도와야 한다는 등의 비상식적인 요구를 막을 수 있는 것이다.

2) 자문기법

앞에서 언급한 바와 같이 자원봉사자들에게 실제적으로 기대할 수 있는 업무가 무엇인지를 직원들에게 이해시키는 데 활용될 수 있는 효과적인 기법 몇 가지를 갖추고 있는 것은 자원봉사관리자에게 무척 유용하다. 이러한 기법들은 직원들에게 선택이 가능한 리스트를 제공하는 '메뉴선택' 식 접근방식(menu approach)을 통해 실현될 수 있다. 이 리스트에는 다음의 사항이 포함되어야 한다.

- 현재 자원봉사자들이 기관에서 이미 실행하고 있는 업무와 기능에 대한 리스트
- 지역사회의 다른 기관이나 다른 지역의 유사한 프로그램에서 행해지고 있는 업무에 기초하여 자원봉사자들이 수행할 수 있다고 판단되는 잠재적인 업무와 기능에 관한 리스트
- 이미 확보된 자원봉사자들의 인적 사항 및 그들이 갖고 있는 활용 가능한 기술에 관한 리스트

이러한 리스트는 기관 내부적으로 자원봉사자들의 잠재적 활용 가능성에 대한 명확한 이해가 부족한 직원들이 자원봉사자들에게 적합한 업무를 능동적으로 발굴할 수 있도록 도움을 준다. 즉, 도전적이고 매력적인 자원봉사업무의 개발을 위한 직원들의 창조적 사고를 가능케 하고, 자원봉사에 대해 직원들이 보다 확장된 사고 영역을 기반으로 적극적인 기여를 할 수 있도록 유도하는 역할을 한다.

3) 직원 욕구 파악의 순환적 구조 확립

자원봉사자 업무 개발에 있어서 직원들의 개입 과정은 연속적 속성을 내포하고 있어야 한다. 즉, 자원봉사관리자는 직원들과의 지속적인 의사소통이 가능한 과정을 개발해야 하며, 이는 정기적인 사후 면접 과정이나 서면을 통한 의사수렴 과정을 통해서 새로운 업무를 개발하고, 기존의 업무를 개선하는 과정을 확립함을 말한다. 이러한 의사소통구조를 정착시키는 효과적 방법 중 하나는 기관에서 발행하는 소식지(news letter)나 기관 내 통신망 혹은 메모 등에 "자원봉사자가 필요합니다."라는 자원봉사자 관련 부문(section)을 만드는 것이다. 이런 부문의 적극적 활용을 통해 자원봉사자의 업무를 자연스럽게 부각시키고 새로운 자원봉사자의 소개를 정례화시킬 수 있다. 이러

한 의사소통의 목적은 추가적인 자원봉사자들에 대한 수요의 창출에 있다.

이 동그라미 형태의 도형은 특별한 자원봉사업무에 대한 직원들의 요청을 통해 구체화되는 직원들의 욕구와 관심을 나타낸다. 이러한 순환적 속성의

직원들의 적극적 참여를 전제로 하는 자원봉사업무의 설계 과정은 결론적으로 왼쪽의 동그라미에 내포되어 있는 바와 같이 직원 욕구의 순환적 수렴을 의미한다.

[그림 6-1] 직원 욕구의 순환적 속성

욕구는 기관이 자원봉사자를 모집할 때 우선적으로 고려하게 되는 특수한 기술, 일정 기간 동안의 헌신적 자세, 특정한 업무 태도 등을 포함하고 있다.

2. 결과지향적 자원봉사자 업무의 설계

자원봉사자 업무는 자원봉사자를 탈진시키고, 그만두고 싶은 생각이 들 정도로 지루하고 불만족스러운 일이 될 수도 있고, 신바람을 불러일으켜 바람직한 결과를 이루어 낼 수 있을 정도로 재미있고 도전적이며 보람 있는 일이 되기도 한다. 이렇게 극단적인 차이를 보이는 것은 부분적으로 업무를 수행하는 개인적 차이에서 올 수 있는데, 그 이유는 모든 사람들은 각자가 독특한 동기부여 욕구를 가지고 있기 때문이다. 예를 들어, 같은 업무를 하면서 그 일이 재미있다고 생각하는 사람이 있을 수 있는 반면 매우 지루하다고 여기는 사람도 있을 수 있다. 또한 그 차이는 업무설계 자체에 기인할 수도 있다.

자원봉사자가 자신의 일이 기대했던 것이거나, 하고 싶었던 업무가 될 때 그 업무는 성공적인 것이 된다. 자원봉사자들의 업무가 그러하지 못할 때 그들은 기관을 떠나거나, 불성실한 자세를 보이거나, 일에 대한 의욕이 급격히 저하될 것이다. 다시 말해 자신이 하고 싶은 일을 할 때 자원봉사활동은 성공할 수 있는 것이며, 하고 싶은 일을 할 수 있도록 하는 작업은 자원봉사업무설계의 토대이자 초석이 된다. 급여를 받는 직원들은 일의 대가로 금전적 보상을 받기 때문에 보람이 적은 일을 해야 할 경우도 있지만, 자원봉사자들은 보람이 없는 무가치하다고 생각되는 일을 절대로 오랫동안 하지 않는다. 이런 경향으로 인하여 급여를 받는 직원들은 자원봉사자들을 신뢰할 수 없다고 생각하기도 한다.

대부분의 기관에서 자원봉사자들의 업무는 급여를 받는 직원들의 업무와 거의 동일하다. 이는 자원봉사자들의 업무가 대개의 경우 자원봉사 분야라는 특수성의 고려 없이 일반적 인사관리 및 업무관리의 원칙과 기준에 따라 기획되었기 때문이다. 따라서 자원봉사자를 위한 업무의 개발에 있어서 차별화된 원칙의 적용이 필요한데, 예컨대 게임을 개발할 때 적용하는 원칙을 생각해 볼 수 있다.

게임의 가장 중요한 속성 중 하나는 내적 동기화에 초점을 맞춘 자발적 활동을 지속적으로 배가시키는 자기 순환적 속성을 가지고 있다는 점이다. 하면 할수록 더 하고 싶어지는 게임이 훌륭한 게임이며, 사람들이 게임에 빠지게 되면 더 잘하기 위해서 비싼 장비나 개인 레슨 등에 많은 돈과 시간을 투자하게 된다. 또한 좋은 게임은 많은 사람들이 흥미와 관심을 가질 수 있도록 매우 잘 디자인되었기 때문에 사람들이 단순히 다른 사람들이 어떻게 플레이하는지를 보기 위해서 기꺼이 돈을 지불할 수 있도록 만들어진다. 만약 이러한 일이 우리가 하는 기관의 업무에서도 가능하다면, 우리는 기금모집을 위해서 걱정할 필요가 없을 것이다. 우리는 단지 우리가 어떻게 일을 하고 있는지를 보기 원하는 사람들에게 티켓만 팔면 되는 것이다.

여기서 강조되어야 할 점은 자원봉사활동이 게임이 되어야 한다는 것이 아니라 자원봉사자들이 게임을 즐길 때와 똑같이 동기를 부여받을 수 있는 내적 동기화에 초점을 맞춘 자발적 활동의 속성을 지니고 있어야 한다는 점이다. 자원봉사자들이 자신의 활동을 진정으로 즐기고, 활동을 통해 자신이 원하는 기쁨을 맛볼 수 있어야 한다는 것이다.

일반적인 업무를 기획할 때는 해당되는 경우가 드물지만, 자원봉사자들의 업무를 기획할 때 반드시 고려해야 할 4가지 게임의 요소를 소개하면 다음과 같다.

1) 주인의식

첫 번째 요소는 주인의식이다. 주인의식은 책임의식이며, 자원봉사자들이 "이것은 내 것이다."라고 말할 수 있음을 뜻한다. 자원봉사자가 내 것이라고 할 수 있는 것은 특정한 활동상의 산물이나 이벤트 또는 단순한 지리적인 영역을 의미할 수도 있다. 비영리단체에서의 주인의식은 대체적으로 자원봉사자가 맡고 있는 클라이언트나 프로젝트를 말한다. 자원봉사자들이 그러한 책임성을 갖고 있는 실례는 아주 많다. 미국의 Big Brothers & Big Sisters(언니 · 오빠 결연 프로그램)나 Foster Grandparents(할아버지 결연 프로그램) 등의 멘토 프로그램, 위기상담실의 전화상담, '노인 말벗 해 드리기' 등의 프로그램에서 활동하는 자원봉사자가 한 명, 혹은 그 이상의 특정 클라이언트들을 '내 클라이언트'라고 부르는 경우를 들 수 있다.

이러한 자원봉사자들의 주인의식은 그들이 책임지고 있고, 그럼으로써 자부심을 느낄 수 있는 무엇인가를 가지고 있음을 뜻한다. 자원봉사자들이 "이것은 내 것."이라고 말할 수 있다면, 이는 그들이 통제할 수 있고, 자율적인 책임을 느낄 수 있는 특정한 업무나 프로젝트, 혹은 클라이언트를 맡고 있음을 의미한다.

자원봉사자들이 주인의식을 느낄 수 있도록 하기 위해서는 기관이 특정한 개인이나 집단에게 요구되는 특정한 서비스를 제공할 때 다양한 활동 중 하나의 활동만을 따로 떼어 자원봉사자에게 책임을 맡겨서는 안 된다. 실제로 어떤 사회복지기관에서는 자원봉사자들이 클라이언트들의 초기면접 서류만을 작성하고, 서비스의 수혜자격 결정을 위해 다른 사람에게 면접한 서류를 넘기는 경우가 있다. 자원봉사자들이 클라이언트들을 위한 일련의 서비스 중에서 단순히 한 가지 업무만을 하게 될 때, 그들은 자원봉사자들로 하여금 일을 지속할 수 있도록 하는 가장 중요한 동기 중 하나인 '남을 돕는 일에서 얻게 되는 내적 만족감' 을 상실하게 된다. 이런 경우 자원봉사자들은 클라이언트가 자신을 포함하여 기관의 누군가로부터 필요한 서비스를 제공받고 있다는 사실을 알고는 있지만, 기관 내 다른 사람들도 클라이언트를 돕는 과정에 함께 참여한다는 사실로 인하여 스스로 느끼는 자부심과 만족감은 약해질 수밖에 없다. 예를 들면, 학교를 수리하는 자원봉사자에게 한 교실의 모든 수리를 맡기는 것이 학교 전체 수리 중의 일부 작업(예를 들면, 모든 교실의 페인팅)만 하게 하는 것보다 일에 대한 책임감과 만족도를 높일 수 있는 방법이다. 이를 통해 자원봉사자에게 "이 교실은 내가 고친 교실이다."라는 주인의식을 심어 줄 수 있게 된다. 모든 교실의 페인팅을 맡은 자원봉사자의 경우 한 교실을 책임진 자원봉사자보다 훨씬 쉽게 지치고, 소진감을 느낄 가능성이 높다.

하지만 자원봉사자 업무의 기획 시 주인의식을 심어 주어야 한다는 것이 팀워크를 무시해도 된다는 뜻은 아니다. 한편으로 자원봉사자단체의 집단적 활동 등을 통해 집단 차원의 주인의식을 가질 수도 있다. 예를 들면, 중앙정부의 예산삭감으로 인하여 지방자치단체가 지역 내 한 공원의 관리담당 인력을 감축하고, 그 일을 한 자원봉사단체에 위임했을 경우를 생각해 보자. 이 자원봉사단체는 쓰레기를 치우고 낙서를 지우는 등의 활동을 통해 공원의 외관을 깨끗하게 유지하고, 단체 차원의 협동적 노력으로 공원을 아름답게 관리할 수 있었다. 이 경우 자원봉사단체의 구성원 모두가 그 공원을 '우리들의 공원'으로 인식하고 자신들의 활동에 자부심을 갖게 됨으로써 집단적 차원의 주인의식을 가질 수 있는 것이다.

2) 독자적 사고의 권위

주인의식이 결여된 개인들의 집합과 주인의식을 공유하는 팀(team)으로서 집단의 차이는 의외로 명확하다. 팀은 계획을 세우고, 업무를 평가하고, 누가 무엇을 해야 하는지를 결정할 수 있는 독자적인 권위가 있다. 이렇게 독자적으로 사고할 수 있는 권위는 바람직한 자원봉사업무의 기획에 있어서 반드시 고려해야 할 두 번째 중요한 요소가 된다.

이러한 권위가 주어졌을 때 개인적 차원이든, 집단적 차원이든 자원봉사 당사자는 주어진 업무의 수행 자체만이 아니라 그 일을 어떻게 할 것인가를 결정하는 데 일정 부분 역할을 맡게 된다. 대다수의 자원봉사관리자들은 두 가지 이유를 제시하면서 자원봉사자들에게 이러한 권위를 부여하려고 하지 않는다. 자원봉사자들이 정해진 짧은 시간 동안만 기관에 와서 봉사를 하기 때문에 전체적으로 무슨 일이 일어나는지 알 수 없다는 것을 첫 번째 이유로 제시하고 있으며, 두 번째 이유로는 기획과 의사결정은 슈퍼바이저가 할 일이고, 슈퍼바이저가 결정한 사항을 이행하는 것이 일반 직원들의 임무가 되어야 한다는 기본적인 관리지침을 가지고 있기 때문이다. 이러한 경우 자원봉사자들은 자신들의 업무를 더 깊이 알게 되고 일들이 어떻게 진행되는지 알면 알수록, 다른 사람들이 이미 결정한 일을 하고 있다는 사실 때문에 일에 대한 동기가 약화되고, 자신들이 힘들게 성취하고, 이룬 것에 대한 자부심을 잃게 된다. 이러한 자원봉사자들은 자신들의 수고와 노력에 대해 후회하게 되고 업무에 대한 흥미를 잃게 되며, 스스로 활동을 중단할 가능성이 커질 수 있다.

하지만 자원봉사자에게 이러한 권위를 허용하는 것이 자원봉사자의 활동을 통해 기관에 도움이 되는 바람직한 결과를 도출해야 하는 관리자의 책임을 회피하는 것으로 해석해서는 안 된다. 바람직한 결과의 산출에 필요한 어떤 지도 · 감독도 하지 않고, 자원봉사자들에게 그들이 가장 좋다고 생각하는 것이면 무엇이나 할 수 있도록 허용하는 것을 의미하는 것은 더더욱 아니다. 다만, 바람직한 목적을 달성하기 위하여 모두가 함께 협조해야 함을 확실히 하고자 하는 것이다. 즉, 자원봉사자들이 자신들의 업무를 수행하는 방법을 결정하는 데 있어 권위를 공유하고 있다는 느낌을 가질 수 있도록 기획이나 의사결정 과정에 자원봉사자들을 참여시키는 것이 필요함을 강조할 뿐이다.

자원봉사자들과 이러한 권위를 공유하는 구체적인 과정에 대한 설명은 제10장 '자원봉사자의 역량 강화' 에서 보다 상세하게 설명할 것이다. 이 장에서는 "자원봉사관리자가 자원봉사업무를 기획할 때 자원봉사자들이 해야 할 일을 올바르게 말해 줄 수 있기 위해서는 무엇을 해야 할 것인가." 라는 질문을 던져 보는 것이 매우 중요하다는 점만을 지적하고자 한다. 이 질문에 대한 충분한 답변이 준비된 후에야 자원봉사자의 업무를 기획하고, 설정하는 데 있어 생각과 실천 사이의 괴리를 좁힐 수 있는 방향으로의 사고와 기획이 가능하기 때문이다.

3) 결과에 대한 책임의 공유

자원봉사자 업무의 탁월한 기획을 가능하게 하는 세 번째 필수적 요소는 자원봉사자들이 단순히 자신에게 주어진 일련의 활동을 끝마침으로써 자신의 의무를 다했다는 생각을 하게 하는 것보다는 자신의 활동으로 나타난 결과에 대한 책임을 일정 부분 공유하도록 기획하는 것이다. 자원봉사자들이 결과에 대하여 책임을 진다면, 자신의 행위의 결과인 최종 산출물에 더 큰 관심을 가지고, 의미 있는 성취를 향하여 진일보했다는 사실에 대하여 더욱 만족해할 것이다. 반면 자원봉사자들이 어떤 결과를 유도하는 일정한 행위 자체에 대해서만 책임을 진다면, 이와 같은 만족감은 없을 것이다. 예를 들면, 경찰서의 범죄예방 자원봉사자들은 자신들의 업무가 도둑을 조심하라고 주민들에게 말하기 위해서 지역의 가구를 방문하는 구체적인 활동에 있는 것이 아니라, 도둑질로 인한 범죄 비율을 감소시키는 데 업무의 궁극적인 책임이 있음을 자각할 때 훨씬 큰 만족감을 느낀다는 것이다.

자원봉사자나 일반 직원의 업무설명서는 일반적으로 업무의 결과에 대한 언급을 하지 않는다. 대신 수행해야 할 일련의 구체적 일과 활동들에 대한 설명으로만 가득 채워져 있다. 자원봉사자들은 자신이 수행하는 일의 결과가 어떠해야 하는지에 대해 알 수 있는 기회가 거의 없다. 이것은 비효율적이고 성공적이지 못한 업무상의 결과를 초래할 뿐만 아니라 자원봉사자들이 자신의 업무에 대한 흥미를 급격히 잃게 되는 부작용과도 직결된다.

자원봉사자 관리자가 자원봉사활동의 결과에 대한 책임성을 자원봉사자와 일정 부분 공유하기 전에 다음의 2가지 질문에 대한 답변을 스스로 생각해 볼 필요가 있다.

- 자원봉사자가 하는 일의 결과로서 내가 바라는 것은 무엇인가?
- 내가 정말 원하는 변화는 무엇인가?

4) 실적평가

좋은 업무의 설계에 있어 중요한 네 번째 요소는 결과가 성취되었는지 여부를 어떻게 평가할 것인지를 결정하는 것이다. 평가 방법이 결정되지 않은 상태에서, 결과를 언급하는 것은 동기부여의 가치가 없으며 자원봉사자 자신이나 슈퍼바이저 모두 자원봉사자가 얼마나 자신의 일을 잘했는지를 알

방법이 없다.

많은 경우 자원봉사관리자들은 자원봉사자의 업무를 평가하는 것이 그들의 사기를 저하시키거나 동기를 약화시킨다고 보고 업무평가를 꺼리는 경향이 있다. 하지만 그것은 잘못된 생각이다. 오히려 자원봉사자들이 자신이 얼마나 잘하고 있는지를 알지 못할 경우 그들은 자신들의 활동에 싫증을 느낄 가능성이 더 크다. 실례로 한 자원봉사자가 현재 자신의 업무수행방식이 잘못되었다는 것을 알지 못한다면, 새로운 방식을 시도할 필요성을 전혀 느끼지 못할 것은 분명하다.

어떤 업무는 수행평가가 매우 명료하고 용이하다. 예를 들어, 경찰서에서 범죄예방을 위한 자원봉사활동을 할 경우, 지역 내 빈집털이의 발생빈도는 손쉽게 얻을 수 있는 통계자료다. 빈집털이 발생빈도를 줄이는 일에 업무의 초점을 두게 되면 수치를 통해 자원봉사활동의 수행평가를 용이하게 할 수 있게 된다. 그럼으로써 빈집털이가 발생할 때마다 자원봉사자들은 "빈집털이가 일어나는 것을 막기 위해 무엇을 했어야 했나?"라는 질문을 자연스럽게 할 것이다. 이러한 사고는 보다 창의적인 노력을 고무하고, 더욱 효과적이고 새로운 접근방식과 해결 노력을 가능하게 할 것이다. 만약 경찰서에서의 자원봉사업무가 "사진에 주민등록번호를 기입하는" 단순하고 제한적인 것에 그친다면, 자원봉사자가 얼마나 일을 잘하고 있는지를 판단할 수 있는 근거가 없으며, 자원봉사자가 자신의 일을 더욱 효과적으로 하기 위해서 새로운 방법을 시도할 가능성은 거의 없을 것이 분명하다.

이와는 반대로, 평가가 좀 더 어려운 경우도 있다. 10대 소녀들이 스스로 자신감을 고취시킬 수 있도록 돕는 것이 목적인 걸스카우트(Girl Scout) 지도자의 경우에, 활동과정과 결과를 어떻게 측정, 평가할 것인가는 쉽지 않은 과제다. 이를 위해 다음 질문에 대한 명확한 해답을 찾는 것이 선행되어야 할 것이다.

■ 활동의 결과 소녀들의 자신감이 고취되었다면 이를 어떻게 측정할 것인가?
■ 프로그램 참여를 통해 소녀들의 자신감이 높아졌는지, 혹은 낮아졌는지를 어떻게 알 수 있을 것인가?
■ 소녀들의 자신감이 어느 정도인지를 파악하기 위해서 그들에게 어떤 질문을 해야 하나?

대개의 경우 자원봉사관리자들은 이러한 과외의 일을 하려고 하지 않는다. 다만, 자원봉사자들에게 맡겨진 일련의 업무들이 책임성 있게 수행되고 있는지의 여부만을 확인하는 소극적인 자세를 취하는 경우가 많다. 그러나 이러한 자세는 자원봉사자들로 하여금 자신이 얼마나 일을 잘하고 있는지 스스로 깨닫고, 성취감을 느낄 수 있는 기회를 빼앗는 결과를 초래하게 된다.

자원봉사자 수행평가 시 자원봉사관리자는 때때로 잘못된 것을 측정하고 평가하는 경우가 그것이다. 예를 들어, 자원봉사자활동에 소요된 시간, 운전 거리, 또는 클라이언트와의 접촉 횟수 등 물리적 수치를 기록하여 수행평가 자료로 사용하는 경우가 그것이다. 이러한 단순한 기록을 근거로 한 평가는 자원봉사자가 가치 있는 어떤 것을 성취했는지 아닌지의 여부를 알 수 없기 때문에 아무런 의미가 없다. 의도한 결과가 실제적으로 성취되었는지 여부가 포함되지 않은 평가는 가치가 없는 평가일 수밖에 없다. 자원봉사관리자는 "원래 계획한 대로 모든 활동이 이루어졌음에도, 성취되지 못한 의도한 변화나 결과가 여전히 존재하고 있는가?" 라는 질문과 평가를 통해서 자신들의 이러한 실수를 스스로 점검할 수 있다.

구체적인 결과를 어떻게 평가할 것인지의 결정 과정에 있어서 자원봉사관리자는 실제적으로 업무를 수행하고 있는 자원봉사자를 포함시킬 필요가 있다. 자원봉사자에게 다음의 2가지 질문을 해 보라.

- 당신의 활동이 성공적인 결과로 나타날 경우 어떠한 정보를 근거로 그렇게 말할 수 있겠는가?
- 우리가 어떻게 그 정보를 얻을 수 있을 것인가?

수행평가는 자원봉사자에게 기록을 하게끔 한다. 기록은 동기부여에 중요한 요인이 된다. 경우에 따라 자원봉사자들은 하루에 일정한 분량의 반찬을 준비해야 하는 등의 반복적이고 재미없는 일에 그들의 시간과 노력을 모두 소비해야 하는 경우가 있다. 이러한 경우 자신의 일을 기록하는 일은 자신의 일이 무의미한 일이 아닌 생산적이고 의미 있는 일이라는 방향으로 사고의 전환을 가능케 하는 긍정적인 효과가 있을 것이다.

3. 자원봉사 직무기술서 작성

일반적으로 자원봉사자의 업무는 급여를 받는 일반 직원들에게 사용하는 업무 및 직위규정양식을 그대로 사용하여 기술하는 경우가 많다. 다만, 자원봉사자가 해 주기를 바라는 특정한 결과에 좀 더 초점을 맞춘다는 점에서만 차이가 있을 뿐이다. 이러한 직무기술서(job description)는 자원봉사자에 의해 수행될 업무나 활동에 대한 요약서인 동시에 자원봉사자들의 평가와 슈퍼비전 제공을 위한 도구로서의 기능을 한다.

잘 작성된 직무기술서는 매우 유용하다. 어떤 관점에서 보면 직무기술서는 일반 직원보다 자원봉사자들에게 훨씬 더 중요하다. 급여를 받는 일반 직원들은 자신들의 업무를 충분한 시간적 여유를 가지고 천천히 익히게 된다. 즉, 매일 출근해서 어떤 일이 일어나는지를 자연스럽게 관찰한 후, 무슨 일을 해야 하는지를 결정하면 된다. 그러나 자원봉사자들은 업무를 배울 수 있는 기간이 한정되어 있어서 매우 부담스럽다. 급여를 받는 직원들이 며칠이면 배울 수 있는 업무가 자원봉사자들에게는 몇 달이 소요될 수도 있기 때문이다. 따라서 기관 차원에서 자원봉사자들이 언제든지 일을 시작할 수 있는 여건을 마련해 놓고, 구체적인 업무수행에 필요한 설명과 지시를 즉각적으로 해 줄 준비가 되어 있지 않다면, 자원봉사자들은 일을 시작하기도 전에 실망을 하게 될지도 모른다. 자원봉사자들이 해야 할 (또한 할 수 있는) 업무를 명확하게 기술한 직무기술서는 언제라도 자원봉사자를 활용할 수 있도록 기관을 준비시키는 가장 효과적인 수단의 하나다. 자원봉사자와 함께 일을 할 직원이나 관리자가 자원봉사자의 직무가 무엇이 되어야 하는지에 대한 정확한 이해를 바탕으로 문서화된 직무기술서를 마련하지 못했을 경우, 확실하게 규정되지도, 존재하지도 않는 자리를 위해서 자원봉사자를 모집하기보다는 직무개발 과정을 처음부터 다시 시작하는 것이 오히려 나을지도 모른다.

1) 의도된 결과와 측정 방법의 결정

앞에서 언급한 4가지 게임의 원칙이 자원봉사업무를 얼마나 흥미롭게 만들 수 있는지를 실제적인 예를 통해서 알아보기로 하자. 첫 번째로 자원봉사자의 도움이 없으면 기관에 수용될 수밖에 없는 장애인이나 노인들이 자신의 집에서 지낼 수 있도록 집안일을 대신해 주는 자원봉사 프로그램을 생각해 보자. 이 프로그램은 자원봉사자의 직무 규정을 문서화하지 않고, 사회복지사가 필요하다고 판단할 경우 집안 청소, 정리, 관리, 보수 등 어떤 일이라도 자원봉사자들이 그때그때 할 수 있도록 하는 체제로 운영되고 있었다. 이 프로그램은 자원봉사자들의 높은 이직률로 많은 어려움을 겪고 있는데, 주된 원인은 봉사업무가 봉사자들이 기대했던 것보다 훨씬 지루하고, 재미가 없는 것이기 때문인 것으로 나타났다.

게임의 원칙에 입각한 바람직한 업무를 위한 4가지 기준에 의해서 볼 때, 이 프로그램은 자원봉사자들에게 자신의 활동에 대한 주인의식을 허용하는 것으로 보인다. 즉, 자신이 책임을 맡고 있는 '내 클라이언트' 라고 부를 수 있는 장애인이나 노인들이 있다. 하지만 사회복지사들의 자의적 판단에 따른 한정된 활동만을 자원봉사자들이 할 수 있도록 만든 업무체계로 인하여 자원봉사자들은 자신들의 일에 대해 어떠한 권한도 가질 수 없었다. 또한 자원봉사자들은 자신들의 활동으로 달성될 수 있고, 달성되어야 하는 의도된 결과가 무엇인지를 알 수 없었을 뿐만 아니라, 그들의 활동은 단지 사회복지사에 의해 주어진 활동의 이행 여부에 의해서만 평가받았다.

이러한 문제를 해결하기 위해서 자원봉사자업무 재설계 과정이 시작되었고, 먼저 프로그램 담당 직원들과 자원봉사관리자가 프로그램을 통해 성취해야 할 바람직한 결과와 자원봉사활동 측정도구를 결정하기 위해 프로그램의 자원봉사자들과 함께 모여 논의를 시작했다. 이들간의 심도 있는 회의 끝에 자원봉사활동을 통해 달성되어야 할 2가지 측정 가능한 의도된 결과에 대한 동의가 도출되었다. 첫 번째 결과는 클라이언트들이 기관에 수용되어야만 할 정도로 심각한 건강상의 문제가 없는 한 자신들의 집에 머무를 수 있도록 하는 것이었다. 이러한 결과는 장애인과 노인들이 건강상의 문제가 없음에도 기관에서 지내는 날짜를 집계함으로써 쉽게 측정할 수 있었다. 그러나 그러한 첫 번째 결과만으로 자원봉사자들은 만족할 수 없었다. 왜냐하면 이것은 쉽게 달성할 수 있는 일일 뿐만 아니라, 그들이 느끼기에 자신들의 일이 여전히 재미없는 무의미한 것이라는 생각을 떨칠 수 없었기 때문이었다. 그래서 도출된 두 번째 결과는 클라이언트의 집이 청결해야 한다는 것이었다. 하지만 개인에 따라 집의 청결함을 판단하는 기준이 상이하기 때문에 집이 청결한지를 어떻게 측정할 것인가의 문제가 있었다. 일련의 논의 끝에, 집의 청결 정도를 판단하는 평가의 주체는 클라이언트로 하는 것이 바람직하다고 결정되었다. 즉, 두 번째 결과를 기술하는 마지막 문장으로 "클라이언트들은 자신들의 집이 매우 청결한 것에 대해 만족할 것이다."가 결정되었다.

다음 단계는 두 번째 결과를 어떻게 측정하느냐를 결정하는 것이다. 여기서 2가지 중요한 질문이 필요한데, 첫 번째는 "주어진 업무를 잘 수행하고 있다고 하는데, 이에 대한 정보(근거)가 무엇인가?" 다른 하나는 "어떻게 그 정보를 얻을 수 있는가?"다. 대부분의 경우에 이에 대한 대답은 결과보고서 자체에 함축되도록 했다. 필요한 정보는 클라이언트의 의견을 구하는 것이었으므로, 자원봉사자들이 방문을 마칠 때 클라이언트에게 질문을 함으로써 비공식적으로 이에 대한 정보를 얻게 했다. 또한 매달 한 번씩의 사회조사를 통해서 공식적인 방법으로 클라이언트 의견을 취합하도록 했다. 만족함을 표시한 클라이언트들의 숫자에 관한 조사 결과는 자원봉사자에게 전달되었다.

이러한 바람직한 결과의 설정과 측정의 틀 안에서, 자원봉사자에게 그들이 업무를 달성하는 데 필요한 사고를 할 수 있는 권위가 주어진다. 사회복지사가 업무를 수행하는 데 필요한 것이 무엇인지를 결정하는 대신, 자원봉사자가 클라이언트와 함께 의도하는 바람직한 결과를 이루어 낼 수 있도록 책임을 부여하는 방식이다. 자원봉사자들이 자신들의 책임을 성공적으로 이행했는지의 여부는 자원봉사자가 앞에서 서술한 2가지 결과를 달성한 정도에 의해서 측정되었다. 그 결과 자원봉사자들이 클라이언트를 만족시키는 데 어려움이 생기게 될 때, 자신들이 어떻게 활동을 수정 · 보완해야 하는지에 관해 자연스럽게 슈퍼바이저에게 자문과 도움을 요청하게 되었다.

자원봉사자의 업무 규정에 있어서의 이러한 변화는 관련한 모든 사람에게 긍정적인 영향을 끼치게 되었다. 사회복지사는 각각의 클라이언트에게 어떤 소소한 집안일이 필요한지를 결정해야 했던 귀찮으면서도 엄청난 시간적 부담이 있는 일로부터 자유롭게 되면서, 사회복지사로서의 본연의 임무에 집중할 수 있었다. 이러한 변화는 사회복지사로 하여금 상대적으로 소외된 클라이언트를 위해 보다 집중적으로 일할 수 있는 여지를 줌으로써, 업무 만족도를 더 높일 수 있는 계기가 되었다. 또한 불평불만을 표출하는 행위를 통해서만 자신의 외로움에 대처할 수밖에 없었던 소외된 클라이언트들이 사회복지사의 관심과 서비스에 만족하게 되면서 이들의 불평불만의 사례가 급격히 감소하는 효과도 동반되었다.

하기 싫은 허드렛일을 해야 하는 부담감이 아니라 클라이언트를 요양원으로부터 탈시설(deinstitutionalization)시키고 자신의 집에서 지낼 수 있도록 돕는 일에 전적인 책임을 갖게 됨에 따라 자원봉사자들은 자신들의 일을 통해 더 큰 만족감을 얻게 되었다. 즉, 자원봉사자들이 이 일을 어떻게 성취해 나갈 수 있을 것인지, 또 클라이언트들이 만족할 만큼 집을 깨끗하게 유지할 방법이 무엇인지를 고민하고 결정하는 자율적 권한이 주어진 것이다. 이런 모든 일로 인하여, 자원봉사자들의 중도 탈락률이 눈에 띄게 감소하여 거의 중도 탈락률 제로의 상태에 도달했으며, 기관은 모범적인 클라이언트서비스의 개발과 실행으로 전국적인 명성을 얻게 되었다.

자원봉사관리자의 역할 또한 변했다. 자원봉사자들을 클라이언트에게 배치한 후에 자원봉사자들이 자신들의 업무에 지속적인 관심을 가질 수 있도록 시간과 비용에 관계없이 가능한 모든 수단(자원봉사 감사의 밤 행사, 감사패 증정, 대면면접 등)을 동원하는 일에 매달릴 필요 없이, 이제는 자원봉사자들이 자신의 업무로 기대되는 결과를 달성하지 못했을 때 자발적으로 찾아오는 자원 제공자로서의 자원봉사관리자 본연의 업무에 충실할 수 있게 되었다. 또한 신입 자원봉사자를 모집하는 데 소요되던 시간은 자원봉사자 중도 탈락률이 줄어듦에 따라 급격하게 줄었으며, 자원봉사자의 동기부여를 위해 소모해야 했던 시간 역시 현저히 감소했다.

2) 직무 규정의 요소

바람직한 직무 규정은 다음의 요소를 포함해야 한다.

■ 직위: 직무명 또는 직무상의 지위

- 목적: 직무 규정에 있어 가장 중요한 요소로서 직무를 통해서 달성하고자 하는 명시적 결과
- 행위: 강제적 요구의 형태가 아닌 권고적 형태로 제안되는 목적을 달성하기 위해서 행해질 수 있는 실례와 사례
- 자격: 직무수행에 필요한 구체적 기술, 태도, 지식 등
- 기간: 자원봉사활동 시간, 최소한의 활동 기간, 활동 시간의 유연성 등
- 장소: 근무 공간
- 슈퍼비전: 보고서 제출 의무와 슈퍼바이저의 지시사항 등
- 부가적인 혜택: 훈련, 보험, 주차 등

앞의 내용들이 논의되는 형식이 중요한 것이 아니라 모든 요소가 실제적으로 명시되어 있는지가 더 중요하다. 특히, 자원봉사활동의 목적은 자원봉사자들이 정확하게 이해할 수 있도록 세심하게 정의되어야 한다.

4. 협상과 수정

자원봉사자의 직무 규정은 자원봉사자를 모집하기 전에 정해진 격식과 절차에 따라서 반드시 구성되어야 할 업무이지만, 수정이 불가능한 절대적 규칙과 내용을 포함하는 규정은 아니라는 점을 명심해야 한다. 실제적으로 직무 규정은 자원봉사관리 과정상 수시로 개정되고 변화되는 양상을 보이게 된다. 먼저 자원봉사자 적격심사나 초기면접 과정에서 면접관이 필요한 자원봉사업무와 잠재적인 자원봉사자의 욕구나 관심을 서로 맞추는 과정에서 직무 규정이 수정되는 경우는 자연스러운 현상이다. 또한 잠재적인 자원봉사자가 자원봉사자로 선발되고 업무를 시작한 후에, 자원봉사자가 자신의 업무에 익숙해지게 되고 보다 효과적인 업무수행을 위해 업무 내용을 변경

할 기회를 가짐에 따라 직무 규정은 다시 한 번 바뀌게 된다. 그뿐 아니라 자원봉사활동 기간이 경과함에 따라 자원봉사자의 업무 관련 기술이 증진되고 새로운 책임이 주어지는 등의 변화에 적절히 대처하는 과정에서 직무 규정은 지속적으로 수정될 수밖에 없다.

결론적으로 직무 규정은 자원봉사자와 기관이 함께 무엇을 성취할 것인가를 나타내는 통합적 속성의 규정이며, 자원봉사자와 기관의 개인적 · 환경적 변화에 따른 자원봉사활동의 목적 변화에 능동적으로 대처할 수 있는 유연한 규정이 되어야 한다.

07
모 집

모집(recruitment)이란 선발을 하기 위하여 조직의 목표를 달성할 수 있는 자격과 능력을 갖춘 지원자들을 발굴하여 조직으로 유인하는 일련의 과정이다. 모집은 그 자체가 목적이 아니라 조직에 필요한 사람을 적절하게 선발하기 위하여 행하는 예비 행위다. 이러한 예비적 활동이 성공하여 우수한 능력을 가진 지원자가 많이 모이면 선발되는 사람의 자격은 자연히 상향되어 궁극적으로는 유능한 자격자를 선발할 수 있다. 그러므로 지원자가 많이 모일 수 있도록 동기부여하는 환경과 분위기 조성이 무엇보다 필요하다(김창의 외, 2001: 184).

따라서 선발은 조직에 가장 적합한 사람만을 가려내는 소극적 채용활동인데 반하여, 모집은 채용 예정 직무에 대한 응시자를 증가시킬 목적으로 수행된다는 의미에서 적극적 채용활동이라고 할 수 있다.

1. 잠재적 자원봉사자의 욕구 확인

자원봉사관리는 자원봉사자들을 모집하는 것으로부터 시작된다. 따라서 모집활동은 자원봉사관리의 출발점으로서 자원봉사관리의 성패를 좌우하는 매우 중요한 부분이다. 구체적으로 모집은 기관이나 클라이언트의 욕구를 충족시키기 위한 자원봉사자, 기관 직원들의 욕구가 반영된 업무의 수행에 관심을 갖는 자원봉사자, 그리고 자원봉사자 직무 규정에 명시된 자원봉사활동의 목적과 결과에 공감하는 자원봉사자를 찾는 과정이다.

자원봉사자 모집 과정을 그림으로 설명하면, 첫 번째로 자원봉사자의 욕구를 표현하는 원을 그려 볼 수 있다. 이 원은 자원봉사자가 관심을 갖고 있는 업무의 유형, 업무의 시간적 · 공간적 유연성, 업무에 대한 보상 등 자원봉사자가 기관으로부터 바라는 점으로 구성되어 있다.

이러한 자원봉사자의 욕구를 표현하는 원은 자원봉사자가 개인에 따라 차별화된 욕구와 독자적인 동기를 가질 수 있기 때문에 자원봉사자 개인에 따라 개별적으로 그려질 필요가 있다.

[그림 7-1] 자원봉사자 욕구의 원형적 속성

그다음 단계의 모집 과정은 이러한 개별적 욕구가 기관이 원하고 바라는 것과 일치하는 자원봉사자를 확인하고 배치하는 노력이다. 예를 들어, 개인의 동기부여 욕구가 기관이 제공하는 자원봉사자의 지위와 일치하는 자원봉사자를 확인, 배치하는 경우를 생각해 볼 수 있다. 그러나 자원봉사자 모집 과정은 자원봉사자가 관심을 가질 만한 가치와 매력이 있는 바람직한 자원봉사업무를 마련하는 것으로부터 시작된다는 것을 명심해야 한다. 만약 자원봉사관리자가 잠재적인 자원봉사자에게 무엇이 그들의 귀한 시간과 노력을 자원봉사활동을 위해 기꺼이 쓸 수 있도록 만들었느냐는 질문을 던질 경우, 기대할 수 있는 답변은 자원봉사자 모집 기술이나 과정상에 대한 것이 아니라, 기관에서 자신에게 요구하는 자원봉사업무가 마음에 들어서라는 답변을 얻게 될 가능성이 크다. 즉, 대부분의 경우 대답은 다음과 같을 것이다. "힘들지만 의미가 있는 일이다." 또는 "가치 있다고 느끼는 일이다." 혹은 "내게 필요한 특별한 기술을 배울 수 있는 일이다." 등일 것이다. 가치 있는 자원봉사직무를 먼저 준비해 놓지 않고 자원봉사자 모집을 시도하는 것은 아직 생산되지도 않은, 대부분의 사람들이 사려고 할 것 같지도 않은 제품을 팔려고 하는 것과 마찬가지다.

2. 자원봉사자 모집 과정

자원봉사자 모집 과정은 또한 깔때기 모양의 과정으로도 묘사될 수 있다. 이는 잠재적인 자원봉사자라고 할 수 있는 지역사회의 모든 성원을 대상으로 기관의 필요에 가장 잘 맞는 자원봉사자들을 구별(separating)하고 확인(identifying)하는 과정이기 때문이다.

자원봉사자 모집 과정을 깔때기 모양으로 이해하는 이유는 다음과 같이 설명할 수 있다. 자원봉사기관은 일반적으로 자원봉사자 모집에 있어서 2가지 매우 다른 형태의 어려움에 직면할 수 있다. 첫 번째 문제는, 대체로 경험이 일천한 자원봉사관리자들이 경험하는 일로, 충분한 숫자의 자원봉사자를 확보하지 못하는 것이다. 두 번째 문제는, 상당히 미묘하지만 매우 일반적인 어려움으로서 '기관에 적합한(right)' 자원봉사자를 충분히 확보하지 못하고

'맞지 않은(wrong)' 자원봉사자를 너무 많이 확보하는 경우다.

효과적인 자원봉사자 모집은 '기관에 필요한' '적절한' 수의 자원봉사자를 확보하는 것을 의미한다. 기관에 맞는 자원봉사자와 맞지 않는 자원봉사자를 구별하는 능력은 자원봉사관리자에게 매우 중요한 의미를 내포하고 있다. 경험이 부족한 자원봉사관리자는 프로그램 참여에 관심이 있는 잠재적인 자원봉사자를 많이 확보하는 것이 필요하다고 생각한다. 불행하게도 현실에 있어서는 지나치게 많은 자원봉사자를 확보하는 것은 기관에 오히려 유해한 영향을 끼치는 것으로 나타난다. 만약 2명의 자원봉사자만이 필요해서 광고를 냈는데, 20명의 자원봉사자가 지원했다면 어떻게 하겠는가? 먼저 기관에 적합한 자원봉사자를 선정해야 하기 때문에, 기관은 적격심사와 면접 과정에 예상치 못한 많은 시간을 소비해야 한다. 또한 필요 이상의 시간을 소비해서 결정한 사항에 관하여 모든 지원자들의 이해를 구해야 한다. 이는 선발되지 않은 나머지 대다수의 자원봉사자들을 거절하는 것으로, 그들로부터 원망을 들을 위험을 감수해야 하는 것이다. 하지만 적합하지 않은 자원봉사자들을 거절하는 것보다 더 위험한 것은 그들에게 맡길 일이 없으면서 마지못해 그들을 받아들이는 것이다. 이것은 바로 모든 자원봉사자들에게 기관이나 자원봉사관리자가 얼마나 무능한지를 스스로 보여 주는 일이다.

그러므로 자원봉사자 모집 과정은 깔때기를 통해 필요한 것을 적절히 걸러 내는 것처럼, 기관에 필요한 자원봉사업무와 자원봉사 지망자들의 욕구 간의 균형을 맞추어 나가는 과정에서, 기관에 필요한 사람을 그렇지 못한 사람과 분리해 나가는 비율할당 작업이다.

자원봉사 기관에서 활용할 수 있는 모집 과정은 2가지 상이한 형태로 대별할 수 있다. 이 두 방법은 각각이 추구하는 것이나 성취하는 데 무엇이 효과적인지를 인식하는 데 있어 매우 다르게 나타난다. 첫 번째 모집 방법은 일반적인 방법[1)]이다.

1) 일반적인 모집

일반적인 방법은 대부분의 사람들이 할 수 있는 자원봉사활동을 위한 모집을 할 때 효과적이다. 특별한 기술을 요구하지 않거나 아주 짧은 시간에 필요한 기술을 누구나 배울 수 있는 경우에 사용하는 방법이다. 일반적인 모집 방법에 적합한 직무의 예는 '밑반찬 만들기' 나 '도시락 배달' 그리고 '행사안내소의 안내원' 등을 들 수 있다. 일반적인 모집 방법은 '백만인 걷기 운동' 같은 주말행사에서 단순한 업무를 맡을 많은 수의 자원봉사자를 찾을 때 특히 효과적이다.

일반적인 모집 방법은 가능한 광범위하게 자원봉사자가 필요하다는 사실을 널리 유포하는 방법을 사용한다. 이 방법은 지역사회의 많은 사람들 중 누군가가 이러한 활동에 관심을 갖는 사람이 존재할 것이라는 생각에 근거한다.

일반적인 모집을 위한 가장 중요한 방법은 다음과 같다.

- ■ 기관의 소책자, 전단, 자원봉사 직무 규정 및 내용에 관한 포스터 살포하기
- ■ 대중매체의 사용: 텔레비전이나 라디오의 공공서비스 정보 이용, 신문 광고 등
- ■ 지역사회의 소집단 활용 전파
- ■ 구전(口傳): 직원이나 자원봉사자에게 자원봉사활동에 관하여 널리 알리도록 권장하기

1 미국에서는 따뜻한 마음만 갖고 있으면 누구나 할 수 있다는 뜻으로 'Warm Body Recruitment' 라고 한다.

이 방법은 광범위한 지역의 다양한 대상자들에게 관련 정보를 일시에 제공할 수 있고, 사회복지기관의 홍보 역할도 겸할 수 있는 장점 때문에 가장 많이 사용하는 방법 중 하나다. 그러나 일반적인 모집 방법의 가장 큰 단점은 모집 광고에 필요한 자료를 제작하고 배포하는 경비가 많이 소요된다는 점이다.

2) 표적모집

모집 과정의 두 번째 형태는 '표적모집(targeted recruitment)' 이라고 한다. 표적모집은 수행할 자원봉사 직무가 본질적으로 누구나 할 수 있는 것이 아니고, 일반인들이 소유하지 않은 매우 제한된 기술이나 태도가 요구될 때 사용하는 방법이다. 즉, 특별한 교육적인 기술(예를 들면, 컴퓨터 프로그래밍 기술)이나, 시간적인 여유(예를 들면, 주중에 아침 9시부터 오후 5시까지 근무할 수 있는) 또는 특별한 태도(예를 들면, 정서불안 아동들과 함께 일할 수 있는 능력 등)를 가지고 있는 사람을 필요로 하는 경우다.

표적모집은 자원봉사관리자가 지원한 잠재적 자원봉사자들의 범위를 필요한 수준까지 좁혀 가기 위해 고안한 일련의 과정을 통하여 모집한다는 점에서 일반적인 방법과는 다른 개념적인 과정을 포함하고 있다. 표적모집에 있어서 효과적인 모집 캠페인 개발 과정을 다음의 8단계를 통해 알아보자.

(1) 수행할 직무는 무엇인가

앞에서 강조한 바와 같이, 자원봉사자의 욕구를 충족시키는 무엇인가를 할 수 있는 기회를 제공함으로써 자원봉사자의 관심을 이끌어 낼 수 있는 가장 중요한 요소는 직무 자체다. '위기 상담소에 자원봉사자가 필요하다.' 와 같은 일반적인 메시지는 자원봉사자가 그곳에서 무슨 일을 하게 될지에 관해서 알려 주지 않는다. 이러한 메시지는 잠정적인 자원봉사자가 관심을 가질 만할 '무엇'이 있다는 것을 알려 주지 못한다.

이와 같이 일반적인 메시지를 전달하는 자원봉사관리자는 다음과 같은 이유로 그렇게 하는 경향이 있다. 첫 번째는 기관에 근무하는 모든 사람들이 전체 지역사회의 성원들이 그 기관의 자원봉사활동이 무엇인지를 너무도 잘 알고 있다고 가정하고 있는 경우다. 이는 기관이 유사시에 지역사회에 충분한 홍보활동을 통해 공신력을 지니고 있을 경우에 사용할 수 있는 방법이지만, 이러한 일반적인 메시지를 통한 모집은 가치 있는 잠재적인 자원봉사자들(시간과 특수한 기술이나 태도를 소유한 사람)의 관심을 이끌어 낼 수 있는 요소가 없는 관계로 이들을 모집하는 데 한계가 있음을 부인할 수 없다.

자원봉사관리자가 일반적인 메시지를 전달하는 두 번째 이유는 자원봉사자가 기관에서 할 수 있는 일이 아주 다양하고 많을 경우다. 그러나 효과적인 모집이 되기 위해서는 지역사회 전체 주민 중에서 특수한 일부 집단을 표적집단으로 삼아야 한다. 기관에서의 특별한 자원봉사 직무는 그러한 일에 관심이 있는 특수한 집단의 관심을 끌게 된다. 특수한 집단을 타깃으로 설정함으로써 그러한 집단에게 호소할 수 있는 특수한 직무를 강조할 수 있으며, 가치 있는 잠재적 자원봉사자의 관심을 이끌어 내기에는 부족한 구체적이지 못하고 무미건조한 메시지의 전달을 피할 수 있게 된다.

(2) 그 직무에 관심이 있는 잠재적 자원봉사자는 누구인가

대부분의 자원봉사관리자들은 다양한 경력을 지닌 자원봉사자를 대상으로 성공적인 업무를 수행했던 과거 경험으로 인해 이러한 질문에 주의를 기울이지 않는 경우가 많다. 그러나 이러한 질문에 답을 할 수 있다면 자원봉사자 모집을 위한 메시지를 특수한 집단의 욕구에 맞출 수 있기 때문에 직무에 적합한 사람을 모집하는 것이 훨씬 용이해진다. 지역사회 전체를 대상으로 하는 메시지는 일반적으로 모든 사람에게 해당되는 메시지인 것처럼 들리지만, 경우에 따라 어떤 사람에게도 해당되지 않는 메시지로 읽혀지게 될 위험이 있다. 찾고자 하는 사람이 어떤 유형의 사람인지 스스로에게 물어보라. 특별한 연령층에 속한 사람을 찾고 있는가? 남성이나 여성 중 한 쪽, 혹은 어떤 지역의 특별한 배경을 지닌 사람을 원하는가? 특별한 전문적인 기술을 가진 사람을 원하는가? 이러한 질문에 대한 답변은 다중적인 것으로 나타날 수도 있다. 예를 들면, 청년, 노년, 중년집단이 모두 필요한 경우다. 이 경우 단순히 한 연령집단을 선택하기보다 각 연령집단을 대상으로 조금씩 차별화된 모집 전략과 메시지를 가지고 자원봉사자 모집 캠페인을 특화할 필요가 있다.

각 집단에게 특화된 모집 메시지를 전달하는 것은 해당 집단의 욕구에 직접적으로 호소할 수 있다는 매우 큰 장점이 있다. 이렇게 다양한 표적집단을 대상으로 차별화된 모집 전략을 사용하는 경우 다른 어떤 방법보다도 가치 있는 잠재적 자원봉사자들을 각 표적집단별로 더 많이 모집할 수 있게 된다. 예를 들면, 지역사회에 새로 전입한 사람들을 잠재적인 자원봉사 표적집단으로 설정할 경우, 지역사회의 새로운 사람들과 함께할 수 있는 직무를 강조하는 방법으로 자원봉사 직무가 팀활동 방식으로 이루어지는 업무임을 강조하는 것이다. 반면 매우 바쁜 기업의 임원을 잠재적인 자원봉사자로 인식한다면, 자원봉사자 모집 메시지에서 강조되는 직무의 특성은 유연하게 일할 수 있지만(예를 들면, 집에서도 할 수 있는 업무) 정해진 일정이 지나면 종료되는 한시적인 업무임이 강조되어야 한다.

(3) 잠재적 자원봉사자를 어디에서 찾을 수 있나

누구를 모집할 것인가를 결정하고 나면, "그들을 어디서 찾을 것인가?"라는 문제를 풀어야 한다. 특정한 유형의 전문가를 찾는다면, 그러한 사람들이 소속된 전문가 사회나 클럽은 존재하는가? 우리가 일정한 연령대 집단이나 특정 소수집단을 찾는다면, 그러한 부류의 사람들이 모여 사는 지역은 존재하는가? 그들은 어디에서 쇼핑을 하는가? 그들은 어디에서 종교적 활동을 하는가? 어디에서 여가를 즐기는가? 다시 한 번 강조하지만, 단순히 지역사회의 모든 사람을 대상으로 자원봉사자로 모집하려 한다면, 이에 대한 대답은 모든 곳이 될 수밖에 없다. 그러나 모든 곳에 존재하는 사람은 또한 아무 곳에도 존재하지 않는 것과 같다는 사실을 명심해야 한다.

"어디에서 잠재적인 자원봉사자를 찾을 수 있는지?"에 관한 해답은 이 책에서 제시하고 있는 자원봉사자 모집 방법과 관련하여 많은 것을 내포하고 있다. 예를 들어, 여피(Yuppies)[2]를 모집하려고 한다면, 고소득자들이 주로 이용하는 유기농 고급식품매장의 장바구니에 광고전단을 배포하거나, BMW나 벤츠 자동차의 앞 유리창에 광고지를 끼워 놓아야 할 것이다. 만약 자유분방한 10대 청소년을 모집하려 한다면, 해변의 모래사장에 자원봉사자 모집 부스를 설치할 필요가 있다. 실제로 미국의 경우 독신자 자원봉사자를 모집하고자 하는 일부 자원봉사 프로그램은 독신자 전용술집(singles bars)에 광고를 함으로써 자원봉사자를 모집하는 경우도 있다. 만약 잠재적 자원봉사자가 특정 지역에 살고 있다면, 그들의 집을 직접 방문하여 자원봉사자가 될 것을 요청할 수도 있다. 이 방법은 주로 미국의 소방서에서 자원봉사자들을 모집하거나, 기금모금을 할 때 해당 지역사회에 거주하는 주민을 대상으로 사용하고 있다.

잠재적인 자원봉사자를 찾는 또 하나의 방법은 집단에 직접 호소하는 것이다. 집단은 공식적일 수도 있고 비공식적일 수도 있으며, 그들에게 전달되는 메시지 역시 공식행사에서의 연설이나 순서를 통해 이루어질 수도, 또는

2 Young Urban Professionals의 머리글자 'yup'와 히피(hippie)의 뒷부분을 합성하여 만든 말로, 주로 미국 대도시에 거주하면서 전문직에 종사하는 신자유주의 지향의 젊은이들을 일컫는 말이다. 이들의 약 75%는 자녀를 갖지 않으며 대부분이 DINK(Double Income, No Kids)족이다.

개별적인 만남으로 이루어지는 즉흥적인 대화를 통해 전달될 수도 있다. 지역사회의 성원은 여러 부류의 집단들에 소속되어 있다—사교집단, 종업원집단, 동호회, 전문가 조직 등. 우리가 찾고 있는 사람들을 어디에서 발견할 수 있는지를 알아낸 후에는 모집 메시지를 전달하기 위해서 그들이 어떤 집단에 소속되어 활동하고 있는지를 찾아내야 할 것이다.

또한 잠재적인 자원봉사자들은 정보 취득의 선호수단에 따라 신문 구독 선호층, 라디오 청취 선호층, 텔레비전 시청 선호층 그리고 컴퓨터 사용 선호층 등으로 나눌 수 있다. 따라서 자원봉사자를 모집하는 캠페인에 미디어를 사용할 경우, 각각의 미디어 사용 집단의 특성을 숙고한 후 어떤 미디어를 사용할지를 선택해야 할 것이다. 예를 들어, 군인이나 경찰직에 종사하는 자원봉사자가 필요할 경우, 이 집단이 주로 보는 특수한 신문, 라디오, 텔레비전, 유선방송 등을 이용하여 잠재적인 자원봉사자들에게 모집에 대한 정보를 제공해야 함을 의미한다.

(4) 잠재적 자원봉사자와 어떻게 대화를 시작할 것인가

잠재적인 자원봉사자를 찾을 수 있는 장소를 알아내고 난 후, 네 번째 단계는 "그들에게 모집 메시지를 어떻게 전달할 것인가?" 에 관한 것이다. 이 문제는 앞의 세 번째 단계의 성공 여부와 직결되는 것으로, 만약 자원봉사관리자가 어디에서 그들을 발견할 수 있는지를 성공적으로 알아냈다면, 그들에게 전달할 메시지를 개발하는 것은 상대적으로 쉬운 일이다.

일반적으로 자원봉사자를 모집하는 가장 효과적인 방법은 양방향 대화방법(two-way communication)이며, 대화 상대자로 가장 좋은 사람은 급여를 받는 스태프보다 지금 현재 봉사하고 있는 자원봉사자나 이사회의 이사들을 활용하는 것이 효과적이다. 그 이유는 그들이 급여를 받고 근무하는 직원들에 비해 동기의 순수성을 더 강조할 수 있기 때문이다. 즉, 급여를 받는 직원들은 자원봉사자에게 자신이 해야 할 일의 일부분을 떠넘김으로써 자신의 일을 덜고자 한다는 잠재된 편견과 의심을 항상 받을 수밖에 없다는 점을 고려해야 한다는 것이다.

특정한 잠재적 자원봉사 표적집단의 설정 없이 지역사회의 일반 대중을 대상으로 자원봉사자 모집과 관련한 메시지를 전달하고 대화를 시도하는 것은 양방향 대화 방법이라는 효과적 방법의 사용을 원천적으로 불가능하게 만든다. 만약에 아무 곳에서나 찾을 수 있는 보통의 지역사회 구성원을 모집하려 한다면, 포스터나 신문 광고, '식품매장 카트에 부착된 광고' 등의 한 방향(one-way communication) 커뮤니케이션을 사용할 수밖에 없을 것이다. 물론 이러한 방법을 통해서도 자원봉사자를 모집하는 데 성공할 수 있지만, 잠재적인 자원봉사자가 기관이나 그들의 직무에 관해서 질문하고, 기관의 대표자가 답변도 하고, 그들의 욕구나 기술에 관하여 직접적으로 대화를 나누는 양방향 대화 방법을 활용한다면 특정 업무에 보다 효과적이고 헌신적인 자원봉사자 모집이라는 소기의 목적 달성이 훨씬 용이할 것이다.

사람들은 단지 그들이 원해서 자원봉사를 할 뿐이다. 그들이 하고 싶어 하는 일을 할 수 있음을 보여 줄 수 있는 가장 손쉬운 방법이 양방향 대화 방법이다. 물론 자원봉사자를 모집할 때 쉬우면서도 비용이 적게 드는 방법을 찾는 것이 중요하겠지만 잠재적인 자원봉사자와 면대면 소통이나 최소한의 효과적인 양방향 대화가 가능한 수준의 소수집단에 초점을 맞춘다면 보다 효과적인 모집이 가능할 것이다. 이러한 방법을 통한 모집은 '한방향' 식 캠페인 형태를 이용하는 것보다 훨씬 더 많은 노동력과 수고를 필요로 한다. 이 방법은 모집 과정에 있어서 다른 사람의 참여와 협조를 요구하는 것으로, 자원봉사자 관리자가 모집 과정을 직접 수행하는 것이 아닌, 여러 사람의 참여로 이루어지는 모집 과정을 관리할 책임자로서의 역할을 수행함을 의미한다.

(5) 잠재적 자원봉사자들의 자원봉사활동 참여 동기 욕구는 무엇인가

자원봉사자 모집 메시지는 잠재적인 자원봉사자의 동기 욕구에 대한 직접적인 반응이 되어야 한다. 다시 말해 자원봉사자가 그 일을 하고자 하는 이유에 부합하는 메시지의 전달이 되어야 한다. 만약 모집 캠페인에서 지역사회에 새로 전입한 사람들을 목표로 한다면, 그들의 욕구 중 하나는 새로운 친구를 사귀고 싶어 하는 것이라고 추측할 수 있다. 그렇다면 모집 캠페인에 자원봉사활동은 지역사회에 도움이 되는 가치 있는 일이라는 당위성 외에, 많은 새로운 친구를 만날 수 있는 기회가 된다는 점을 강조해야 함은 당연하다.

가치 있는 어떤 일을 한다는 당위성 외에 자원봉사활동 참여자들은 개인에 따라 다양한 자원봉사 참여 동기를 지니고 있다. 그러한 동기의 일부를 열거하면 다음과 같다.

- 단순히 집 밖으로 나가기 위해서
- 지역사회의 유명 인사들과 교제하기 위해서
- 직업을 얻기 위한 실적을 쌓기 위해서
- 경력을 바꾸기 전 자원봉사일을 통해 새로운 분야를 경험하기 위해서
- 새로운 친구를 사귀기 위해서
- 기관에서 자원봉사를 하고 있는 친구와 함께 있기 위해서
- 새로운 기술을 개발하기 위해서
- 지역사회의 문제에 관한 지식을 얻기 위해서
- 자원봉사를 하지 않으면 사용할 기회가 없는 특정 기술을 유지하기 위해서
- 직장 상사에게 좋은 인상을 주기 위해서
- 가족들과 함께 자원봉사를 함으로써 '의미 있고 값어치 있는 시간'을

보내기 위해서
- 자원봉사에 수반되는 지위를 얻기 위해서
- 지루한 일상으로부터 벗어나기 위해서
- 집단에 속했다는 소속감을 느끼기 위해서

목표집단(target group)이 일단 설정되면, 그 집단에 속한 각 개인에게 가장 중요한 욕구가 무엇인지 추정하는 것이 가능하다. 그러고 난 후, 그 욕구에 직접적으로 호소할 수 있는 메시지를 전달해야 한다. 사람들은 애국심, 자신의 가족을 지켜야 한다는 욕구, 경력을 향상시키고자 하는 욕구 등 다양한 형태의 참여 동기 중 어떤 동기를 강조하느냐에 따라 상이한 반응을 보인다. 예를 들어, 남자다운 남자를 모집하는 데 효과적으로 사용할 수 있는 모집 광고문안을 보도록 하자.

> 위험한 모험으로 점철된 여행을 원하는 남자 구함.
> 급여는 매우 적으며, 굉장히 춥고 암흑 같은 어둠 속에서 몇 달을 지내야 함.
> 끊임없는 위험 속에 노출되고, 성공적인 귀환은 보장할 수 없음.
> 다만 성공했을 경우에는 명예를 보장하고, 업적을 인정할 것임.

이러한 문구는 자신을 매우 터프한 사람이라고 믿고 싶거나, 매우 강력한 육체적 도전이 수반되는 극한의 상황에 맞서 보고 싶은 욕구가 큰 사람에게 매우 효과적으로 전달될 것이다. 이와 비슷한 문구가 우범지역에 위치한 학교로 아이들의 등하교를 도와주는 자원봉사자를 모집하는 데 큰 어려움을 겪었던 자원봉사관리자에게 매우 유용하게 사용된 적이 있다.

(6) 잠재적인 자원봉사자에게 무슨 말을 해야 하나: 효과적인 모집 메시지의 개발

여섯 번째 단계는 효과적인 모집 메시지를 개발하는 것이다. 때때로 자원봉사관리자들은 아무 생각 없이 메시지를 만든다. 그저 사람들을 내보내서 기관의 성격과 자원봉사자들이 할 일을 대중에게 이야기하게 하는 경우가 많다. 이렇게 함으로써 잠재적인 자원봉사자의 수가 줄어들고, 그들의 관심이 우리로부터 점점 멀어져 간다는 것을 많은 수의 자원봉사관리자들은 인식하지 못하고 있다.

① 자원봉사 참여 필요성과 당위성

효과적인 모집 메시지는 세 부분으로 구성되어 있다. 첫 번째는 필요성을 언급하는 것이다. 필요성에 대한 언급은 자원봉사자들에게 왜 자신들이 해야 할 일이 중요한지를 설명한다. 대부분의 자원봉사자 모집 메시지는 왜 사람들에게 바로 그 특별한 일을 부탁하는지에 대한 이유를 언급하지 않고 있다. 그저 사람들이 실행해야 할 업무에 관해서만 언급하고 있다. 자원봉사활동이 왜 필요한지를 인식하고 안 하고는 그 일을 수행하는 자원봉사자 당사자에게 달려 있다고 해도 무방한 경우가 비일비재하다.

자원봉사활동이 필요한 이유는 기관 내부에 존재하는 욕구 때문이 아닌, 지역사회에 존재하는, 지역사회 모든 성원이 공유하는 욕구 때문이라는 점이 강조되어야 한다. 예를 들어, "ㅇㅇ노인복지관에서 일주일에 한 번 노인들에게 제공할 식사를 준비하는 일을 도울 수 있는 자원봉사자를 필요로 한다."는 좋은 메시지가 아니다. 이러한 메시지의 문제점은 자원봉사업무가 뜨거운 부엌에서 흘려지는 자원봉사자의 땀만을 요구하고 있는 것처럼 보인다는 것이다. 이러한 일을 신나게 할 사람은 거의 없을 것이다. 그러나 노인들이 균형 잡힌 영양섭취를 할 수 있도록 돕는 무엇인가를 할 기회가 주어지는 것에 대해서는 많은 사람들이 적지 않은 관심을 보일 것이다. 자원봉사자 모집 메시지에 이러한 욕구를 포함시킴으로써, 자원봉사활동을 통해 수행되는 어떤 단순한 행위보다는 문제를 해결하는 데 그들이 어떤 도움을 줄 수 있는지를 보여 줄 수 있어야 한다.

때때로 직접적인 서비스에 관련된 자원봉사자들에게, 자원봉사활동이 필요한 이유는 도움을 받는 클라이언트의 욕구와 일치한다. 모집 메시지의 필요성(욕구)에 관한 언급의 예를 살펴보면 다음과 같다.

■ 노인회관 급식 프로그램 자원봉사자

"우리 지역사회의 많은 노인들이 균형 있는 식생활을 영위하지 못할 정도로 경제력이 없는 상태이고, 이로 인한 영양실조로 고생하고 있다."

■ 병원 자원봉사자

"장기 입원환자 중 많은 수가 외로움과 우울증에 시달리고 있다."

■ 위기개입 상담소 자원봉사자

"우리 지역에 거주하는 이웃 중 일부가 정신적인 불안과 두려움으로 심하게 고통받고 있다. 그래서 그들 자신이나 다른 사람들에게 해를 끼칠 수도 있다."

■ 문맹퇴치 프로그램 자원봉사자

"단지 글을 읽고 쓸 줄 모르기 때문에 이 사회의 많은 사람들이 사회가 제공하는 다양한 도움을 받지 못하고 있다."

■ 걸스카우트 자원봉사자

"우리 사회의 많은 어린 소녀들이 자신감과 능력을 갖춘 성인으로 성장하기 위해 필요한 자아정체감 확립과 다른 중요한 사회적 기술을 습득할 기회를 갖지 못한 채 성장하고 있다."

■ 소방서 자원봉사자

"교외에 살고 있는 사람들은 심장마비를 일으켰을 때 구급차가 제때에 도착하지 못해서 목숨을 잃는 경우가 많다."

■ 지역사회정신건강센터 접수처 자원봉사자

"센터를 처음 방문하는 것은 누구에게나 부끄럽고 당혹스러운, 쉽지 않은 일이다."

■ 미술관 안내원

"미술관을 방문하는 사람들은 전시된 작품에 관해서 더 많이 알고 싶어 한다. 하지만 때때로 그들은 무지로 인하여 전시된 예술품의 아름다움과 의미하는 바의 많은 부분을 간과하게 된다. 이것은 이들이 다시 미술관을 방문하고자 하는 마음을 퇴색시킨다."

■ 사회복지관 가정방문 자원봉사자

"영구임대 아파트에 사는 적지 않은 수의 노인들이 외부세계와 단절된 채 이웃들과의 최소한의 접촉도 없이 살아가고 있다. 그들은 때때로 병들고, 도움을 필요로 하며, 죽어 가기도 한다. 그러나 누구도 그들의 어려움에 귀 기울이지 않는다."

이와 같은 메시지는 잠재적인 자원봉사자로 하여금 '정말 안됐구나. 누군가가 그들을 위해서 무엇인가를 해야만 한다.' 라고 생각하게 한다. 일단 사람들이 이와 같은 생각을 갖게 되면, 그들을 모집하는 것은 그들이 바로 그 누군가가 될 수 있다는 것을 보여 주는 것만큼이나 쉽다. 이러한 원칙에 입각하여 사람들에게 어필하는 아주 강력한 힘을 갖고 있지만 단순한 형태의 모집 메시지를 보기로 하자.

> 사람들이 굶주리고 있습니다.
> 그들이 더 이상 굶주리지 않도록 누군가 무엇을 해야만 합니다.
> 제발 당신이 그 누군가가 되어 주십시오.
> 전화 바랍니다.

이러한 욕구에 반응한다는 것은 자원봉사자들이 기관의 존재 근거로 작용하는 지역사회의(혹은 기관이 대상으로 하는 일부 지역사회성원의) 직접적 욕구에 응답한 것이나 마찬가지다. 반면 일부 자원봉사자들은 기관의 중점적 업무와 직접적으로 관련이 없는 일을 하기 위해서 모집되는 경우가 있다. 예를 들면, 몇몇의 사무보조직 자원봉사자가 지역사회나 클라이언트의 직접적인 욕구를 충족시키는 업무보다는 기관이나 직원의 사무업무를 보조하는 일에 종사하게 되는 경우다.

이러한 경우 자원봉사활동의 필요성에 관해 이야기할 때, 직원들의 욕구가 지역사회의 욕구를 충족시키는 데 필요한 활동의 맥락이라는 점에서 논의하는 것이 중요하다. 몇 가지 예를 다음에 열거해 본다.

■ 자원봉사행동센터의 비서/사무 보조업무

"지역사회를 더 바람직하게 만드는 일에 일조하고 싶지만 무엇을 해야 할지를 모르겠다는 전화를 기관에 할 때, 정보가 체계적으로 정리되어 있지 않고, 데이터가 입력도 되어 있지 않기 때문에 직원들의 대응이 매우 제한적일 수밖에 없다."

■ 사회복지공동모금회 홍보책자/후원모금봉투 발송업무

"지역사회의 문제를 해결하기 위해서 노력하는 사회복지기관을 지원하는 가장 중요한 일은 직접적으로 편지를 보내는 일이다. 그런데 직원들이 편지를 봉투에 집어넣고 우표를 붙이는 일까지 모두 하기에는 시간이 부족하다."

■ 지역사회 권익옹호기관의 경리담당자

"가난한 사람들의 삶을 증진시키기 위한 우리의 노력이 계속되기 위해서는 기금이 적법하게 관리되어야 하는데, 직원 중의 누구도 이런 기술을 갖고 있지 않다."

자원봉사의 필요성(욕구)에 대한 메시지는 잠재적인 자원봉사자에게 무엇인가가 이루어져야 한다는 결론으로 자연스럽게 유도하는 내용을 담아야 한다. 개별 접촉이나 소집단을 대상으로 하는 경우에 모집자는 잠재적인 자원봉사자가 자원봉사활동을 통해 이러한 욕구가 다루어져야 할 가치와 당위성이 있다고 인정하는지의 여부를 점검하기 위해 적당한 시점에서 잠시 여유를 가질 필요가 있다. 그럼으로써 잠재적인 자원봉사자로 하여금 이와 같은 상황이 얼마나 심각한지에 대해 자신의 생각을 스스로 나타내고 말로 표현할 수 있도록 유도할 수 있게 된다. 그들로 하여금 문제해결을 위해서 '누군가' 가 '무엇인가' 를 해야만 한다고 생각하게 만들 수 있다면, 모집은 그들 자신이 바로 '그 사람' 이라는 것을 그들에게 보여 주는 것만큼 쉬운 일이 된다.

노인복지관의 예로 다시 돌아가서, 모집자는 잠재적인 자원봉사자에게 노인복지관의 많은 노인들이 영양적으로 균형 있는 식사를 하지 못하고 있으며 영양실조로 고생하고 있다는 것을 알고 있는지 물어볼 필요가 있다. 모집자는 이때 실제적으로 어려움을 겪고 있는 노인 클라이언트에 관한 이야기보다 설득력이 떨어지기는 하지만 일화나 통계치도 함께 제시할 수 있다. 이 경우 잠재적인 자원봉사자가 아무 말도 하지 않는다면, 어떻게 생각하는지 물어보는 것도 바람직하다.

② 자원봉사자 업무와 규정의 설명

이러한 모든 것이 자연스럽게 효과적인 모집 메시지의 두 번째 요소로 연결된다. 즉, 자원봉사자에게 어떻게 이러한 문제해결에 도움을 줄 수 있는지를 보여 주는 것이다. 다른 말로 하면, 자원봉사자의 업무 규정과 지침에 관해서 이야기하거나, 자원봉사자가 어떤 일을 해야 하는지에 관한 구체적인 이야기를 할 시점이다. 욕구 해결의 당위성과 연결지어 이러한 이야기가 전달될 때 모집 메시지는 더욱 강력한 힘을 가지게 된다. 자원봉사활동의 필요성과 당위성에 대한 충분한 언급 없이 갑작스럽게 구체적인 자원봉사활동의 내용에 대해 이야기할 경우 물론 그러한 봉사활동이 왜 필요한지를 이해하는 사람들도 있겠지만, 많은 경우 사람들은 왜 그것이 중요한지, 그리고 가치 있는 것인지를 알지 못할 것이다. 자원봉사자를 모집할 때 잠재적인 자원봉사자들이 자신들이 하게 될 일의 가치를 자연스럽게 알게 될 것이라고 속단함으로써, 자원봉사자 모집자들은 가치 있는 일에 자신의 시간을 기꺼이 헌신할 준비가 되어 있지만, 그 일이 정말 가치 있는 일인지를 스스로 알아낼 수 없는 사람들을 참여하지 못하도록 하는 우를 범하는 경우가 종종 있다. 노인복지관의 예를 다시 들면, 잠재적인 자원봉사자가 자신이 할 일이 단순히 요리하고, 설거지하고, 식탁으로 음식을 나르는 일이라고 생각한다면 전혀 관심을 보이지 않겠지만, 만약 복지관에 나오는 노인들이 균형 있게 영양섭취를 할 수 있도록 돕는 일이라는 것을 알게 된다면 기꺼이 즐거운 마음으로 주방에서 일을 도울 것이다.

잠재적인 자원봉사자에게 직무에 대한 그림을 그려 줄 때, 자원봉사자를 모집하는 사람은 자원봉사자들이 자신들이 할 일을 객관적인 관점에서 구체적이고, 실제적으로 그려 볼 수 있도록 도와야 한다. 일반적으로 사람들은 자신들이 할 수 있다고 생각하는 일만 하려고 하는 경향이 있다. 따라서 자원봉사 직무기술서는 가능한 미세한 부분까지 생생하게 기술되어야 한다. 자원봉사자가 일하게 될 작업환경, 함께 일할 사람들이나 만나게 될 사람들을 포함하여 미세적인 내용까지 구체적으로 설명함으로써 그들이 몸담게 될 자원봉사현장에 대한 전체적인 이해를 할 수 있도록 도와야 함을 의미한다.

자원봉사자의 업무와 환경에 대해 설명할 때, 자원봉사자들의 참여를 독려하기 위해서 자원봉사활동의 긍정적인 면을 강조해야 함은 당연한 일이지만, 반드시 정직하고 솔직한 설명이 되어야 함을 명심해야 한다. 자원봉사자를 모집하는 일이 어떤 면에서는 물건을 파는 일과 일맥상통하는 부분이 있지만, 만약 자원봉사자가 봉사를 통해 충분한 만족을 얻지 못할 것이라고 판단된다면 과감히 자원봉사자의 도움을 거절할 수 있어야 한다. 자원봉사자 모집자가 잠재적인 자원봉사자에게 새로 출시된 트럭을 팔려고 한다면 필요에 따라 트럭의 장점을 과장할 수도 있을 것이다. 그러나 자원봉사자를 모집할 때에는, 자원봉사자가 봉사활동을 통해 자신이 원하는 무엇인가를 할 수 있고, 궁극적으로 자신이 바라는 무엇인가를 성취할 수 있다는 것을 약속하고, 실현시켜 주는 것이 가장 중요하다. 헛된 약속에 속아서 자원봉사활동을 시작하게 되면, 그들에게 동기부여의 기회를 제공하고, 업무에 필요한 훈련을 시키는 데 소요되는 많은 경비를 낭비하는 결과만 초래할 것이다. 기관이 약속했고, 자신이 원했던 일이 아니라는 것을 깨닫는 순간 그들은 자원봉사활동을 포기할 것이 명백하기 때문이다.

자원봉사업무에 대한 그림을 그릴 때 자원봉사자를 그 그림 안에 함께 그려 주는 것 또한 잊지 말아야 한다. 즉, 그 그림 안에서 일반적으로 자원봉사자들이 무슨 일을 하고 있다는 설명이 아니라 당신이 어떤 일을 할 것이라는 방식의 설명이 되어야 한다. 이를 위해 사용할 수 있는 좋은 방법의 하나는 "이러이러한 상황에 닥친다면 당신은 어떻게 대응하시겠습니까?" 라는 질문을 던지는 것이다. 하지만 이러한 질문은 부담스럽지 않고, 손쉽게 대응할 수 있는 즐거운 마음으로 대답할 수 있는 질문이 되어야 한다. "만약 클라이언트가 당신 앞에서 갑자기 구토를 한다면 어떻게 대응하시겠습니까?" 라는 식의 질문은 피해야 할 것이다. 또한 이러한 질문은 잠재적인 자원봉사자가 자원봉사활동을 당연히 할 것이라고 가정하고 던지는 질문이 되어야 한다. "만약 당신이 자원봉사자가 되기로 결심하신다면……." 식의 질문 대신 다음과 같은 질문을 하는 것이 바람직하다.

- 당신이 자원봉사를 하기에 가장 편리한 시간은 언제입니까?
- 이 자원봉사활동의 여러 가지 측면 중에서 당신이 가장 마음에 드는 점은 무엇입니까?
- 자원봉사활동이 정말로 즐거운 경험이 되기 위해서 저희가 할 수 있는 어떤 일이 있습니까?
- 자원봉사활동 시 저희 기관의 스태프 미팅에 참석할 의향이 있습니까?

③ 개별적 동기의 탐색과 충족의 확신

전달되는 모집 메시지가 효과적인 것이 되기 위해서 자원봉사 필요성의 강조, 구체적 직무에 대한 언급이라는 2가지 요소의 고려와 함께, 자원봉사활동의 개별적 동기들이 봉사경험 가운데 어떠한 방식으로 충족될 수 있는가에 대한 언급이 있어야 함이 마지막 요소가 된다. 세 번째 요소가 되는 자원봉사자가 누리는 급부(benefits)는 자원봉사기관이 지역사회를 위해 봉사할 수 있도록 도움으로써 자원봉사자들이 자신 스스로를 또한 어떻게 도울 수 있는지를 볼 수 있도록 해 주는 것이다.

이러한 세 번째 요소와 관련하여 모집 메시지가 가능한 한 효과적인 것이 되기 위해서는 잠재적인 자원봉사자들이 갖고 있는 어떠한 욕구도 기관이 충족시켜 줄 수 있다는 점을 각인시킬 수 있어야 한다. 메시지의 이런 부분은 비서직이나 사무보조업무를 담당해야 할 자원봉사자를 모집하는 데 특히 중요하다. 일반적인 정서를 가진 사람이라면 편지봉투에 편지를 넣고, 풀을 바르는 일로 점철된, 그리고 산같이 쌓여만 가는 편지더미를 바라보는 것이 너무 좋아서 편지발송업무를 하지는 않을 것이다. 이러한 일을 하는 자원봉사자에게는 다른 중요한 동기가 있는데, 예를 들어 사무실에서 함께 일하는 사람들과의 교제가 너무 좋아서 중요하지만 참으로 재미 없는 그 일을 하고 있는 경우를 들 수 있다.

만약 모집 메시지가 한방향(one-way)식으로 표현된다면, 표적집단이 관심을 가질 만한 급부들이 열거되어야 한다. 하지만 잠재적인 자원봉사자들의 욕구, 기술, 바람 등에 관해서 자원봉사자 모집자와 함께 이야기 나눌 수 있는 양방향(two-way)식의 메시지가 사용된다면, 자원봉사자들의 개별적 욕구에 따른 맞춤식 급부의 제공이 가능할 것이다. 자원봉사자들이 자원봉사 활동을 하는 배경에는 다양한 형태의 동기가 깔려 있기 때문에, 모집자는 잠재적 지원자를 실제적 봉사자로 만들기 위하여 효과적인 동기부여에 초점을 맞추어야 하며, 이를 위해 그 사람 개인에 대해서 가능한 많은 것을 알아야 할 필요가 있다. 만약 자원봉사를 원하는 사람이 자원봉사활동을 통해서 새로운 사람과 만나는 것을 원한다면, 그 일을 통해서 많은 새로운 사람들을 만나고, 교제할 수 있다는 점을 특별히 강조해야 한다.

따라서 자원봉사자 모집자가 잠재적 지원자에 대해 잘 알지 못할 경우, 지원자가 특별한 관심을 갖고 있는 급부가 무엇인지를 알아내기 위해서 그 사람과 함께 시간을 보내야 하며, 자신의 능력과 직권이 허용하는 수준까지 최대한으로 이를 맞출 수 있어야 한다. 이런 노력은 잠재적 자원봉사자가 어떤 일에 관심을 갖고 있으며 어떤 일을 즐기는지를 알아낼 수 있는 기회를 제공할 뿐 아니라 그들이 원하는 것이 무엇인지를 밝혀내는 단초가 되기도 한다. 또한 이러한 과정을 통해 새로운 자원봉사업무의 개발이 이루어지기도 한다.

한 예로, 앞에서 언급했던 노인복지관에서 자원봉사활동을 원하는 사람이 우연히 사진 촬영에 취미가 있다고 하자. 자원봉사자 모집자가 그 사람과 기관에서 원하는 업무인 주방보조 자원봉사활동에 대해 이야기를 나눌 때는 별 관심을 보이지 않다가, 사진 찍는 일에 대한 이야기가 나올 때마다 커다

란 관심을 보이는 것을 발견했다고 생각해 보자. 이 경우 자원봉사자 모집자는 그 사람과 그의 사진촬영기술을 어떻게 기관을 위해 사용할 수 있을지에 대해 이야기를 나누어야 할 것이다.

모집자가 어떤 종류의 급부가 자원봉사자에게 중요한지를 파악한 다음, 자원봉사관리자와의 논의를 통해 이러한 기대급부가 자원봉사 과정을 통해 충족될 수 있도록 적절히 조정하고, 이에 대해 자원봉사 지원자의 확신을 심어 주어야 한다. 자원봉사자들이 약속된 기간을 채우지 않고 중간에 그만두는 가장 큰 이유 중 하나가 그들이 기대했던 것들을 자원봉사활동을 통해 받지 못했기 때문이다. 예를 들면, 친구들과 함께 있기를 원하는 자원봉사자가 혼자 다른 장소에 배치된다든지, 규칙적이고 편안하며 스트레스를 받지 않는 일을 하기 원하는 자원봉사자에게 위험성이 높은 일이 주어진다든지, 새로운 기술을 배우기 위해서 자원봉사를 원하는 사람에게 자신이 이미 알고 있는 기술 이외의 어떤 것도 할 수 있는 기회가 주어지지 않는다든지, 자신의 고용주에게 좋은 인상을 주기 위해서 자원봉사를 하는 사람에게 그를 위해서 고용주에게 감사의 편지 한 번 보내지 않는 것 등으로 인해 자원봉사자는 더 이상 자원봉사를 계속 할 이유를 발견하지 못할 것이다. 자원봉사자 모집 시 획득한 효과적인 정보는 자원봉사자를 성공적으로 자원봉사활동에 유지시킬 때에도 유효하게 사용되어야 한다.

하지만 자원봉사자 모집자가 흔히 범하는 실수 중 하나가 자원봉사 프로그램의 필요성(욕구)에 대한 언급 없이 직접적으로 자원봉사업무에 대해 이야기를 먼저 꺼내는 경우와 마찬가지로, 급부에 대한 서술도 많은 경우 생략되곤 한다는 점이다. 그 이유는 대략 2가지인데, 급부에 대한 언급을 생략함으로써 순수한 자원봉사자를 구할 수 있기 때문이거나, 급부에 대한 것은 누구나 아는 것이라는 선입감으로 인해 언급할 필요성을 느끼지 않기 때문이다. 그러나 급부에 대한 언급이 없다면, 기관을 위해서 자원봉사를 하고 싶어 하는 사람의 수 역시 감소할 것이 분명하다.

자격을 갖춘 좋은 자원봉사자를 가능한 많이 모집하기 위한 메시지 구성의 3가지 기본 요소로 자원봉사활동의 필요성과 자원봉사자 직무, 그리고 자원봉사활동에 수반되는 급부에 관하여 알아보았다. 자원봉사자 모집자가 어떤 모집 방법과 전략을 사용하느냐의 여부와 관계없이, 잠재적인 자원봉사자들에게 문제가 무엇인지(욕구)를 설명하고, 그 문제를 해결하기 위해서 어떻게 도울 수 있는지를 보여 주고(업무), 그 과정에서 그들이 무엇을 얻을 수 있는지(급부)를 보여 줄 수 있어야 한다. 다음은 제한된 공간의 포스터에 사용할 수 있는 단 네 문장으로 구성된 모집 메시지다.

> 학대받는 아이들이 우리 주변에 있습니다.
> 일시적인 쉼터를 제공함으로써 당신도 이들을 도울 수 있습니다.
> 동시에 당신도 도움받을 수 있습니다.
> 당신의 전화를 기다립니다(전화번호: xx-xxx-xxxx).

(7) 누가 모집업무를 담당할 것인가

효과적인 모집 캠페인 개발의 일곱 번째 단계는 "누가 모집을 담당할 것인가?" 에 관한 논의와 결정이다. 이 단계에서 양방향(two-way)식 대화를 활용한 모집 방법을 어떻게 적극적으로 활용할 수 있을 것인가, 그리고 한방향(one-way)식 모집의 책임은 누가 맡을 것인가—누가 포스터 만드는 일을 할 것인가, 누가 라디오 방송국과 접촉할 것인가 등—의 문제가 결정된다.

앞에서도 언급했듯이 이런 일을 감당하는 데 가장 효과적인 사람은 이미 봉사하고 있는 자원봉사자나 기관의 이사들이다. 하지만 그들의 업무 효과성을 담보하기 위해서 자신이 이 일의 책임자라는 사실을 인지하고 있는지, 모집 대상이 누구인지, 그들을 어디에서 찾을 수 있는지, 어떤 모집 방법을 활용해야 하는지, 무슨 말을 해야 하는지 등에 관해서 사전에 확인할 필요가 있다. 간단히 말해, 기존의 자원봉사자나 해당 기관의 이사들은 이 일을 잘 감당해 내기 위해서 직원들에 의해 철저히 준비되고, 완벽하게 점검되어야 한다.

종종 간과되고 있지만 자원봉사자 모집을 위한 자원으로서 가장 효과적으로 활용될 수 있는 사람은 자원봉사자 모집업무를 위해 모집된 자원봉사자다. 만약 어떤 회사에서 자원봉사자를 찾으려고 한다면, 효과적인 첫 번째 단계는 그 회사 내에서 잠재적인 자원봉사자를 모집하는 업무를 담당할 자원봉사자를 모집하는 것이다. 물론 이 사람과 한 직장에 근무하는 잠재적 자원봉사자들이 이 사실을 알고 있는 사람이어야 하며, 잠재적 자원봉사자들이 하고 싶어 하는 직무를 위해서 그들을 모집하는 것이다. 이 사람은 1년 내내 이 일만을 담당하기 때문에 다른 모집 방법과 비교하여 상당한 유연성이 요구되는 업무를 맡게 되며, 특정 프로그램이나 서비스를 위해 자원봉사자가 필요할 때마다 자원봉사관리자는 이 사람을 통해 회사 내의 잠재적인 자원봉사자를 개별 접촉함으로써 확보할 수 있게 된다.

따라서 가장 효과적인 자원봉사자 모집 시스템은 지역사회를 구성하고 있는 다양한 유형의 각각의 집단을 책임지는 자원봉사자 모집자들로 구성된 자원봉사자 네트워크를 갖추는 것이다. 이러한 상시적 활동의 네트워크가 일단 갖추어질 경우 자원봉사관리자는 필요할 때마다 자원봉사자 모집의 가장 효과적인 방법이라 할 수 있는(이미 알고 있는 잠재적 자원봉사자를 대상으로 일대일 대면접촉에 의한) 양방향식 모집 방법을 체계적이고, 손쉽게 활용할 수 있게 된다. 이러한 시스템을 구축하는 가장 좋은 방법은 직원, 이사 그리고 다른 기존의 자원봉사자들로 하여금 지역사회의 다양한 하위집단별로 이러한 일을 맡을 수 있는 자원봉사자들을 모집하도록 독려하여, 모집된 사람들을 대상으로 자신이 속한 집단 내에서 상시적 자원봉사자 모집업무를 할 수 있도록 훈련시키는 것이다.

물론 일대일 대면접촉을 통한 효과적인 모집이라는 것이 별다른 준비 없이 그냥 일어날 수도 있겠지만, 체계적인 네트워크를 통해 상시적인 모집이 가능하도록 만든다면 훨씬 많은 수의 자원봉사자를 효과적으로 모집할 수 있을 것이다. 이러한 시스템 속에서 직원, 이사, 자원봉사자를 포함한 기관의 모든 관련 당사자들은 자원봉사자 모집 시 자신들의 역할과 책임이 무엇인지를 명확히 이해하고 있어야 한다. 새로운 자원봉사인력이 필요할 경우, 자원봉사관리자는 일차적으로 자원봉사 직무기술서, 자원봉사 필요성과 수반되는 급부에 대한 개략적 계획을 준비해야 하며, 이러한 내용을 기관 내의 다른 직원, 이사, 기존의 자원봉사자들(특히, 자원봉사자 모집의 책임을 지고 있는 자원봉사자들)과 논의해야 한다. 이러한 과정을 통해서 이미 파악하고 있는 잠재적 자원봉사자 중에서 기관에 필요한 지원자에 대한 선별을 시작할 수 있다.

(8) 모집 담당자가 해야 할 일은 무엇인가

모집을 준비하는 마지막 단계는 모집 메시지를 전달할 사람들을 훈련시키는 것이다. 지금까지 기술한 원칙을 따른다면, 기관과 관련이 있는 모든 사람들을 훈련시켜야 함을 알 수 있을 것이다. 자원봉사관리자는 물론 기관의 직원과 이사, 자원봉사자 모두가 잠재적 자원봉사자를 직·간접적으로 이미 알고 있는 상태이며, 유사시 언제라도 그들로 하여금 자원봉사 후보자에게 다가가 이미 습득하고 있는 모집 기술과 메시지를 활용하여 자원봉사활동의 참여를 독려하도록 준비시키는 훈련을 의미한다.

일반적으로 훈련 내용은 모집 과정에 있어서 그들의 역할이 무엇인지를 정확히 인지시켜 주는 것이 포함되어야 하며, 가능한 한 역할연습(role play)과 같은 효과적이고 실제적인 습득이 가능한 교육 방법을 활용하는 것이 바람직하다. 자원봉사자 모집자 훈련 내용과 방법 및 점검 등에 관한 내용은 제9장 '오리엔테이션과 훈련'에서 보다 자세하게 제시할 것이다.

3. 모집 계획의 평가

지금까지 효과적인 모집 계획을 위한 각 단계별 특성과 주의사항 그리고 구체적인 내용에 대해 살펴보았다. 향후 당신이 자원봉사관리자로서 새로운 모집 캠페인을 준비할 때마다 명심해야 할 질문은 다음과 같다.

- 자원봉사자가 수행해야 할 일은 무엇인가?
- 이 일을 하고 싶어 하는 잠재적 자원봉사자는 누구인가?
- 그 사람들을 어디에서 찾을 수 있나?
- 그들에게 어떠한 방식으로 접근하고, 대화를 나누어야 할 것인가?
- 그 사람들의 개별적이고, 독자적인 자원봉사 동기는 무엇인가?
- 그들에게 무슨 말(모집 메시지)을 해야 하나?
- 누가 그들에게 말을 하는 것이 좋은가?
- 그들이 해야 할 일을 어떻게 알 수 있을까?

이 질문을 항상 마음속에 담고 더 나은 답을 찾기 위해 노력한다면 당신은 기관과 클라이언트로부터 인정 받는 유능한 자원봉사관리자가 될 것이다.

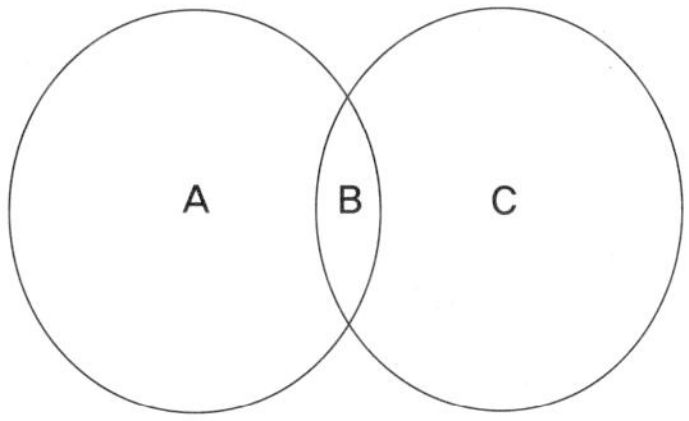

A: 잠재적 자원봉사자의 참여 동기 및 욕구
B: 기관과 자원봉사자의 공유 욕구
C: 기관(지역사회)의 욕구와 문제

[그림 7-2] 효과적인 자원봉사자 모집 전략

자원봉사자 모집의 가장 중요한 핵심은 [그림 7-2]에 나타나는 바와 같이 잠재적 자원봉사자와 기관 간의 공유 욕구(B)를 정확히 파악하고 조화시키는 일이다. 기관에서 필요로 하는 일을 누가 가장 잘 해낼 수 있는지, 그리고 자원봉사활동에 참여함으로써 기대되는 급부를 받을 수 있는 사람은 누구인지에 대한 정확한 분석을 바탕으로 자원봉사자의 직무를 개발하고, 그 장점을 극대화한 모집 계획을 세움으로써 잠재적 자원봉사자의 적극적인 관심을 유도함은 물론, 성공적인 모집을 이룰 수 있을 것이다.

4. 자원봉사자 모집의 기본 원칙

대부분의 자원봉사조직은 자원봉사자만 많이 모집할 수 있으면 모든 문제를 다 해결할 수 있다는 착각으로 자원봉사자 모집에 모든 초점을 맞추는 경향이 있다. 그러나 다음의 간단한 2가지 원칙만 따른다면 자원봉사자 모집에 대한 큰 부담 없이 성공적인 프로그램 운영이 가능할 것이다.

- 자원봉사자의 다양한 잠재적 활용 가능성에 대해서 유연성을 가지고 폭넓게 사고하라. 하지만 그러한 자원봉사자를 모집하기 위한 메시지와 방법에 대해서는 치밀하고 좁게 생각하라.
- 자원봉사자를 위한 좋은 업무를 준비하라. 하지만 이러한 업무를 수행하는데 요구되는 구체적인 일과 일정은 항상 유연하게 하라.

또한 모집은 자원봉사관리자와 자원봉사자 사이의 관계 전반에 있어서 이루어지는 지속적인 과정이라는 사실을 항상 기억해야 한다. 실제로 자원봉사자들이 봉사활동을 위해 기관에 나타날 때마다 그들을 다시 모집한다는 식의 사고의 전환이 필요하며, 그들이 기관에 계속 남아서 의미 있는 시간을 보내고, 원하는 봉사에 전념할 수 있도록 지속적으로 동기부여의 기회를 제공해야 할 것이다. 다시 말하면, 자원봉사자를 항상 새롭게 처음 그들을 모집하고 동기부여했던 것처럼 조심스럽고 귀하게 여겨야 함을 잊지 말아야 한다.

08
선발과 면접

선발은 충원에 적합한 직무 자격을 소유하고 있는 인적자원을 선택하는 과정 또는 최적의 지원자를 특정 직무에 짝지어 주는 과정(matching process)으로서 사람을 모으는 모집의 '다음 과정'이며, 응모 자격과 직무 조건을 고려하여 직위에 맞게 안배하는 과정이다. 선발은 직무수행에 적절한 인적자원을 선택하는 것이지만 동시에 최소의 비용과 시간을 투자하여 최적의 자원을 구하는 전략적 행위다.

모든 다른 조직활동과 마찬가지로 자원봉사자 선발은 제한된 인적자원을 대상으로 구체적인 직무기술서가 결여된 상태에서 이루어지기 때문에 선발활동을 하기 전에 철저한 사전준비가 필요하다. 준비 소홀과 안이한 선발활동으로 인하여 자질과 능력이 부족한 사람이 선발될 경우 업무능률이 떨어지고 생산성이 저하되며 미자격자의 중도 탈락으로 인한 물적 · 인적 손실이 초래된다. 따라서 선발의 가장 중요한 사항으로 적재적소원칙(principle of the right person for the right job)의 실현이라 할 수 있다(김창의 외, 2001: 186).

1. 선발의 목적

자원봉사자가 기관에서 일을 시작한다는 것은 모집 과정을 통해서 자원봉사자가 기관에 특별한 관심을 갖게 되고, 기관과 자원봉사자의 이해가 상호 간의 부합하는지의 여부에 자원봉사자와의 협상이 이루어졌음을 의미한다. 이러한 협상 과정은 선발과 면접의 과정 동안에 시작된다.

이 과정의 가장 중요한 속성은 이해 당사자 간의 협상이 전제되는 양방향의 과정이어야 한다는 점이다. 즉, 양쪽의 입장이 고려된 조정을 통해, 자원봉사자와 기관 쌍방이 모두 만족하는 결과가 도출되어야 한다. 기관의 입장에서 선발의 목적이 단순히 기관의 조건을 발표하고 자원봉사자가 그 조건을 받아들일 것이라는 입장을 견지하는 것은 잠재적 자원봉사자의 요구나 입장을 전혀 고려하지 않고 일방적으로 결정된 업무를 제시하면서 "그 일을 맡든지 아니면 하지 말든지."라고 말하는 고압적 협상 태도를 보이는 것과 동일하다. 이럴 경우 자원봉사자는 당연히 그 기관을 떠날 것이며 자신들의 입장을 더 고려하는 기관을 찾게 될 것이다.

선발의 가장 기본적인 원칙은 잠재적 자원봉사자가 진정으로 원하는 것이 무엇이고 어떤 일을 하는 것에 가장 관심이 있는지를 알아내는 것이며, 이런 사실들을 바탕으로 자원봉사자들을 가장 생산적으로 이용할 수 있도록 자원봉사업무를 조정하는 것이다. 선발에 관한 논의는 잠재적인 자원봉사자들이 관심을 갖는 한 가지 일에 초점을 맞추는 것으로 시작하는 경우가 많지만, 시간이 지남에 따라 자원봉사자의 기관에 대한 이해가 깊어지고, 동기가 더욱 고양됨에 따라 기관의 업무가 확장되거나, 전혀 다른 종류의 자원봉사업무가 요구될 때 자연스럽게 보다 많은 책임감이 요구되는 다른 종류의 업무로 확장될 수 있다.

2. 선발 과정의 고려사항

선발 과정에 있어 고려되고, 결정되어야 할 3가지 중요한 사항이 있다.

1) 적합성

'적합성' 이란 기관의 욕구와 관심이 자원봉사자의 욕구, 관심과 상호 일치하는 것을 의미한다. 적합성 검토는 자원봉사자에 관한 다음의 3가지 항목의 고려와 결정으로 이루어진다.

- 자원봉사자가 특별한 일에 어느 정도 관심을 갖고 있으며, 그 일을 수행하는 데 요구되는 자격을 어느 정도 갖고 있는지?
- 자원봉사자가 다른 일에는 어느 정도 관심을 갖고 있으며 그 다른 일을 수행하는 데 필요한 능력은 어느 정도 갖고 있는지?
- 자원봉사자가 특수한 업무환경에서 원만하게 근무하는 데 필요한 '적절성(rightness)' 은 어느 정도 되는지?

여러 가지 경우를 통해서 볼 때, 자원봉사자가 기관의 근무환경에 매우 잘 적응할 가능성을 나타내는 '적절성' 은 성공을 예측하는 가장 중요한 요소일 것이다. '적절성' 은 자원봉사자가 자신들이 근무할 기관이나 그들과 함께 일하게 될 직원들과 어떻게 지낼지에 직접적인 영향을 끼치는 개인적 스타일(편안한 또는 열광적인)과 성격(깔끔한 또는 번잡한, 내성적인 또는 외향적인), 그리고 행동(흡연자 또는 비흡연자) 등을 포함한다. 아주 많은 경우 이러한 대인관계상의 요소가 업무수행과 관련한 기술 자격상의 요소보다 더 중요한 역할을 한다. 사실 기술적인 요소는 자원봉사자가 기관에서 오랫동안 활동을 하게 되면 익힐 수 있는 요소다. 자신의 근무환경을 즐기는 자원봉사자가 자신에게 맡겨진 소임을 다 할 수 있을 것이며, 즐겁지 않은 자원봉사자는 자신의 임무 완수에 힘쓰려고 하지 않을 것이다.

2) 모 집

면접 과정에 있는 자원봉사자들은 실제적으로 선발이 완료된 사람들은 아니라는 것을 명심하는 것은 매우 중요하다. 이 단계의 자원봉사자는 그저 기관에 특별한 관심을 가지고 있는 잠재적 인적자원일 뿐이다. 선발을 위한 면접의 중요한 목적 중 하나는 기관이 자원봉사자에게 무엇을 제공할 수 있으며, 그들이 원하는 일을 어느 정도 해 줄 수 있을 것인지에 관해서 자원봉사자가 신중하게 생각할 시간을 주는 것이다. 동시에 자원봉사자가 그 일에 적합한지 아닌지, 그리고 왜 그 일이 중요하고 관심을 가질 만한 가치가 있는지에 대해서도 충분히 생각할 시간이 주어져야 한다. 자원봉사자들이 단순히 면접을 보러 왔다고 해서, 그 기관의 일부가 되었다고 속단해서는 안 된다. 선발을 위한 면접이 자원봉사자와 첫 번째 접촉이라면 면접 과정 동안 그들이 환영받고 있으며 기관이 그들을 필요로 하고 있다고 느낄 수 있도록 해 주는 것이 중요하다. 기관이 단지 자신들의 노동력만을 필요로 하고 있으며 자신들 개인에게는 관심이 없는 관료적인 조직이라는 편견을 갖게 해서는 안 된다.

3) 마케팅

선발을 위한 면접 동안에 결정해야 할 마지막 요소는 마케팅 정보다. 선발 과정은 모집 과정의 효과성을 평가할 수 있는 좋은 기회이다. 잠재적인 자원봉사자로부터 자원봉사 프로그램에 관한 2가지 핵심적인 마케팅 정보를 얻을 수 있다.

- 잠재적 자원봉사자가 어떻게 기관의 자원봉사활동에 대해 알게 되었는가?
- 잠재적 자원봉사자가 기관의 어떤 요소에 이끌려서 오게 되었는가?

이러한 질문에 대한 대답은 현재의 모집 방법에 대한 검토와 평가를 통해 향후 보다 효과적인 모집 방법의 개발을 위한 중요한 자료로 활용될 수 있다.

3. 면접 장소

면접 과정을 수행하는 장소는 다양할 수 있으나, 면접 동안에 자원봉사자가 개인의 존중과 편안함을 느낄 수 있게 해 주는 것이 중요하다. 이는 공공의 장소나 공유된 사무실에서 면접을 실시하지 않아야 함을 의미한다. 왜냐하면 이러한 장소에서의 면접은 자원봉사자들이 자신들의 배경이나 개인적 관심사항에 관해서 깊이 있는 정보를 제공할 수 없기 때문이다. 자신의 개인적인 삶에 대해 이야기하는 동안 다른 사람들이 엿듣는 것을 좋아할 사람은 아무도 없을 것이다.

면접의 책임을 맡은 직원의 업무상의 일정을 사전에 적절히 조정해서 면접 시간 동안 전화나 다른 직원으로 인하여 면접이 방해되지 않도록 조심해야 한다. 이러한 일은 면접의 흐름을 끊는 것은 물론, 예기치 않은 중단으로 인해 자원봉사자는 자신이 기관의 다른 일이나 사람보다 훨씬 덜 중요한 존재로 취급받고 있다는 선입감을 갖게 된다.

일대일 면접이 가장 바람직한 면접 방법이다. 하지만 전화를 통한 사전면접을 행할 때도 있는데, 잠재적 자원봉사자의 거주지가 너무 멀거나, 그들의 수가 너무 많기 때문에 그들을 한 사람 한 사람 직접 만날 수 없는 경우에 해당한다. 전화 면접이 적당한지를 결정하는 것은, 첫째 자원봉사자에게 부탁하는 봉사시간(일년 내내인가, 아니면 일회성 특별행사의 일시적인 업무인가), 둘째 책임의 정도(자원봉사집단의 일원인가, 아니면 위원회의 의장인가 등), 셋째 수행해야 할 일의 민감성 정도(행사장에서의 단순한 안내역인가, 아니면 장애아동에게 일대일로 교육하는 일인가 등)에 따라 결정되어야 한다. 하지만 어떤 경우든 가능하면 직접적인 면접을 하는 것이 바람직하다. 그 이유는 직접 면접을 통한 관찰이 잠재적 자원봉사자에 대한 가장 정확하고, 심도 있는 이해를 가능케 하기 때문이다. 만약 직접 면접을 수행할 수 없는 경우라면 가능한 빠른 시간 안에 잠재적 자원봉사자와 사후접촉 기회를 마련할 필요가 있다.

4. 면접 시 유의할 점

면접을 실시하기 전에 먼저 지원자와 면접자가 서로 신뢰관계를 유지하기 위해서 우호적 분위기를 조성해야 한다. 그렇게 될 때 지원자가 기관과 면접관에게 호의를 갖고 면접에 임하게 될 것이다. 그런 연후에 면접관이 공정하게 적임자를 선발하기 위해서 다음 사항에 유의해야 한다.

- 면접관은 지원자의 개인적 성격과 존엄성을 존중해야 한다.
- 면접관은 지원자에게 제시할 면접 내용을 사전에 준비해야 한다.
- 질문 내용은 지원자가 쉽게 이해할 수 있도록 간단명료해야 한다.
- 지원자가 편안한 마음을 갖도록 격려하면서 진실을 말하도록 해야 한다.
- 면접 내용은 체계적이고 논리적이어야 한다.
- 지원자의 결점을 지적하거나 비판해서는 안 된다.
- 면접 중에 지원자의 자존심을 상하게 해서는 안 된다.

- 면접관과 지원자 간에 비밀이 유지되어야 하며 면접 내용을 선발 이외의 용도로 이용해서는 안 된다.

또한 면접의 결과를 반드시 공정하게 기록하고 평가해서 적절한 인재가 선발되도록 해야 한다.

5. 면접관

면접의 책임을 맡을 사람을 선정할 때 검토해야 할 자격 요건은 다음과 같다.

- 자원봉사자가 수행할 일에 관한 전반적인 지식을 가지고 기관과 기관의 목적에 대하여 설명할 수 있는 능력과 자원봉사자의 욕구에 기반을 둔 새로운 자원봉사자 업무를 만들 수 있는 능력
- 잠재적 자원봉사자를 이해하고 그들의 욕구를 연계할 수 있으며 그들의 봉사를 권장하는 반면, 면접 전반 과정 동안 조직화된 체계를 수행할 수 있는 능력과 자원봉사자와 협상할 수 있는 능력
- 자원봉사자가 기관에 적합하지 않을 경우, 그 사람의 기분이 상하지 않게 아니라고 말할 수 있는 능력

필요시 면접 과정 동안 면접관으로 직원들의 동참을 독려할 수 있으며, 자원봉사자로 정식 계약이 이루어지기 전 직원들과 자원봉사자가 함께하는 두 번째 면접을 포함하는 방식의 면접 과정을 활용할 수도 있다. 또한 경험 있는 자원봉사자를 면접자로 활용하는 것도 고려해 볼 만한 방법이다. 기관에 익숙한 자원봉사자는 일반 직원보다 훨씬 좋은 면접자가 될 수 있다. 그들은

잠재적인 자원봉사자의 입장을 더 잘 이해할 수 있는 위치에 있으며, 기관에서 무엇 때문에 자원봉사자를 필요로 하는지를 설명할 때 급여를 받는 직원보다 보다 큰 신뢰를 바탕으로 설득할 수 있다는 장점이 있다. 자원봉사 면접자를 활용하는 것은 또한 자원봉사관리자의 시간을 절약하게 해서 다른 중요한 업무에 집중할 수 있도록 해 줄 수 있는 장점도 있다.

6. 면접 과정

실제적인 면접 과정은 다음의 3단계로 나누어진다.

1) 면접 전 준비단계

면접 전 예비단계는 지원자에 대하여 최소한의 자격 요건을 확인하는 과정으로서 지원자의 단점을 발견하여 탈락시키는 데 목적을 두지 않고 응모자의 장점을 발견하는 차원에서 이루어져야 한다(최해진, 2004: 130-131).

선별된 자원봉사자 지원자를 위한 면접을 실시하기 전에 면접자는 2가지 영역에 대한 질문을 준비해야 한다. 첫 번째 영역의 질문은 구조상으로 개방형 질문이어야 하며, 자원봉사자의 개인적 관심이나 동기가 무엇인지에 관한 정보를 이끌어 내기 위한 질문이다. 이러한 질문의 실례는 다음과 같다.

- 이곳에서 자원봉사를 하려고 하는 이유가 무엇인가, 당신이 무엇인가를 성공적으로 이루었다고 느낄 때 그러한 느낌을 가능케 하는 것은 무엇인가?
- 이전의 일이나 자원봉사와 관련하여 가장 즐겁게 할 수 있었던 분야나 업무는 무엇이었는가?

■ 혼자서, 혹은 집단의 일원으로, 또는 파트너와 함께 일하는 방법 중에서 어떤 형태로 일하는 것이 좋으며, 이유는 무엇인가?
■ 기관에 공헌할 수 있는 자신의 기술이나 강점은 무엇이라고 생각하는가?

두 번째 영역의 질문은 특별한 업무를 수행하기 위해 필요한 기술이나 자격 요건에 관련한 질문이다. 이러한 질문은 각 개인별 자원봉사업무에 따라 다른 형태로 나타나야 한다. 그리고 봉사가능시간, 기술, 경험 등의 결정 요인을 포함한다.

2) 면 접

실제적인 면접은 자원봉사자가 면접과 면접관에 대해 친숙한 느낌을 가지고 편안한 감정으로 대할 수 있도록 한 후 본격적으로 이루어져야 한다. 즉, 선발 과정에 대하여 적절한 설명이 이루어지고, 자원봉사자가 자원봉사활동을 하면서 기대하는 것이 충분하게 표현된 후에야 면접 자체가 시작되는 것이다.

면접 과정은 기관과 면접관의 주도 아래 이루어지는 것이 아니라 기관과 자원봉사자 모두가 주체적 역할을 하는 과정이라는 사실을 명심해야 한다. 면접 과정에 한정된 시간적 제약이 있을 경우, 자원봉사자가 개인적 관심과 이해를 면접관과 나누고, 질문할 수 있는 시간이 반드시 포함되어야 한다. 면접은 일방적인 것이 아니라 쌍방적인 행위로서 서로 의사를 교환하는 과정이며, 질문이나 심문 과정이 아니고 협상 과정이라는 사실을 항상 기억해야 한다.

면접은 자원봉사자에게 다음 단계에 어떤 일이 일어날 것인지를 알려 줌으로써 종결되어야 한다. 예를 들면, 그들이 즉시 해야 할 업무가 있는지 알려 주거나, 사후의 업무를 위한 다음의 약속 날짜를 정할 수도 있고, 혹은 현재 기관에서 할 수 있는 자원봉사업무가 현재로서는 없다는 사실을 알려 주거나 하는 등 직접적이고 구체적인 다음 단계의 일을 알게 해 주어야 한다.

3) 면접 후 업무

자원봉사자를 배치 확인함으로써 면접 과정은 끝이 나게 된다. 이 과정은 새로운 자원봉사자의 배치와 업무의 위탁을 위해 해당 직원들의 협조를 구하고, 자원봉사자가 제출한 서류에 대한 재검토(추천서 확인 등) 과정 등을 포함한다.

이 과정에서 가장 중요한 것은 가능한 한 빨리 이 과정을 끝내는 것이다. 면접과 배치 사이에 시간이 많이 소요되면 소요될수록 자원봉사자는 해당 기관에서 행할 자원봉사활동에 대한 관심이 줄게 된다. 피치 못할 사정으로 면접 후 배치가 지연될 경우, 기관에서 그 사람을 잊고 있지 않다는 것을 확인시켜 주기 위해서 자원봉사자와 꾸준히 연락을 취하도록 해야 한다.

7. 계 약

면접과 배치 과정 동안에 자원봉사자와 자원봉사활동에 대한 계약이 자연스럽게 이루어지게 된다. '계약'은 자원봉사자와 기관이 상호간의 책임에 관한 항목(list)에 서명하는 것처럼 형식적인 법적 서류를 작성하는 것이 아니다. 계약은 자원봉사자가 실행해야 할 일과 기관이 자원봉사자에게 제공할 급부, 지원 내용 그리고 시간적 틀(time frame)을 구체화하고, 그 내용에 대해 상호 동의하는 것을 말한다.

계약의 목적은 기관과 자원봉사자가 자원봉사활동을 매개로 공식적인 관계를 시작했다는 중요성과 상징성을 강조하는 것이지, 자원봉사활동에 대한 법적인 책임을 표현하려는 의도가 있는 것이 아니다.

8. 종결면접

면접 과정에서 개발되어야 할 중요한 부분 가운데 하나로 종결면접이 있다. 종결면접은 기관을 떠나기로 결심한 모든 자원봉사자들을 대상으로 이루어져야 한다. 면접 과정을 통해 자원봉사자가 왜 프로그램을 떠나기로 결정했는지, 다른 자원봉사자가 비슷하거나 동일한 이유로 프로그램을 떠나지 않도록 하기 위해서 어떤 조치가 필요한지 등이 밝혀져야 한다. 이에 대한 질문의 실례는 다음과 같다.

- 자원봉사자가 기관을 떠나는 이유는 무엇인가?
- 그동안의 자원봉사활동에 있어서 가장 좋았던 점은 무엇인가?
- 기관의 자원봉사자 관리 및 자원봉사활동에 있어서 변화 혹은 개선되어야 할 점은 무엇이고, 그에 대한 구체적인 제안이 있는가?

구조화된 설문지를 활용한 종결면접을 고려할 수도 있으나 이러한 방법은 보다 유용한 정보의 취득에 오히려 제약점으로 작용할 수도 있다는 점을 인식해야 한다.

9. 선발과 면접의 의의

선발과 면접 과정은 자원봉사자 관리에 있어서 매우 중요한 과정이며, 이 과정을 성공적으로 수행하기 위해서 충분한 시간적 투자와 특별한 관심을 기울여야 할 필요가 있다. 이 과정은 기관이 자원봉사자와 첫 번째 대면을 하는 기회이기 때문에 자원봉사자들에게 좋은 인상을 남겨야 한다. 즉, 기관이 자원봉사자들에 의해 제공되는 서비스를 필요로 하고 있으며 그들의 관심과 앞으로의 봉사에 진정으로 감사하고 있음을 전달할 수 있어야 한다. 면접에서의 실수를 최소화하며, 따뜻하고 친근한 분위기를 조성해야 한다.

선발을 위한 면접 과정은 또한 창조적인 기회가 되어야 한다. 이 과정의 가장 핵심적인 사항은 자원봉사자와 기관의 상이한 이해와 관심 영역을 비교하여 합치되는 공유 영역을 발견하고 부각시킴으로써, 자원봉사자가 진정으로 하고 싶은 일이 기관에 정말로 필요한 일이 될 수 있도록 만드는 것이다. 기관에 맞지 않는 자원봉사 지망자를 억지로 끼워 맞추어서는 안 되며, 자연스럽게 자원봉사자의 특성 및 관심과 기관의 욕구를 합치시키는 노력을 기울여야 할 것이다. 비록 시간적 · 경제적 비용이 추가적으로 소요된다 하더라도 이 단계에서의 성공은 중요하다. 장기적으로는 이후에 발생할 수 있는 더 큰 비용(슈퍼비전상의 추가 비용, 업무상의 분쟁조정 등)의 발생을 예방하는 비용절감 효과를 기대할 수 있다.

09 오리엔테이션과 훈련

1. 오리엔테이션

조직에 가입한 초기 단계에서부터 자신의 역할을 정확하게 이해하고 그것을 수행하는 구성원은 없다. 그러므로 구성원들에 대한 오리엔테이션과 훈련은 조직의 목표 달성을 위하여 구성원들이 자신들의 역할을 수행할 수 있는 능력을 향상시키도록 하기 위한 필수적인 과정이다. 따라서 모든 조직은 어떤 방법이나 기법상의 차이는 있다 하더라도 반드시 오리엔테이션과 훈련(orientation and training) 과정을 거쳐야 한다.

사회봉사기관에서 자원봉사자들을 대상으로 하는 오리엔테이션은 자원봉사자들로 하여금 기관의 업무를 이해하고 편안하게 일할 수 있도록 도와주는 과정이다. 이 과정에서는 자원봉사자들이 자신이 할 일이 기관의 전체적인 기능과 어떤 관련성을 가지고 이루어지게 되며, 기관의 목적 달성에 어떤 기여를 하게 되는지에 대한 이해를 돕기 위하여 기관 및 프로그램의 배경과 실제적인 정보가 그들에게 제공된다. 만약 자원봉사자들이 기관의 체계, 운영, 그리고 절차에 대해 더 깊은 이해를 가지게 된다면, 그들은 훨씬 더 생산적인 방향으로 기여할 수 있게 될 것이다.

오리엔테이션의 내용은 기관에 따라 매우 다르나 다음의 내용이 반드시 포함되어야 한다.

- 기관의 현황과 역사
- 기관의 프로그램과 클라이언트에 대한 설명
- 자원봉사 프로그램에 대한 설명
- 기관의 조직에 대한 개요와 주요 직원들에 대한 소개
- 기관의 중요한 이벤트나 활동에 대한 설명과 일정
- 시설과 장비에 대한 소개
- 자원봉사활동에 관한 절차 설명: 기록의무, 급부, 훈련, 슈퍼비전 등

오리엔테이션에 사용할 의제(agenda)를 결정하는 가장 확실한 방법은 "이 기관이 어떻게 움직이고, 업무가 어떻게 진행되는지를 보다 잘 이해하기 위해서 내가 알고자 하는 것이 무엇인가?"라는 질문을 스스로에게 던져 보는 것이다. 기관에 대한 정확하고 완전한 이해를 갖고 있는 자원봉사자는 지역사회에 기관의 필요성(가치)을 효과적으로 전달하는 역할을 하게 되지만, 그렇지 못한 자원봉사자의 경우 정반대의 행동을 할 수도 있음을 유념해야 한다. 또한 오리엔테이션 모임을 통해 기관의 프로그램이나 부서의 전반적인 상황을 설명할 수 있는 기회를 직원들로 하여금 갖도록 조정함으로써, 자연스럽게 직원과 자원봉사자와의 바람직한 관계 형성을 위한 계기로 이용할 수 있다. 이러한 오리엔테이션은 기본적으로 기관 및 자원봉사업무에 대한 일반적인 사항을 다룬다는 면에서 훈련과는 구별된다, 즉 훈련은 특수한 자원봉사업무에 맞추어 준비되고 시행된다는 특징이 있다.

2. 훈 련

훈련은 공식적인 훈련, 코칭, 카운슬링의 3가지 형태로 제공할 수 있다.

1) 공식적인 훈련

자원봉사자들을 위한 공식적인 훈련은 특수한 업무를 위해서 그들을 준비시키는 과정이다. 예를 들면, 위기개입 전화상담소는 자원봉사자에게 최소한 수일간에 걸친 훈련을 통해서 정서가 불안정한 전화상담자를 다루는 방법을 교육해야 한다. 비행아동 상담 프로그램의 경우 자원봉사자가 클라이언트에 대한 상담 업무를 맡기 전 1년 동안 주 1회의 훈련을 요구하기도 한다. 특히, 미국의 소방서 자원봉사자들의 경우 자원봉사자로 활동하는 동안 인명구조기술을 지속적으로 연마하고 새롭게 발전시키기 위해서 최소한 일주일에 한 차례씩 훈련에 반드시 참가해야 할 것을 의무화하는 경우가 많다.

훈련은 강의, 독서, 토론, 현장견학, 비디오, 패널토론, 역할시범, 역할극, 사례분석, 가상체험 등 다양한 방법과 수단을 통해 전달될 수 있다. 또한 훈련 방법으로 다양한 기술과 기법을 사용하는 것이 일반적인데, 그래야만 교육받는 자원봉사자들의 집중을 더 잘 유지시킬 수 있기 때문이다.

자원봉사자들의 업무상 성격이나 유형과 관계없이 자원봉사자 훈련 프로그램의 개발에 있어서 필수적으로 다루어야 할 2가지 주요한 영역이 있다. 첫 번째 영역은 자원봉사업무의 기능에 관하여 설명하는 것이다. 즉, 다음의 내용을 말한다.

- 자원봉사자들이 업무상 반드시 수행해야 하고 성취해야만 하는 일
- 자원봉사자들이 절대로 해서는 안 되는 일

■ 다음의 상황이 일어난다면 반드시 해야만 하는 일

예를 들면, 병원 진료 약속이 있는 노인 클라이언트를 돕기 위한 에스코트 서비스를 제공하기 위해 모집된 자원봉사자는 다음의 훈련을 받아야만 한다.

- ■ 해야 할 일: 시간에 늦지 않아야 한다. 혹시 늦거나 결석을 할 것 같으면 적어도 3시간 전에 프로그램 코디네이터에게 통보해야 한다. 클라이언트가 차에 타고 내리는 것을 도와야 한다. 도시 지리에 익숙해야 하며 합법적인(inspected and insured) 자동차를 사용해야 한다.
- ■ 해서는 안 될 일: 클라이언트가 해야 할 집안의 허드렛일을 도와주지 말아야 한다. 사전에 예정되지 않은 다른 약속이나 모임을 위해 클라이언트에게 서비스를 제공하거나, 클라이언트의 쇼핑을 도와주어서는 안 된다. 클라이언트에게 다른 사람의 개인적인 신상(건강 상태 등)을 이야기해서는 안 된다.
- ■ 조건부 할 일: 자원봉사활동 중에 의료상의 응급한 문제가 생기면, 기관에서 제공한 지도에 표시된 가장 가까운 응급실로 가야 한다.

훈련은 본질적으로 이전의 자원봉사자들이 경험했던 문제나 성공 사례에 대한 다양한 경험을 자원봉사자에게 제공하는 것이라 할 수 있다.

자원봉사 훈련 프로그램 개발에서 반드시 고려해야 할 두 번째 영역은 업무상 역할과 책임에 관한 설명이다. 즉, 자원봉사자 훈련에 다음의 내용이 포함되어야 한다.

- ■ 누구와 함께 일하게 될 것인가에 관하여, 그리고 업무상 자원봉사자의 구체적인 역할에 대하여
- ■ 자원봉사자와 함께 일하게 될 사람들의 역할에 대하여

예를 들어, 누가 자원봉사자들에게 슈퍼비전을 주는지, 업무를 수행하는 동안에 누구에게 보고해야 하는지 등을 알려 주어야 한다. 만약 어떤 자원봉사자가 기존의 자원봉사자들과 연합하여 클라이언트를 위해 일해야 하는 상황이라면, 기존의 자원봉사자들에게 새로 온 자원봉사자를 소개해 주고, 클라이언트를 위해 기존의 자원봉사자들이 해 온 업무에 관해 알려 주는 것이 필요할 것이다.

자원봉사 훈련의 내용은 자원봉사자들이 자신들에게 부여된 과업을 수행할 수 있도록 준비시키는 것이다. 그러므로 훈련은 그들이 알아 두어야 할 공식적인 기술은 물론, 자원봉사활동 영역 전반에 걸친 인적 · 조직적 관계망에 대한 교육이 포함되어야 한다.

2) 코칭

코칭의 목적은 자원봉사자에게 자율성을 적극적으로 활용한 학습기회를 제공함으로써 업무수행능력을 증진시키고자 하는 데 있으며, 자원봉사자가 필요한 기술을 습득할 수 있도록 3단계의 과정을 거치게 된다. 그 과정은 다음과 같다.

- 습득되고 개선되어야 할 기술의 시범
- 습득된 기술을 실행하는 자원봉사자에 대한 관찰
- 피드백과 분석

자원봉사관리자는 자신이 직접 기술을 보여 줄 수도 있고, 다른 직원들로 하여금 시범을 보이도록 할 수도 있다. 어떤 경우든, 기술을 보여 주는 사람은 자신이 왜 그 일을 하고 있는지를 자원봉사자에게 설명하는 것이 중요하다. 기술 시범의 핵심적 목적은 자원봉사자들에게 시범을 보여 주는 자체에 있는 것이 아니라 그 일이 무엇이고, 무엇 때문에 해야 하며, 어떻게 이루어져야 하는지를 이해시키는 데 있기 때문이다.

간단한 예를 들어 보자. 자원봉사자에게 기관에 걸려 온 전화에 응답하는 방법에 관한 시범을 보일 경우, 몇 단계를 거쳐서 보여 주는 것이 바람직하다. 첫 번째 단계는 시범을 보이는 직원이나 자원봉사관리자가 전화에 응답하는 것을 자원봉사자가 지켜보도록 한다. 두 번째 단계는 직원이나 자원봉사관리자가 지켜보는 가운데 자원봉사자가 전화에 응답하도록 한다. 마지막 단계는 어느 정도의 기간 동안 자원봉사자로 하여금 걸려 온 전화에 응답하도록 하게 하고, 나중에 자신의 경험을 보고하도록 한다.

(1) EIAG 과정

앞에서 언급한 각 단계가 끝난 후, 자원봉사관리자는 자원봉사자가 실질적인 경험을 통해서 무엇을 배웠는지를 확인해 보고 싶을 것이며, 여기서 사용할 수 있는 방법이 EIAG 모델이다. EIAG는 자원봉사자들이 코칭 훈련 과정에서 거쳐야 할 4단계의 첫 영문 글자다. 자원봉사자들에게 코칭 훈련을 실시할 때 이 4단계를 잘 숙지하고 활용한다면, 코칭 과정이 자원봉사자들의 훈련에 매우 유익한 결과를 가져올 것이다.

① 경험(Experience)

EIAG의 첫 글자 E는 경험을 의미한다. 사람들은 경험을 통해서 배우지만 항상 그런 것은 아니다. 사람들은 수많은 경험을 하지만 수많은 경험을 통해서 아무것도 배우지 못할 때도 있다. 우리들이 머리를 통해 경험으로부터 무엇인가를 배우게 되면, 그다음 3단계로 진입하게 된다.

② 확인(Identify)

EIAG의 I는 확인을 의미한다. 만약 어떤 사람이 경험을 통해서 무언가를 배웠다면, 그 경험이 무엇이었는지를 설명할 수 있어야 한다. 앞에서 언급한 자원봉사기관의 '전화받는 방법' 을 예로 든다면, 자원봉사자가 자신의 경험을 구체적인 설명이 가능한 상태로 내재화시키는 과정 가운데 주어져야 할 질문들은 다음과 같다.

- 나는 무엇을 했는가?
- 너는 무엇을 했는가?
- 다른 사람들은 어떻게 반응했는가?
- 이러한 일들이 너에게 어떻게 도움이 되었는가?
- 어떤 일이 발생했는가?

③ 분석(Analyze)

경험으로부터 시작되는 세 번째 학습단계는 경험의 분석이다. 확인되고, 설명할 수 있는 경험을 학습적 자료로 내재화하기 위해서는 그것이 왜 일어났는지를 분석할 수 있어야 한다. 이러한 분석은 특정한 경험을 가능케 한 상황요인(situational factor)의 도출을 통해 이루어지게 된다. 앞에서 언급한 전화응답에 대한 실례를 계속 사용한다면, 경험 분석에 도움이 될 수 있는 질문은 다음과 같다.

- 나는 왜 "좋은 아침입니다."라는 말로 전화를 받았는가?
- 왜 전화 건 사람이 화를 냈는가?
- 왜 전화 상담이 잘 진행되었다고 생각하는가?

④ 일반화(Generalize)

EIAG의 마지막 글자 G는 일반화를 의미한다. 우리가 경험을 통해서 유익한 무엇을 배우고자 한다면, 특별한 상황에서의 적용으로 제한되지 않고, 다른 비슷한 상황에서도 확대 적용시킬 수 있는 일반적인 규칙이나 원칙을 도출할 수 있어야 한다. 효과적인 코칭을 위하여 다음과 같은 질문을 하게 된다.

- 이와 비슷한 상황에 다시 처하게 될 때 무엇을 할 것인가?
- 지금 한 일을 다시 해야 한다면, 무엇을 다르게 할 것인가?
- 지금처럼 일이 계속 잘 진행될 수 있도록 하기 위해서 무엇을 해야 할 것인가?

(2) EIAG의 실례

EIAG의 활용의 이해를 돕기 위해 좀 더 복잡한 실례를 들어 보자. 앞에서 언급했던 것처럼 코칭은 기술이나 개념에 익숙하지 않은 자원봉사자에게 매우 중요하다. 예를 들면, 당신이 장애아동을 가르치는 교사이고 '한규' 라는 자원봉사자가 있다고 생각해 보자. 그리고 당신은 한규가 '준' 이라는 장애아동이 스스로 자신의 외투를 입고 벗는 것을 배울 수 있도록 도와주기를 바란다. 한규는 과거에 장애아동을 위해 자원봉사활동을 해 본 경험은 있지만, 이러한 종류의 일에 대한 경험은 전혀 없다. 그래서 당신은 한규가 프로그램에서 당신이 어떻게 그 일을 하는지를 주의 깊게 보도록 함으로써 자원봉사활동을 시작하게 했다. 한참이 지난 후, 한규와 EIAG 기법을 활용한 질의응답을 통해 코칭 훈련을 제공했다. 당신이 한규에게 던질 수 있는 질문은 대체로 다음과 같다.

- 내가 준과 한 일이 무엇이었는가? (확인)
- 내가 그 일을 할 때 어떤 문제가 있었는가? (정밀한 확인)
- 왜 그러한 문제가 발생했다고 생각하는가? (분석)
- 그러한 문제를 피하기 위해서 무슨 일을 해야 한다고 생각하는가? (일

반화)

■ 어떤 기술이 가장 효과적으로 활용되었다고 생각하는가? (정밀한 확인)

■ 왜 그 기술이 그동안 시도되었던 다른 기술보다 더 낫다고 생각하는가? (분석)

■ 네가 관찰한 것을 기초로 해서, 네가 나중에 준의 옷을 입혀 줄 때 해야 할 일과 하지 말아야 할 일은 무엇이라고 생각하는가? (일반화)

한규가 준과 함께 일할 수 있을 것이라는 확신이 생기면 한규가 준의 옷을 입혀 주도록 하고, 그것을 곁에서 조심스럽게 관찰하도록 한다. 그런데 한규가 준에게 해가 되거나 준을 화나게 하는 어떤 행동을 하는 것처럼 보이면 즉시 그 행동을 중단시키고 다른 방법을 사용하도록 한다. 경우에 따라 당신이 그 일을 대신 해야 할 경우도 생긴다. 어쨌든 이러한 기술을 실행해 보는 단계가 끝나면, 그 경험을 통해 더욱 성장할 수 있도록 한규에게 다음의 질문을 해야 한다.

■ 조금 전에 네가 한 일을 어떻게 설명할 수 있겠는가? (확인)

■ 너는 왜 코트를 입고 준을 도와주었는가? (분석)

■ 준을 돕기 위해 네가 사용한 방법의 강점은 무엇이라고 생각하는가? (재확인)

■ 준이 네 손에 들려 있던 사과를 손으로 후려친 이유가 무엇이라고 생각하는가? (정밀한 분석)

■ 지금까지의 분석에 근거하여, 다음에는 어떻게 다르게 할 수 있겠는가? (일반화)

이 과정에서 자원봉사관리자는 원점으로 돌아가 한규가 보는 앞에서 시범을 다시 보여 주고, 한규가 하는 것을 다시 지켜볼 수도 있다. 궁극적으로 한규가 그 기술을 완전하게 익혔다고 확신하게 될 때 당신이 지켜보지 않는 상태에서 한규 스스로 그 일을 하도록 한다. 하지만 한규의 업무수행능력이 계속해서 증진되고 있는지를 확인하기 위해서 EIAG 질문을 활용한 정기적인 점검이 지속적으로 이루어져야 한다. 이와 같은 점검을 위해 한규가 작성한 보고서나 한규의 서비스에 대한 직접적인 관찰 등을 활용할 수 있다.

EIAG 모델을 사용할 때 질문 순서가 자연스럽게 연결되도록 하는 것이 중요하다. 특히, 자원봉사관리자가 사전에 준비한 EIAG 질문의 유형과 그 순서에 집착하여 자원봉사자의 반응이나 대답에 상응하는 다른 유형이나 내용의 질문이 필요할 경우 능동적으로 대처하지 못하는 경우가 발생할 수 있다. 즉, 자원봉사관리자가 확인의 목적을 가진 일련의 질문을 정말 치밀하게 준비했다 하더라도, 첫 질문부터 자원봉사관리자가 예측하지 못한 대답이 나왔을 때 준비한 그다음 질문을 던지는 것보다는, 예기치 못한 대답을 확인하고, 분석하는 새로운 질문을 던지는 것이 바람직할 것이다.

EIAG 모델은 학습과정이 자원봉사활동 가운데 자연스럽게 이루어진다는 점에서 효과적이라 할 수 있다. 이 모델은 우리가 항상 사용하고 있는 잠재의식적인 방법을 의식의 수준으로 끌어올린 것에 지나지 않는다. 자원봉사훈련에 이 모델을 사용한다는 것은 자원봉사자가 자신이 알아서 자원봉사활동을 잘할 것이라고 생각하는 대신 자원봉사활동에 필요한 기술과 지식을 습득하기 위한 학습단계를 자원봉사자가 잘 거치고 있는지를 단순히 확인하는 작업에 불과하다고 생각해 볼 수 있다.

3) 카운슬링

카운슬링의 목적은 자원봉사자의 문제해결을 돕고, 업무수행에 대한 그들의 책임감을 증진시켜 자원봉사활동에 있어 보다 바람직한 행동을 증진시키고자 하는 데 있다. 코칭이 자원봉사자에게 바람직한 행동을 증진시키는 방법을 보여 주는 것인 반면, 카운슬링은 자원봉사자 스스로 어떻게 증진시킬 수 있는지를 알아내도록 돕는 것이다. 효과적인 자원봉사관리자가 카운슬링에서 사용하는 가장 중요한 도구는 질문이다. 역량이 강화된 자원봉사자들로부터 가장 좋은 결과를 얻을 수 있음을 잘 알고 있는 자원봉사관리자는 자원봉사자와의 관계 속에서 수많은 질문을 사용한다. 좋은 질문은 자원봉사관리자가 의도하고 통제할 수 있는 방향으로 자원봉사자의 역량을 강화시키는 효과적인 수단이 된다.

경험이 부족한 자원봉사관리자들은 모든 질문에 대한 대답을 갖고 있어야 한다고 생각한다. 많은 수의 관리자들은 슈퍼비전 세션에서 자원봉사자의 모든 질문에 답을 하지 못한다거나, 문제에 대한 즉각적인 해결책을 제시할 수 없다면 자신들은 무능하고, 실패한 관리자라고 생각하는 경향이 있다. 그래서 즉각적인 해답을 줄 수 없는 문제에 직면하게 되었을 때 경험이 부족한 자원봉사관리자들은 거짓을 이야기하거나 일시적인 결정에 따른 대답을 주곤 한다. 그렇지 않으면 자원봉사자들에게 나중에 대답을 주겠다는 핑계를 대고 그 자리를 회피하는 경향을 보이기도 한다.

이러한 행동의 근간에는 자원봉사자관리자는 자원봉사자들의 믿음과 존경의 대상이 되어야 한다는 자원봉사관리자에 대한 전통적인 인식이 깔려 있다. 하지만 진정으로 유능한 자원봉사관리자가 가져야 할 일차적 관심은 자원봉사자가 자기 자신에 대해 자신감과 믿음을 가질 수 있도록 돕는 것임을 명심해야 한다. 모든 문제에 대한 해답을 갖고 있는 슈퍼바이저와 함께 일하는 자원봉사자는 시간의 경과와 비례하여 슈퍼바이저에 대한 의존심 역시 커지게 된다. 그래서 자신의 능력을 신장시키려 하지 않는다. 게다가 이러한 자원봉사관리자의 경우 자원봉사자들이 무엇을 해야 하는지, 어떻게 해야 하는지를 지시하는 것이 자신들의 임무라고 생각하는 경향이 있어 클라이언트에 대한 자원봉사자들의 무관심(공감과 대비되는 개념으로서)을 조장하는 바람직하지 못한 결과를 가져오기도 한다. 이런 환경에 처해 있는 자원봉사자는 침체되고 업무에 의욕을 보이지 않게 됨으로써, 자원봉사관리자가 아무리 노력을 해도 바람직한 결과를 얻기 어렵게 만드는 요인으로 작용한다.

(1) 카운슬링 과정

자원봉사자가 업무를 수행하는 과정에서 예기치 못한 문제에 직면했을 때 슈퍼바이저는 자원봉사자가 그 일을 잘 해낼 수 있도록 다음의 질문을 활용할 수 있다.

① 문제의 확인

- 무엇이 잘못되었는가?
- 무슨 일이 일어났는가?

② 문제의 원인에 대한 확인

- 왜 그 문제가 발생했는가?
- 무엇이 그 문제를 야기하고 있는가?
- 그 상황의 어떤 요소가 그 문제를 발생시키고 있는가?

③ 대안의 확인

- 이 상황에서 우리가 할 수 있는 대안은 무엇인가?
- 그 이외의 무엇을 시도해 볼 수 있나?
- 이러한 대안을 실행에 옮기는 것을 고려해 보았는가?
- 대안을 실행한다면 어떤 결과가 예상되는가?

④ 보다 나은 대안의 확인

- 각각의 대안의 장점과 단점은 무엇인가?
- 지금의 상황에서 문제를 해결하기 위하여 무엇을 할 수 있는가?

⑤ 경험을 통한 학습

- 이러한 문제가 다시 일어나지 않도록 향후 어떤 대비책을 세울 수 있는가?
- 이러한 문제가 다시 발생한다면 어떻게 다르게 대처할 것인가?

(2) 카운슬링의 제공

앞에서 언급한 바와 같이 자원봉사자가 알지 못하고 있었던 유용한 정보나 생각지 못하던 대안을 알려 주는 것은 바람직하다. 하지만 그 과정과 방법의 선택에 있어서 자원봉사자가 무엇을 해야 한다거나 무엇을 하는 것이 올바르다는 식의 지시적 · 일방적 의사소통방식은 지양해야 한다. 자원봉사자에게 카운슬링을 제공할 때는 자원봉사자가 스스로 그 해결책을 발견하여 실행할 수 있도록 역량강화를 돕는 조력자의 역할을 해야 한다. 이를 위해서 자원봉사관리자는 의도적으로 드러내지 않는 활용 가능한 대안을 자원봉사자가 자신의 노력으로 찾아내고 자신의 생각으로 만들 수 있도록 돕는 고도의 카운슬링 기술을 활용해야 한다. 다음의 대화기법은 이에 대한 실례다.

"그렇다면 이런 식의 방법을 생각해 보았다는 것인가요?"
"그렇군요. 그것이 당신이 나한테 원하는 것이었군요."
"글쎄요. 당신은 그것을 생각해 보셨나요?"
"아닌데요."
"그렇게 한다면 어떻게 되는 건가요?"
"확신이 안 드는데요."
"그 방법을 택한다면 어떤 위험이 있나요?"
"아니요, 당신이 생각한 대로 그렇게 하면 되지 않을까요?"
"그게 왜 가능할 것 같아요?"

"클라이언트가 그리 오래 기다리지 않을 것 같은데요. 그 정도 시간이면 클라이언트 서류를 심사하는 데 충분할 것 같아요."
"그렇다면 당신은 어떻게 생각하지요?"
"아주 좋은 생각인 것 같은데요."
"어떻게 진행되는지 한번 지켜보도록 하죠."

(3) 질문의 유형과 기법

자원봉사관리자가 카운슬링의 도구로 유용하게 사용할 수 있는 질문의 유형으로는 크게 계획에 관한 질문, 동기유발을 위한 질문, 평가를 위한 질문으로 나누어 생각해 볼 수 있다.

① 계획에 관한 질문기법

자원봉사자의 활동에 관한 계획의 수립은 자원봉사관리자가 전적으로 결정할 사안이 아니다. 자원봉사관리자는 어떤 경우라도 실제적으로 그 계획의 실행을 담당할 자원봉사자를 그 과정에 참여시켜야 한다. 왜냐하면 계획이 실행할 사람에 의해서 수립되었을 때, 그 계획은 보다 실제적인 정보와 근거를 바탕으로 타당성 있게 수립될 가능성이 크며, 무엇보다도 계획을 실행하는 주체인 자원봉사자가 그 일을 자신의 일로 생각하는 주인의식에서 오는 강력한 추진력과 열정을 보이게 되기 때문이다.

실제적인 일을 담당할 자원봉사자와 함께 계획을 세우면서 자원봉사관리자가 사용할 수 있는 질문기법은 다음과 같다.

"우리의 목적이 무엇이지요?"
"우리의 활동에 영향을 줄 수 있는 새로운 변화들이 있나요?"
"우리의 일과 관련한 최근의 경향이 어떤가요?"
"어떻게 하면 이러한 변화와 경향을 잘 활용할 수 있을까요?"

"어떤 대안이 있을까요?"
"어떤 문제가 있을 수 있겠죠?"
"당신이 보기에 우리에게 어떤 유리한 점이 있을까요?"

6~7명 이상의 집단으로 구성된 자원봉사자들의 경우에는 2~3명 정도의 작은 집단으로 나누어서 각각의 질문에 대해 답변하게 하고, 그 결과를 전체 구성원이 모인 가운데 발표하도록 한 다음, 자원봉사관리자는 다음의 질문을 던질 수 있다.

"지금까지 여러분들이 토의한 내용을 바탕으로 우리가 성취하고, 이루어야 할 것이 무엇이라고 생각하십니까? 구체적으로 다음 회기 동안 우리의 목적이 무엇이 되어야 할 것인가에 대해 함께 이야기해 보도록 합시다."

이상의 의견수렴과정에서 자원봉사관리자의 역할이 조력자(facilitator) 역할에만 국한될 필요는 없다. 경우에 따라 자원봉사관리자도 집단의 일원으로서 자신의 의견을 강력하게 개진하고, 다른 구성원의 동의를 구하는 것이 더 효과적일 수 있다. 다만, 유의할 점은 언제나 다른 자원봉사자들이 먼저 자신의 의견을 개진할 수 있는 편안하고 자연스러운 분위기를 조성해야 한다는 것이다. 자원봉사관리자가 해야 할 첫 번째는 질문하는 것이고, 두 번째는 자원봉사자들의 의견과 제안을 듣는 것이며, 마지막 세 번째로 자신의 생각을 나누어야 한다는 것이다. 다시 한 번 강조하지만 자원봉사자를 대상으로 하는 카운슬링의 주안점은 가능한 한 자원봉사자로 하여금 자신의 활동이 자기 스스로의 생각과 선택에 의해 결정된 것이라고 느끼게 함으로써 자원봉사자의 잠재적 역량을 최대한 이끌어 내는 데 있다. 다만, 그러한 자원봉사자의 생각이나 아이디어가 자원봉사관리자가 통제할 수 있는 범위 안에서 기관의 목적을 효과적으로 달성하는 데 부합한 형태로 표출할 수 있도록 하는 것이 자원봉사관리자의 역할이자 책임이다.

계획단계에서 자원봉사자집단 구성원 모두가 동의하는 목적이 세워진 다음, 자원봉사관리자는 자원봉사자들과 함께 각각의 목적을 하나씩 열거하고 구체적으로 누가 그 목적을 성취하는 일에 책임을 질 것인가를 자원봉사자들에게 물어보아야 한다. 물론 이 단계에 있어서도 자원봉사관리자는 어떤 자원봉사자가 특정의 업무를 수행하는 것이 더 적합한지에 대한 판단을 이미 내리고 있을 수 있으며, 이러한 판단에 의거하여 적합하다고 생각하는 자원봉사자들에게 각각의 특별한 업무에 대한 책임을 맡길 수 있다. 하지만 가능한 한 자원봉사자들로 하여금 자신이 해야 할 일을 스스로 선택하고 그 책임을 떠맡을 수 있는 기회를 제공함으로써 그들의 역량을 강화하는 것이 보다 효과적인 업무수행은 물론, 궁극적으로 기관의 목적 달성을 위한 자원봉사자들의 열의와 사명감을 증진시키는 첩경이 될 수 있음도 간과해서는 안 된다.

활동의 목적이 세워지고, 그 목적의 달성을 위한 각각의 활동에 대한 책임을 누가 맡을 것인가의 논의가 끝난 다음, 계획 수립의 마지막 단계에서 요구되는 질문이 있다. 이들 질문은 각각 활동의 책임이 있는 개인 자원봉사자나 팀 자원봉사자들을 대상으로 이루어진다.

> "당신이 책임 맡은 일의 계획을 언제 저한테 알려 줄 수 있나요?"
> "당신이 염두에 두고 있는 목표가 무엇이지요?"
> "당신의 성공 여부를 저희가 어떻게 알 수 있을까요?"
> "당신이 생각하고 있는 일정은 무엇인가요?"

자원봉사자에게 앞에서 언급한 질문들을 던질 때 그들의 동기를 유발하는 질문기법(enabling question technique)을 사용하는 것이 좋다. 예를 들어 "당신은 이 일을 충분히 해 낼 수 있겠지요?"라는 식의 질문을 통해 자원봉사자에게 도전의식을 심어 주고, 그들의 자신감을 높이도록 해야 할 것이다. 이러한 질문기법은 단지 자원봉사자들에게 바람직한 질문이라는 장점 이외에도 평소 기관에서 계획하고 있었던 특별한 결과가 기대되는 업무의 책임을 부여할 경우 매우 유용하게 사용할 수 있는 질문이다. 예를 들어, 한글 소프트웨어 프로그램을 새로운 버전으로 업그레이드하여 기관의 서류작성업무의 효율성을 높일 계획이 있을 경우 이 일에 적합한 자원봉사자에게 다음과 같은 질문을 던질 수 있다.

> "김 선생님. 얼마 전 출시된 새로운 버전의 한글 프로그램을 구입해서 우리 기관의 서류작성업무의 효율성을 높이는 일에 대한 책임을 맡아 주셨으면 하는데요. 김 선생님에게는 어려운 일이 아니겠지요?"

앞의 질문을 한 다음 "그런데 어떻게 하실 생각이시죠?" 혹은 "언제쯤 구입 계획이나 설치 계획에 대해 말씀해 주실 수 있으세요?"와 같은 질문이 이어질 수 있다.

② 동기유발 질문기법

바로 앞에서 언급한 질문과 더불어, 카운슬링이나 코칭 시 자원봉사자의 업무수행능력과 업무참여 동기를 고양시킬 수 있는 질문으로는 다음과 같은 것이 있다.

> "지금 하고 계신 일은 어떠신가요?"
> "힘든 부분은 무엇이지요?"
> "지금 하시는 일을 통해 특별히 바라는 것이 있다면 무엇인지 말씀

해 주실 수 있으시겠어요?"
"지금보다 더 잘 하시기 위해서 무엇이 필요하신지요?"
"조금 더 책임을 맡으시는 것은 어떠세요?"

또한 자원봉사자들로 하여금 자신이 맡고 있는 업무의 성공적인 수행과 업무를 통한 그들의 개인적인 성장이 상호 연결되어 있다는 것을 깨닫는 데 사용할 수 있는 동기유발 관련 질문이 있다. 즉, 자원봉사관리자가 자원봉사자의 업무상의 성과만이 아니라 자원봉사활동을 통한 자원봉사자의 인격적 · 개인적 성장에도 지대한 관심이 있다는 것을 알려 줌으로써 자원봉사자의 동기를 배가시키는 질문이다. 이들 질문의 예로는 다음과 같은 것이 있다.

"당신의 직업적 경력에서 성취하고자 하는 것들은 무엇이지요?"
"당신이 지금 하고 있는 자원봉사활동이 당신 인생이나 직업상의 목표를 성취하는 수단이 될 수 있도록 제가 도울 수 있는 일은 없을까요?"
"당신에게 도움이 될 수 있는 직업상 경력을 쌓는 데 제가 도울 수 있는 방법이 있을까요?"

③ 평가를 위한 질문기법

자원봉사자의 활동에 대한 평가의 중요성과 이에 대한 구체적인 점검계획을 사전에 세워야 함의 중요성은 이미 강조한 바 있다. 이러한 평가를 위한 자원봉사자와의 만남에서 자원봉사관리자가 적절하고 올바른 질문을 해야 함의 중요성 또한 아무리 강조해도 지나치지 않다. 올바른 평가를 위한 질문을 살펴보자.

"당신이 지금 어떻게 일을 수행하고 있는지 저에게 말씀해 주시겠어요?"
"우리가 함께 설정한 목표들이 잘 성취되고 있나요?"
"지금 어떻게 진행되고 있지요?"
"어떻게 그렇게 잘 하실 수 있는 거지요?"
"만약 그 일을 다시 해야 한다면, 무엇을 다르게 해 보실 수 있을까요?"
"지금까지의 경험으로 새롭게 느낀 점이나 배운 점이 있다면 무엇이지요?"
"어떻게 하면 다음번에는 더 잘할 수 있을까요?"
"만약 우리와 같은 목표를 가지고 자원봉사를 하고 있는 다른 분이 계시다면, 어떤 조언을 드릴 수 있을까요?"

이러한 질문들은 자원봉사자로 하여금 목표점에 이르기 위한 지금까지의 활동과 경험을 되돌아보고 분석할 수 있도록 도와줄 뿐 아니라, 목표 달성의 책임을 맡아야 할 사람이 함께 일하고 있는 부서의 직원이나, 자원봉사관리자가 아닌 자기 자신임을 다시 한 번 확인시켜 주는 질문들이다. 즉, 지금까지의 업무상 경험으로부터 새로운 것을 배우고, 이를 바탕으로 더 나은 업무수행이 가능하도록 하는 전환점이자 점검 포인트의 역할을 하게 된다. 평가를 바탕으로 업무수행능력을 개선하는 작업은 자원봉사자의 지금까지의 업무수행의 성공 및 실패 여부와 관계없이 이루어져야 한다. 효과적인 자원봉사관리자는 자신이 관리하고 있는 자원봉사자들이 각자의 활동 속에서 지속적으로 성장하기를 기대한다. 자원봉사자의 업무능력의 향상은 곧 자원봉사관리업무의 목적에 부합하는 결과들의 효과적인 산출에 직접적으로 연결되기 때문이다.

이 밖에 기관에서 활동하고 있는 모든 자원봉사자들을 대상으로 최소한 일 년에 한 번 이상은 물어보아야 하는 평가에 대한 질문들이 있다. 이러한 질문들은 기관의 조직운영이 효과적으로 지속되고 있는지에 대한 점검으로, 다음의 내용을 포함한다.

> "지금 우리 기관이 하고 있는 일들을 좀 더 잘할 수 있는 방법이 있을까요?"
> "우리가 어떻게 하면 지금보다 더 현명하게 일을 처리할 수 있을까요?"
> "우리가 하는 일이 시대에 뒤떨어진 것이 되지 않도록 하기 위해서 무엇이 필요하다고 생각하세요?"

일반적으로 평가에 대한 질문 과정이 끝나면서 자연스럽게 새로운 계획을 위한 질문들이 이어지게 된다. 다시 한 번 강조하지만 지금까지 설명한 모든 질문기법의 목적은 자원봉사자들의 역량을 강화시키고자 하는 데 있다. 모든 질문에 내포되어야 할 핵심적 내용은 자원봉사자가 현명하게 사고하고, 자신의 책임을 기꺼이 완수하며, 신뢰할 수 있는 사람이라는 자원봉사관리자의 확신을 그들에게 보여 주는 것이다. 따라서 이러한 질문들은 자원봉사자들을 잠재적 능력을 지닌 성인으로 간주하고, 업무상의 자율성, 공평성, 자기가치 등에 대한 자원봉사자의 주관적 느낌을 향상시키도록 해야 한다. 자원봉사자의 업무상 생각이나 아이디어가 자원봉사관리자가 통제할 수 있는 수준을 벗어나서는 안 된다는 강박관념 등의 이유로 인해서 자원봉사자가 자신의 의견을 개진하고 자신의 업무를 수행하는 데 있어서 의기소침하게 하거나, 좌절하게 하거나, 두렵게 만들거나, 분노하게 해서는 안 될 것이다. 다음은 자신의 업무에 사명감을 가지고 열심히 노력하는 자원봉사자의 의욕을 저하시킬 수 있는 대표적인 질문이다.

"이 일이 이루어지기를 원하는 사람이 정말로 있다고 생각하나요?"

3. 자원봉사자 훈련 후 점검사항 및 훈련의 중요성

공식적인 훈련이나 코칭 혹은 카운슬링 중 어떤 방법이 자원봉사관리자에 의해 선택되고 사용되느냐의 여부와 관계없이 자원봉사자들의 학습은 직접적인 경험을 통하여 이루어진다는 사실을 명심해야 한다. 어떤 방법을 사용하느냐는 자원봉사자들의 개인적 특성과 고유한 상황에 따라 다른 형태로 나타나며, 자원봉사자의 활동 기간이 길어짐에 따라 기관과의 관계가 변화될 때 또한 다른 형태의 새로운 훈련 방법이 적용되어야 한다.

자원봉사자의 학습 경험이 성공적인 것이었는가의 여부를 판단하기 위해서 모든 학습과정이 끝난 후 다음과 같은 질문에 대한 답변을 자원봉사자들에게 요구할 수 있다.

"특별히 마음에 떠오르는 부분이 있다면 무엇인가요?"
"무엇 때문에 그 부분이 중요하지요?"
"당신에게 가장 도움이 되었던 질문은 무엇이었지요?"
"왜 그 질문을 듣고 그런 생각을 하게 되었지요?"
"새롭게 알게 된 정보와 지식을 어떻게 업무에 활용할 수 있을까요?"
"이러한 것들이 성공적인 업무수행을 위한 당신의 능력 향상과 어떤 연관성이 있을까요?"

어떤 종류의 자원봉사자 훈련 방법이 되었든지 자원봉사자의 적극적 참여가 선결조건이 되어야 한다. 기본적으로 모든 자원봉사자 훈련 과정은 자원봉사자들이 자신의 업무를 효과적으로 수행하는 데 필요한 지식, 기술, 정보, 원조를 제공받는 기회가 되며, 대부분의 자원봉사자들은 이러한 기회를 의미 있는 것으로 받아들이게 된다. 따라서 자원봉사자에게 훈련에 참여할 것을 요청하는 일에 주저할 필요가 없다. 자원봉사자들은 자원봉사관리자가 자신들의 업무에 관심을 쏟고, 개인적인 카운슬링을 포함한 각종 훈련 기회의 제공을 자신들이 그동안 기관에 기여한 점을 인식하고, 자신들의 중요성을 인정해 주는 배려와 보상으로 간주할 것이다.

10
자원봉사자의 역량강화

1. 자원봉사관리자의 의미와 역할

자원봉사관리자의 역할은 슈퍼비전을 통해 자원봉사자들이 의도되고 계획된 결과를 성취하도록 돕는 것이다. 다른 말로 하면 관리자의 업무는 직접 어떤 일을 하는 것이 아니라, 일이 성취되게 돕는 것으로 자원봉사자들이 일할 수 있도록 원조하는 업무다.

이러한 업무의 어려움은 다른 사람들로 하여금 일을 하도록 한다는 것이 간접적인 방법을 통해 일을 해야 함을 의미한다는 것이다. 이는 오랫동안 자신이 직접 일을 하는 데 익숙해져 있는 자원봉사관리자들에게는 쉽지 않은 일이다. 사회복지 전문가로서 클라이언트를 대상으로 한 직접적인 서비스의 제공에 전문적인 지식과 경험을 지닌 자원봉사관리자들이 가지고 있는 이러한 전반적인 특성은 다른 사람을 통한 간접적인 업무의 수행에서 역효과와 부작용을 일으키는 주원인으로 작용하기도 한다.

2. 동기화를 돕는 환경의 창출

자원봉사관리의 일차적인 성공은 자원봉사자들이 일하기 원하는 환경과 조건을 만드는 것에 달려 있다. 이를 위해 이미 여러 차례 언급한 바와 같이 자원봉사자의 욕구에 기반을 둔 업무를 개발하고 배치함으로써, 자원봉사자들이 자신들이 원하는 업무에 종사할 수 있도록 만드는 것이 첫 번째 단계다. 이어서 자원봉사자들이 자신이 성취해야 하는 구체적 결과물을 스스로 설정할 수 있도록 도움으로써 그들의 성취 욕구를 자극하고, 개인적 만족과 관련한 업무적 책임감을 기꺼이 받아들일 수 있도록 해야 한다. 이 장에서는 자신의 활동에 대한 책임이 자신에게 있다는 자원봉사자의 업무적 책임감의 욕구를 어떻게 강화시킬 수 있을 것인가에 대해 알아보고자 한다. 특히, 자원봉사자의 역량을 강화하는 중요한 몇 가지 기법의 고찰을 통해 알아볼 것이다.

자원봉사자의 역량강화(empowerment)는 자원봉사자들을 더욱 자율적으로, 더욱 독립적으로 활동할 수 있도록 돕는 것이다. 의존적인 자원봉사자들보다는 역량이 강화된 자원봉사자에 의해 바람직한 결과를 도출해 내는 것이 더 용이하다는 사실은 이러한 접근법의 당위성을 제공한다. 역량강화기법은 자원봉사자들에게 일정한 범위 안에서 자신들이 책임져야 하는 결과를 어떻게 성취해 나갈 것인가를 판단하고 결정할 수 있는 권한을 주는 것으로 시작된다. 이러한 방법을 통해 자원봉사관리는 자원봉사자를 피곤하게 만드는 감시체계가 아니라 필요한 도움이나 자원을 제공하는 역할을 하게 된다. 이것은 자원봉사자가 더욱 편안한 느낌으로 일을 할 수 있도록 도와줄 뿐 아니라, 자원봉사관리자가 자원봉사자가 업무의 시시콜콜하고 세부적인 사항 때문에 불필요한 시간을 허비하는 것을 예방하고, 보다 통합적이고 전략적인 차원에서 자신의 임무를 다할 수 있도록 돕는 방법을 생각하여 제공하는 데 집중할 수 있도록 도움을 주는 기법이다.

자원봉사자에게 자원봉사업무의 방법을 스스로 결정하도록 하는 권한을 부여함으로써 자원봉사자와 그들의 업무에 대한 효과적인 통제가 어려워지고, 그로 인해 무질서하고 혼란스러운 상태를 야기할 위험성이 있는 것도 사실이다. 자원봉사자를 통해 성취하고자 하는 결과의 효과적인 달성을 위해 자원봉사활동을 통제하는 권한을 자원봉사자에게 어느 정도 부여할 것인가의 문제는 자원봉사관리업무에서 해결해야 하는 가장 어려운 딜레마 중 하나다. 이러한 딜레마를 해결하기 위해서 자원봉사자가 행사할 수 있는 업무결정권한의 정도를 다음 4단계의 통제 수준으로 나누어 인식하고 적용할 필요가 있다.

1) 전적인 자기업무결정권한 부여

첫 번째 통제 수준은 자원봉사자로 하여금 자신의 업무에 대해 스스로 결정할 수 있는 권한을 부여하는 것이다. 업무상 '자기결정의 업무(self-assignment)' 가 의미하는 바는 자원봉사자가 자신의 업무결정의 주체가 되고 자원이 됨을 뜻한다. 즉, 자원봉사자의 업무는 타인으로부터 오는 것이 아닌, 자신에 의한 것을 말한다. 이 수준에서 자원봉사자가 활동할 때, 자원봉사자는 수행해야 할 욕구를 알고, 이를 실행하며, 이것이 관리의 목적이 된다. 다수의 관리자들은 이러한 권한을 부여하는 데 주저하게 되는데 그 이유는 자원봉사자들이 수행되어야 할 욕구를 잘못 인지함으로써 기관과 관리자가 의도하는 바람직한 결과를 달성하는 데 문제가 생길 수 있기 때문이다. 또한 관리자의 슈퍼비전을 받는 모든 자원봉사자에게 이러한 권한이 주어진다면 자원봉사관리자가 통제할 수 없는 수준의 혼란이 야기될 가능성도 있다.

2) 정기적인 과정보고가 수반된 자기업무결정권한

업무결정권한의 정도를 자원봉사자에 부여하는 데 있어 고려할 수 있는 두 번째 통제 수준의 관리체계는 자원봉사자가 스스로 결정한 업무가 바람직한 방향으로 수행될 수 있도록 제한된 담보수단을 슈퍼바이저가 행사하는 것이다. 이 단계에서 자원봉사자들은 이전 단계와 마찬가지로 자신의 업무를 정확히 알고 있고, 그 업무를 수행할 책임을 진다. 하지만 동시에 업무의 수행 과정을 정기적으로 슈퍼바이저에게 보고해야 할 책임도 부여된다. 이러한 업무보고의 의무화는 슈퍼바이저에게 자원봉사자들이 하는 일이 결국에는 바람직한 결과로 도출될 것이라는 믿음을 담보하는 수단이 된다. 만약 자원봉사자의 업무 내용이 슈퍼바이저에게 흡족하지 않은 것으로 판명될 경우, 슈퍼바이저는 적당한 시기에 업무 내용과 성격을 바람직한 방향으로 수정하는 조치를 취할 수 있기 때문이다. 슈퍼바이저가 과정에 대한 보고를 얼마나 자주 받을 것인가의 문제는 주어진 책임을 완수하는 자원봉사자의 수행능력에 대한 슈퍼바이저의 판단과 평가에 달려 있다. 슈퍼바이저가 자원봉사자의 업무수행에 대해 염려하는 마음이 클수록, 자원봉사자로부터의 업무보고가 보다 규칙적으로 빈번하게 이루어지게 된다.

3) 업무추천권한의 부여

슈퍼바이저가 자원봉사자의 업무수행능력에 대한 우려가 아주 큰 경우, 즉 자원봉사자의 활동 과정에 대한 개입과 수정 노력이 기관이나 슈퍼바이저가 참아 내기에 쉽지 않은 상당한 수준의 지도와 관리가 요구되는 자원봉사자라고 판단될 경우 슈퍼바이저는 자원봉사자의 자기업무결정권한을 보다 제한할 필요가 있다. 세 번째 통제단계에서 활동하는 자원봉사자 역시 자신의 업무를 결정하는 데 있어 주체적 역할을 한다. 그러나 이 경우, 자원봉사자는 활동을 시작하기 전에 슈퍼바이저의 승인을 얻는 과정을 거쳐야 한다. 이 과정에서 슈퍼바이저의 통제권은 이전의 두 단계와 비교하여 보다 강화된 형태로 나타난다. 예를 들어, 자원봉사자가 하고자 하는 활동이나 선택한 업무방식이 슈퍼바이저의 판단으로는 바람직하지 않은 것으로 생각될 때, 자원봉사자가 활동을 시작하기 전 단계에서 언제라도 그것을 중지시킬 수 있는 권한이 슈퍼바이저에게 부여된다. 또한 두 번째 관리 수준과 마찬가지로 세 번째 관리 수준에서도 자원봉사자는 일단 승인된 업무에 대해서는 과정보고의 의무를 갖게 된다.

두 번째 관리단계에서 자원봉사자의 업무보고 횟수가 자원봉사자에 대한 슈퍼바이저의 신뢰 정도에 따라 다양한 형태로 나타나듯, 세 번째 관리단계에서도 다양한 정도의 권한부여방법을 활용할 수 있다. 예를 들어, 일을 시작한 지 얼마 되지 않은 초보단계의 자원봉사자에게는 슈퍼바이저가 앞장에서 제시된 업무의 우선순위양식에 의거한 일일계획서를 업무 시작 전에 제출하도록 할 수 있다. 자원봉사자의 업무능력이 향상되고, 이에 대한 자원봉사관리자나 슈퍼바이저의 신뢰가 높아짐에 따라 월별 계획, 분기별 계획, 프로젝트별 계획 등으로 자원봉사자에게 더 높은 수준의 업무결정추천권한을 부여하게 된다.

4) 자기업무결정권한의 제한

슈퍼바이저가 자원봉사자의 업무수행능력에 대한 염려가 그 정도를 넘어, 자원봉사자의 업무수행에 대해 전적으로 신뢰할 수 없는 상태일 경우 자원봉사자의 자기결정권한은 전적으로 통제된다. 이러한 마지막 권한부여단계에서 자원봉사자는 자신에 의해 수행되어야 할 업무상의 욕구가 무엇인지를 알 필요가 없으며, 다만 자신에게 주어진 일을 수행하는 역할을 할 뿐이다.

업무결정에 대한 아무런 권한이 주어지지 않는 네 번째 단계에서 자원봉사자에게 자원봉사활동을 통해 어떠한 개인적 · 사회적 욕구가 충족되어야 하는지를 결정하기 위한 사고와 판단의 권한이 주어지지 않는다. 이 단계에서 이러한 업무결정의 권한과 책임은 자원봉사업무가 실제적으로 이루어지는 현장에서 분리되어 관리자와 슈퍼바이저에게 부여된다. 이 단계에서는 부득이하게 자원봉사관리자의 업무가 증가하게 되는데, 이유는 자원봉사자가 자신의 업무가 어떻게 이루어지고 있으며, 또한 어떠한 방향으로 어떻게 이루어져야 하는지에 대한 이해가 전무하고, 업무수행의 모든 단계에서 자원봉사자를 지도하고 업무를 부여할 책무가 관리자에게 주어지기 때문이다. 자원봉사관리자가 슈퍼비전의 책임을 맡고 있는 자원봉사자의 숫자가 많아질수록, 또한 그들의 업무가 복잡해질수록, 슈퍼바이저가 매일매일 처리해야 할 업무는 더욱 증가할 수밖에 없다.

자원봉사자 관리에 있어서 이러한 네 번째 권한부여의 단계를 활용하는 것은 앞에서 설명한 것 이상의 심각한 수준의 문제를 야기한다. 그중 하나가 자원봉사자로부터 산출될 수 있는 창조적인 투입이 현격히 줄어든다는 점이다. 업무를 실제적으로 수행하는 자원봉사자가 자신의 일에 대해 생각할 수 있는 기회가 박탈된다면 서비스를 향상시키기 위한 바람직한 아이디어가 좀처럼 나타날 수 없게 된다. 오늘날 우리가 살고 있는 사회와 조직, 그리고 체제의 급격한 변화 속도는 바로 얼마 전까지는 효과적이었던 조직 내 방법과 기술을 순식간에 진부한 것으로 만들어 버린다. 자원봉사자는 하루에 8시간을 조직 내에서만 보내야 하는 일반 직원과 달리 외부세계와 조직을 연결시키는 실제적으로 활용 가능한 주요한 자원이 될 수 있다. 이들의 객관적이고 다양한 아이디어와 혁신적 제안, 그리고 새로운 시각을 적극적으로 활용함으로써 사회복지조직을 보다 건강하게 유지하고, 바람직한 방향으로 발전시켜 나갈 수 있을 것이다.

3. 동기부여와 자기업무결정권한

업무결정에 대한 자발적 권한을 전적으로 통제하는 네 번째 단계에서 자원봉사자를 관리할 때 기관이 지불해야 하는 주요한 손실은 자원봉사자가 자신의 업무에 대한 통제를 갖고자 하는 욕구가 그들의 동기부여를 위한 가장 중요한 요소가 된다는 것이다. 일반적으로 사람들은 자신들의 업무에 대한 결정권과 통제권을 제한받을 때, 그러한 권한을 행사할 능력이 없는 무능한 사람으로 간주되고, 그들이 해야 할 일을 결정하는 정신적 사고의 영역은 더 많은 급료를 받는 능력이 뛰어난 사람들의 몫으로 치부된다. 자원봉사자들은 이러한 취급에 분개한다. 자원봉사자들이 이러한 분노를 느낄 때 자원봉사관리자들은 자원봉사자를 통해 의도하는 결과를 도출하고자 하는 고유의 목적을 성취하기 위한 기본적 조건을 상실하게 된다. 더 이상 자원봉사자들의 일은 원해서 하는 일이 아니며, 원하지 않는 일을 해야 하는 자원봉사자들은 기관을 떠나게 될 것이다.

설사 자원봉사자들이 사회적 책임이나 의무감 같은 다른 이유로 인해 기관에 남아 있는 경우라 할지라도, 아무런 권한이 주어지지 않은 자원봉사자들에게 그 어떤 헌신을 기대할 수는 없을 것이다. 자원봉사자가 업무를 수행할 때, 그들은 최대한 열심히 최선을 다해 일을 할 수도 있고, 그냥 열심히 하는 시늉만 보일 수도 있다. 이러한 측면에서 네 번째 단계에서 자원봉사자를 관리하기보다는 가능하면 나머지 3가지 수준의 권한부여단계를 활용한 관리 방법을 선택하는 것이 바람직할 것이다.

1) 업무결정욕구 충족의 부정적인 표출

자원봉사자들을 네 번째 단계에서 관리하다 보면 유급 직원들이 비슷한 상황에 놓일 때 보이곤 하는 의도적인 업무의 태업행태가 자원봉사자들에게서 간혹 발견되곤 한다. 이러한 바람직하지 못한 현상은 자원봉사자가 그들의 관리책임을 맡고 있는 슈퍼바이저보다 그 기관에서 더 오랫동안 활동하고 있을 경우 빈번하게 발생한다.

이러한 경우 자원봉사자는 유급 직원보다 자신이 기관의 더 중요한 존재라고 느낄 수 있으며, 좌절과 분노의 감정에도 불구하고 기관을 쉽게 떠나지 못하는 경향을 보인다. 하지만 자신이 해야 할 일을 일일이 지시받아야 한다는 점에 분노를 느끼고 교묘하게 왜곡된 방법으로 자신의 업무를 수행함으로써 그 분노를 표출하고자 한다. 예를 들어, 슈퍼바이저에게 지시받은 그대로 일을 처리하기는 하지만 실제적으로는 업무가 엉망이 되는 방식으로 일을 하고 나서는 "당신이 원하는 대로 일을 처리했으니, 이제 무슨 일이 일어나는지 한번 지켜보자."라는 식의 감정을 표출하면서 만족감을 느끼는 경우다.

이러한 방식의 관리는 더 나아가 자원봉사자들이 무능하고 부적절한 방식으로 업무를 수행하도록 부추기는 부작용의 위험까지 있다. 자원봉사자들이 그들의 슈퍼바이저로부터 업무의 세세한 부분까지 지시받고, 통제받는 상황에 놓이게 되면, 이들은 상실된 업무결정권에 대한 애착으로 인해, 이를 되찾고자 하는 집착을 보이게 된다. 이들은 자신이 통제될 수 없는 존재라는 사실을 슈퍼바이저는 물론 자기 자신에게 증명해 보이려고 사력을 다하게 되며, 자연스럽게 자신도 모르는 사이에 일을 엉망으로 해서 슈퍼바이저에게 복수하는 과정에서 얻는 심리적 보상감에 만족감을 느끼게 된다. 이러한 현상은 대체적으로 유연성이 부족한 전통적인 관리기법을 선호하는 자원봉사관리자 · 슈퍼바이저가 바람직한 업무성과를 올리기 위해서 상당한 수준의 과외의 노력과 시간을 투자해야 하는 관리상의 난관에 봉착하도록 만든다.

이상에서 기술한 관리상의 부작용과 비효율성에도 불구하고, 많은 경우 자원봉사자는 4단계의 관리 수준에 처하게 된다. 이것은 자원봉사자들의 활동이 비지속적으로, 또한 간헐적으로 이루어지는 경우가 많아 자원봉사자가 봉사 당일 해야 할 일이 무엇인지를 모르는 채 기관에 나오고, 이러한 준비되지 않은 자원봉사자들을 대상으로 기관의 직원이 수행할 업무를 그때그때 지시하는 형식으로 자원봉사관리업무가 설계되는 경우가 빈번하게 일어나기 때문이다. 이러한 자원봉사자의 경우 열심을 보이지 않거나 쉽게 그만두는 경우가 많아, 기관 입장에서는 자원봉사자들을 믿을 수 없는 사람들이라고 불평하게 된다. 반대로 자원봉사자의 입장에서 자원봉사업무활동을 통해 자신들의 동기를 충족시킬 수 없을 때, 그들의 선택은 기관을 떠나는 것이 될 수밖에 없다. 따라서 자원봉사업무 설계의 장에서 기술된 바와 같이, 바람직한 자원봉사 프로그램은 자원봉사자들이 자율적으로 판단하고, 결정할 수 있는 무엇인가를 가질 수 있도록 하는 프로그램이다. 즉, 자신들에게 맡겨진 책임과 업무를 다할 수 있도록 적어도 3단계나 2단계, 경우에 따라서는 드물기는 하지만 1단계의 권한까지 부여할 필요가 있는 것이다. 이와 같은 방식으로 자원봉사자들이 자신의 역량을 다할 수 있도록 원조한다면 자원봉사자들은 자신이 누구보다도 효과적으로 업무를 수행할 수 있다는 자신감을 가지게 되고, 자신의 가치를 소중하게 여기게 될 것이다. 이러한 성취감과 자신감은 자원봉사활동의 지속성을 담보하는 주요한 요인으로 작용할 뿐 아니라, 자원봉사자 개인의 삶에서 다시는 맛볼 수 없는 정신적 성취감으로 승화될 수도 있다.

결론적으로 자원봉사자를 활용함으로써 얻는 효과를 극대화하기 위해서, 자원봉사자가 자신의 의도대로 결과를 성취하기 위한 방법을 일정 부분 스스로 결정할 수 있는 권한을 행사할 수 있도록 허용해야 한다. 그러나 여기에 2가지 예외가 있다. 첫 번째 경우는 자원봉사자들이 업무에 처음 임하여 훈련 중에 있을 때다. 자원봉사자는 아직 해야 할 일을 자발적으로 제안할 만큼 업무에 대한 기본 지식과 이해가 부족하다. 두 번째 경우는 응급상황에 처했을 때다. 시간이 촉박하다면 자원봉사자의 의견을 구하고 그들의 결정에 관심을 표현하며, 충분한 검토를 거친 후 그 내용을 수정하여 새로운 방안을 강구하도록 기다릴 수 있는 시간이 충분하지 않을 수 있다. 이러한 2가지 경우는 별도로 하여, 자원봉사자들이 최소한 3단계 이상의 관리 수준에서 자신의 업무에 대한 일정한 결정권한을 가질 수 있도록 해야 한다.

2) 자기업무결정권한의 단계적 확대

자원봉사자 관리 수준의 마지막 단계인 자원봉사자의 결정권한을 전적으로 제한하는 4단계를 제외한 나머지 단계들은 자원봉사자들이 노력을 통해 올라서야 하는 사다리와 같다. 자원봉사자가 최초로 기관에서 자원봉사자로의 업무를 시작하게 되고, 나름대로 자신의 업무에 도움이 되는 방향으로 의견을 개진할 수 있을 만큼 기관과 업무에 대해 이해하고 있다고 판단될 경우, 3단계에서 자원봉사관리가 이루어지게 된다. 또한 자원봉사자가 자신의 업무를 오랜 기간 해 왔으나 새로운 자원봉사관리자가 슈퍼바이저 업무를 맡게 되었을 경우 역시 3단계의 관리가 요구된다. 이는 자원봉사자가 서류상으로 그동안 아무리 훌륭하게 업무를 수행해 왔다 하더라도 정말로 그 자원봉사자가 '바람직한 일' 을 할 것인지를 확신할 수 없기 때문이다. 바람직한 일이라고 평가할 수 있는 경우는 단 한 가지 경우밖에 없는데, 이것은 자원봉사관리자가 일이 그렇게 진행되어야 한다는 자신의 생각을 자원봉사자와 나눌 수 있는 시간적 여유가 있을 때, 자원봉사자에게 일이 그렇게 진행되어야 한다고 말하는 그 일이 바로 바람직한 일이다.

자원봉사자 권한부여는 자원봉사자들로 하여금 자신이 책임지고 있는 일의 바람직한 결과를 어떻게 성취할 것인가에 대한 그들의 의견과 제안을 가져오게 하는 것으로 시작된다. 이러한 제안에 대해 자원봉사관리자가 수용하거나, 거절하거나, 수정을 요구함으로써 자원봉사자는 바람직한 일이 무엇인지를 배우게 된다. 어떤 경우, 자원봉사자가 생각하기에는 매우 훌륭하고 바람직하다고 생각하는 업무나 방식이 관리자가 보기에는 중요하다고 여길 만한 내용이 거의 없는 경우도 있다. 업무의 결과에 대한 일차적 책임이 자원봉사자에게 있기 때문에 자원봉사관리자가 동의하고 수긍할 수 있는 제안이 이루어질 때까지 자원봉사자는 자신의 의견과 제안을 새롭게 가다듬어야 하며, 이러한 일련의 과정에서 자원봉사관리자는 무엇 때문에 자원봉사자의 견해를 받아들일 수 없는지를 충분히 설명해 주어야 한다.

마침내 자원봉사자는 관리자가 동의할 수 있는 업무의 수행방식과 내용이 무엇인지를 충분히 인지하게 되고, 시간이 경과함에 따라 자원봉사자가 바람직한 방식으로 업무를 파악할 수 있음이 검증된 후, 자원봉사자에 대한 신임이 깊어지고 그의 업무수행능력에 대해 신뢰가 커지게 된다. 자원봉사자의 업무수행에 대한 우려가 줄어드는 바로 그때가 자원봉사자에게 보다 많은 권한을 부여할 때이며, 이것을 통해 자원봉사관리업무의 효과성 역시 증가하게 된다. 즉, 자원봉사자의 관리 수준이 3단계에서 2단계로 상향조정되며, 자원봉사자는 더 이상 자신이 어떠한 방식으로 업무를 진행시키고, 결과를 성취할 것인지에 대한 계획을 자원봉사관리자에게 사전 보고할 필요가 없게 된다. 다만, 일이 어떻게 진행되고 있는지에 대해 정기적으로 보고할 의무만 갖게 된다.

3) 자원봉사자에 대한 염려와 결정권한 부여의 반비례적 관계

2단계 수준의 관리 초기 자원봉사관리자는 자원봉사자의 업무수행의 성공 여부에 대한 염려와 불안의 정도에 따라, 아주 자주, 경우에 따라 일주일에 한 번 정도 자원봉사자의 업무수행을 점검할 수 있다. 이러한 점검 과정에서 자원봉사자가 잘못된 일을 하고 있는 것으로 나타날 경우 관리자는 자원봉사자 관리 수준을 다시 3단계로 하향조정하여 업무에 대한 실행 계획을 다시 제출하도록 지시할 수도 있다. 다행스럽게도 자원봉사자가 지속적으로 바람직한 방향으로 업무를 수행하고 있을 경우 업무의 점검 수준을 지속적으로 낮추어야 한다.

드문 경우지만 최종적으로 자원봉사자 관리 수준을 1단계로 적용해야 할 시점에 이르는 경우도 있다. 자원봉사자 관리가 이 단계에 이르게 되면, 자원봉사자의 업무에 대한 점검이 완전히 사라진다. 자원봉사자가 이루고자 노력하는 결과에 자원봉사관리자는 전적으로 동의하고 있으며, 자원봉사자가 무엇을 하고 있는지를 점검받는 데 헛되이 시간을 빼앗기지 않고 자신의 업무에 집중할 수 있도록 배려하게 된다. 이는 충분히 오랫동안 자원봉사자가 기관과 관리자가 원하는 바람직한 업무를 수행하여 왔고, 수행하고 있으며, 앞으로도 수행할 것이라는 확신을 갖고 있기 때문에 가능하다.

실제적으로 자원봉사자에게 전적인 권한을 부여하는 1단계의 관리 수준을 적용하는 것은 아주 드문 일이다. 1단계의 관리를 받는 자원봉사자가 슈퍼바이저에게 보고하는 경우는 업무수행과 목적 달성에 예기치 못한 어려움이 닥쳤을 경우다. 그렇지 않은 경우에는 자원봉사관리자는 자원봉사자가 맡고 있는 일이 차질 없이 잘 진행되고 있다고 확신하고 있기 때문에, 다만 이러한 확신을 다시 확인하는 차원의 불필요한 점검이나 보고서를 요구할 필요가 없다.

4) 관리 수준에 따른 점검

자원봉사관리자가 책임지고 있는 모든 자원봉사자가 1단계 관리 수준에서 업무를 수행하게 되는 행운은 현실에서 일어날 수 없다. 만약 이러한 행운이 현실이 된다면 자원봉사관리자는 아주 가끔씩이라도 사무실 창문을 통해 자원봉사자들이 일을 잘하고 있는지를 점검할 필요 없이, 창의적이고 발전적인 사고를 하고, 미래에 어떻게 할 것인지를 전략적으로 생각하며, 경향을 파악하는 데 자신의 모든 시간을 쓸 수 있다. 하지만 모든 자원봉사관리자 사무실에 창문이 있다는 사실은 이러한 일은 현실에서는 절대 일어날 수 없다는 것을 반증한다.

일반적으로 자원봉사자들은 각자의 상황에 따라 다른 수준의 책임성이 수반되는 업무결정권한을 가지게 된다. 자원봉사활동을 통해 기관이 성취하고자 하는 각각의 목표에 의거하여 자원봉사관리자는 각 자원봉사자가 자기 업무에 대해 어느 정도의 관리권한을 갖게 되는지를 결정하고 알려 주어야 한다. 자원봉사자 자기업무결정권한의 수준을 결정하는 기준은 자원봉사자가 별다른 어려움이나 문제 없이 목표를 성취할 수 있을 것인가에 대한 자원봉사자의 염려와 불안 정도에 달려 있다. 만약 불안의 정도가 미미할 경우 자원봉사자의 권한은 그만큼 커지게 된다. 하지만 자원봉사자의 실수에 대한 걱정이 크다면 자원봉사자의 업무권한을 줄임으로써 기관이 의도하는 자원봉사업무상의 바람직한 결과가 도출될 수 있을 것이다.

4. 점검사항

자원봉사자에 대한 점검을 하지 않는 관리 수준은 오직 1단계에 국한된다. 하지만 여기서 중요한 점은 자원봉사자 관리 수준을 1단계로 높이기 위해서 자원봉사자의 업무에 대한 점검을 전혀 할 필요가 없다는 확신이 전제되어야 한다는 점이다. 나머지 모든 관리단계에서는 관리자가 자원봉사자의 업무수행 과정을 놓치지 않고 점검해야 한다. 이는 관리자가 훌륭한 자원봉사자의 업무 계획을 승인했든, 아니면 자원봉사자에게 구체적으로 업무를 어떻게 수행할 것인지에 대해 세세하게 지시했든지 여부와 관계없이 자원봉사자의 업무가 바람직한 방향으로 올바르게 진행되고 있는지를 정기적으로 점검해야 함을 의미한다.

자원봉사자의 업무진행 과정에 대한 보고서를 검토하는 회의의 정례화는 가장 효과적인 관리감독 방법 중 하나일 뿐 아니라, 가장 쉽고, 비용도 적게 드는 방법이다. 이러한 자원봉사자 업무진행보고서 검토를 위한 회의의 정례화를 통해 다음과 같은 3가지 효과를 얻을 수 있다.

첫째, 자원봉사자의 업무성취 여부를 자원봉사관리자가 중요시하고 있음을 알게 해 준다.

둘째, 업무진행보고서의 정기적인 작성은 마감 직전에 시간에 쫓기면서 일을 함으로써 생길 수 있는 업무의 부실성에 대한 위험(특히, 시간적 여유가 있는 장기 프로젝트의 경우)을 사전에 예방하는 효과가 있다. 대부분의 사람들은 하루의 일을 시작하면서 자신의 책상 위에 쌓인 파일 더미를 바라보며 '오늘 마감이 어떤 일이지? 지금 당장하지 않으면 곤란해질 업무가 무엇이었더라?' 하는 생각을 하게 되고, 당장 그 일에 매달리게 된다. 만약 자원봉사자의 주요 업무 중의 하나가 여러 달에 걸쳐 완성해야 할 프로젝트인 경우, 그 일은 시간을 다투지 않는 일이 되고, 결국은 마감이 닥칠 때까지 미뤄 두게 된다. 하지만 자원봉사자가 그 프로젝트에 대해 주별 업무보고서를 작성해야 하는 경우, 보고서 작성업무는 일주일에 한 번 보고서 제출 마감 전날 가장 중요한 업무의 하나가 되고, 따라서 그 프로젝트의 정상적 업무진행이 담보될 수 있을 것이다.

정기적인 업무보고서 작성의 세 번째 효과는 아직까지 수정할 여지와 기회가 있는 자원봉사자의 업무진행상 잘못된 문제를 자원봉사관리자가 사전에 알아낼 수 있다는 점이다. 예를 들어, 자원봉사자가 관리자의 의도를 잘못 이해하고 엉뚱한 방향으로 업무를 진행시키고 있을 때, 자원봉사자가 너무 많은 시간과 노력을 헛되이 소비하기 전에 그것을 바로잡을 수 있을 것이다. 자원봉사자가 1단계 수준이어서 관리를 받지 않고 있는 한 다음의 말을 항상 명심해야 한다.

> 일이 바로 되기를 바란다면, 항상 진행 과정을 점검하라.

5. 역량강화를 위한 통제와 권한의 부여

지금까지 설명한 네 단계의 자원봉사자 관리 수준을 적절하게 활용함으로써, 자원봉사자의 역량강화를 통한 의도한 결과의 효과적 달성이라는 업무적 목표의 성취와 더불어 자원봉사자의 활동을 자원봉사관리자의 통제하에 두어야 하는 관리상의 목적을 함께 달성할 수 있다. 비효과적인 관리자의 경우 자원봉사자의 통제에 집착하여 자원봉사자가 해야 할 일을 일일이 지시하거나, 엄격한 절차를 요구함으로써 자원봉사자를 네 번째 단계에서만 관리하려고 한다. 따라서 비효율적인 관리자는 자신의 능력에 대해 자신감을 갖지 못하는 자원봉사자, 자신이 하는 일과 처지에 분노를 느끼는 자원봉사자, 자신의 업무의 효과적 성공 여부에 별다른 관심이 없는 자원봉사자들을 통해서 소기의 성과를 거두기 위하여 노력해야 하는 상황에 봉착한다.

유연성이 부족한 전통적인 관리자 역시 부분적인 방법에만 고정되어 있다는 점에서 비효율적인 관리자와 맥을 같이한다. 이들은 1단계와 4단계 수준의 관리단계에만 관심을 보이는 경향이 있다. 따라서 그들은 모든 것이 완벽하게 통제되거나, 아니면 아무것도 통제하지 못하고 자원봉사자들이 모든 것을 자기 마음대로 하도록 함으로써 오히려 혼란이 야기되는 양자택일의 선택에 놓이게 된다. 효과적인 관리자들은 이러한 양극의 단계의 중간에 위치한 2단계, 3단계를 적절히 사용함으로써 자원봉사자에게 업무권한을 적절하게 부여함과 동시에 필요한 수준에서 통제하여 자원봉사자의 동기를 극대화시키는 역량강화기법을 활용할 수 있는 것이다.

자원봉사자의 역량을 강화시킴과 동시에 그들을 적절하게 통제하는 기법은 성취하고자 하는 분명한 목표와 결과가 존재할 경우에 보다 효과적으로 사용할 수 있다. 추구하는 목적이 없을 경우 자원봉사자에게 어떻게 일을 할 것인가를 스스로 생각하도록 유도하는 것은 업무에 대한 자기업무결정권한의 부여라는 전략적 행위를 추측게임(guessing game)으로 변질시키게 된다. 많은 경우 자원봉사자들은 자신의 활동을 통해 이루고자 하는 것이 무엇인가에 대한 확실한 이해와 신념이 있을 경우 관리자도 생각하지 못했던 기발하고 훌륭한 아이디어를 제시하는 경우가 있다. 즉, 자원봉사자들은 행사할 수 있는 권한보다는 자신이 져야 할 책임을 먼저 찾는다는 것을 명심하자.

또한 추구하는 목적이 명확할 경우 자원봉사관리자는 자원봉사자에 더 많은 결정권한을 부여할 수 있다. 자원봉사관리자와 자원봉사자 간에 업무의 궁극적 목적에 대한 공유가 이루어졌을 경우 자원봉사관리자의 자원봉사자에 대한 업무수행과 관련한 우려와 염려가 줄어들 것이고, 그만큼 더 큰 업무관리권한을 자원봉사자가 가지게 될 것이다. 이는 자원봉사관리자들이 전문인으로서 자신의 업무를 보다 효과적으로 수행할 수 있도록, 자신이 소속된 기관과 상호영향을 주고받는 상위체계로서 전략적 사회환경의 현재와 앞으로의 변화에 대한 분석과 이해에 더 많은 시간을 사용할 수 있도록 할 것이다. 이러한 투자는 자원봉사관리자들이 미래의 일을 대비하고, 이에 수반되는 변화에 능동적으로 대처하는 준비된 전문인으로서의 자질을 높이는 데 기여할 것이다.

11
슈퍼비전체계

제9장과 제10장에서 자원봉사자에 대한 훈련 방법의 하나로 카운슬링기법과 자원봉사자 역량강화기법에 대해 자세히 알아보았다. 이 장에서는 자원봉사관리자가 갖추어야 할 또 하나의 중요한 기술이자 덕목으로서 자원봉사자에게 슈퍼비전을 제공할 때 발생할 수 있는 여러 가지 상황에 효과적으로 대응할 수 있는 다양한 슈퍼비전체계와 방법에 대해 논의하고자 한다.

1. 효과적인 위임

자원봉사관리자의 업무상 가장 중요한 일 중 하나는 업무의 책임에 대한 위임이다. 자원봉사관리체계에서, 위임은 상이한 수준에서 다양한 형태로 나타난다. 대표적으로 자원봉사관리자로부터 자원봉사자로의 위임, 기관의 직원으로부터 자원봉사자로의 위임, 자원봉사자에게서 또 다른 자원봉사자로의 위임 등을 생각해 볼 수 있다.

자원봉사관계에서 책임의 위임은 시간적 · 공간적 분리로 인해 발생하는 어려움을 어떻게 현명하게 다룰 것인가 하는 문제와 직결된다. 일반적으로 자원봉사자들은 몇몇 특별한 경우를 제외하고는 사무실이 아닌 외부에서 활동하게 된다. 더 나아가 일부 자원봉사자들은 대부분의 시간을 자원봉사관리자가 근무하는 본부 사무실이 아닌 지부 사무실이나 외부에 위치한 근무 장소에서 일하며 보내게 된다. 이렇듯 일상적인 점검이 불가능한 자원봉사자 업무환경의 일반성을 고려할 때 효과적인 위임기술의 사용이 얼마나 중요한지는 아무리 강조해도 지나치지 않다.

자원봉사자에게 업무를 위임할 때, 다음의 요소가 위임규정에 반드시 포함되어야 한다.

- 명확한 결과에 근거한 업무의 배정: 단순히 활동의 수준이 아닌, 무엇이 성취되어야 하는가의 관점에서 업무를 규정하고 위임한다.
- 정확한 업무결정권한의 명시: 업무수행과 관련한 의사결정 시 자원봉사자들이 행사할 수 있는 결정권한의 정도를 분명하게 알려 준다.
- 지침에 따른 의사소통방식: 업무수행에 관련하여 이루어지는 관계형성 및 의사소통(자원봉사관리자, 직원, 클라이언트, 후원자, 지역사회주민 등과의 의사소통을 모두 포함) 시 따라야 할 지침과 제한점을 알려 준다.
- 필요한 자원의 조달: 자원봉사자가 업무의 목적을 성취하고 결과를 도출하는 데 요구되는 자원과 지지를 제공한다.
- 성공 여부의 판단 기준 결정: 자원봉사자 업무성과의 성공 여부를 어떻게 판단할지에 관해 자원봉사자와 합의한다.
- 점검사항의 명시: 정기적 · 비정기적 보고의 의무화와 보고서의 내용, 보고시점 등을 결정한다.

2. 지지적 의사소통의 유지

지리적 · 시간적 한계를 극복할 수 있는 지속적이고 지지적인 슈퍼비전체계를 확립하는 것은 무엇보다 중요하다. 이러한 상시 활용 가능한 지지적인 시스템을 구축하기 위한 필요조건으로 다음의 2가지 요소를 생각해 볼 수 있다.

1) 활용가능성

슈퍼바이저는 자원봉사자가 필요할 때 언제나 만날 수 있는 사람이어야 한다. 사전에 짜인 정기적인 슈퍼비전 일정은 예외적인 응급상황을 제외하고는 반드시 지켜져야 하며, 이러한 일정과 관계없이 자원봉사자의 필요에 의한 요청이 있을 때 언제라도 만날 수 있고, 보고할 수 있고, 이야기할 수 있는 사람이 자원봉사자의 슈퍼바이저다.

언제나 만날 수 있고, 도움을 요청할 수 있는 슈퍼바이저가 있다는 것은 자원봉사자에게 다음과 같은 중요한 의미를 부여한다. 첫째, 자원봉사자의 업무가 얼마나 중요한 일인지를 슈퍼바이저가 충분히 인지하고 있으며, 따라서 그들이 요청할 경우 언제라도 만날 용의가 있음을 자원봉사자에게 직접 알려 주게 된다. 둘째, 자원봉사자가 혼자 해결할 수 없거나, 도움이 필요한 문제가 발생했을 때 언제라도 슈퍼바이저에게 조언과 도움을 요청할 수 있도록 배려하고 있음을 인식시킨다.

이러한 슈퍼비전 시스템을 구축하기 위해서 다음의 몇 가지 방법을 활용할 수 있다. 매주 일정한 요일의 일정한 시간을 개방된 시간(open time)으로 정해 자원봉사자가 사전약속을 하면 그 시간에는 누구나 슈퍼바이저와 만날 수 있도록 한다. 슈퍼바이저는 그 시간에는 항상 그 자리에서 자원봉사자들을 만날 수 있어야 한다. 이러한 개방된 시간을 활용하여 슈퍼바이저는 일단의 자원봉사자집단과 함께 점심식사를 하고, 집단성원과 개방된 토론을 하는 일정을 소화할 수도 있다. 또한 슈퍼바이저는 시간이 허용할 때마다 자원봉사자들의 근무 장소에서 '함께 지내며 관리(management by walking around)' 하는 기법을 사용함으로써 자원봉사자들이 친근감을 가지고 쉽게 접근할 수 있는 개방된 존재로 자리매김하는 것도 고려할 만하다.

2) 동등한 위치와 참여 기회

슈퍼비전 제공을 위한 항시적 지지시스템 구축에 필요한 두 번째 요소는 기관 운영에서 동등한 위치와 참여를 보장받고 있다는 느낌을 자원봉사자가 가지게 하는 것이다. 이러한 동등한 처우는 직원회의 참석 등과 같이 의사결정 과정에 참여하는 것은 물론, 기관 직원들에게 공지되는 메모에 이름이 포함되는 것과 같은 기관의 일상적인 업무에 참여하는 것 모두를 포함한다.

공정한 처우를 받고 있다는 생각을 자원봉사자가 느낄 수 있도록 하는 가장 확실한 방법은 그들이 업무상 동반자이자 성공을 위한 협력자라고 느낄 수 있도록 하는 것이다. 이러한 동반자적 관계는 아주 사소한 일에서의 차별(예를 들어, 정규 직원만 사용할 수 있는 주차공간을 배정하면서 자원봉사자는 사용하지 못하게 한다거나, 함께 회의를 한 후 정규 직원만 따로 식사를 한다거나 하는 등)로부터 중요한 부분에 있어서의 차별(예를 들어, 중요한 의사결정이 이루어지는 직원회의에 자원봉사자를 한 번도 참여시키지 않는 것 등)을 포함하며 기관 내에서 일상적으로 이루어지는 다양한 활동 가운데 강화될 수도, 또는 악화될 수도 있다.

일반적인 차원에서 자원봉사자가 기관 내에서 동등한 위치와 참여를 보장받고 있다는 생각을 심어 주는 방법은 조직의 운영과 변화에 대한 각종 정보전달체계에 자원봉사자를 포함시키는 것이다. 기관 소식지의 우편발송명단에 자원봉사자의 이름을 올리고, 업무와 관련한 기관통신망의 접근권을 보장하고, 특별한 고지 없이 결근하는 자원봉사자에게 관심을 가지고 결근 사유를 알기 위해 시간을 내는 것 등이 포함된다.

3. 평가와 피드백

자원봉사관리의 마지막 단계로 자원봉사자를 위한 평가와 피드백 과정을 개발하는 것 또한 매우 중요하다. 무엇보다 좋은 평가체계를 갖추는 것은 평가받는 사람들에게 실질적인 도움을 주는 직접적인 원조가 된다. 예를 들어, 자원봉사자들이 지금까지 얼마나 바람직하게 활동해 왔는지, 그들의 수행을 보다 증진할 수 있는 방법은 무엇인지 등에 대한 피드백의 제공은 그들의 수행능력을 향상시키고, 업무의 효과성을 제고하는 긍정적 영향을 가진다.

자원봉사자관리에 있어서 평가 과정의 개발에 적용해야 할 2가지 원칙이 있다.

1) 피드백 일정의 정례화

자원봉사관리자의 평가 과정이 어떠한 내용으로 구성되었느냐의 여부에 관계없이, 개별 자원봉사자를 대상으로 하는 모든 평가 과정은 예고된 일정에 따라 정기적이고, 지속적으로 이루어져야 한다. 자원봉사 초보자의 경우 처음 얼마 동안은 평가 과정의 주기가 짧아야 하며, 기관에 적응하고 업무가 익숙해짐에 따라 평가주기를 늘리는 것이 바람직하다. 예를 들어, 기관에서 처음 일을 시작하는 자원봉사자의 경우 처음 6개월 동안은 매달 일정한 날을 정하여 평가회의를 갖는 월례평가방식을 적용하다가 차츰 평가주기를 연장하여 연례평가로 대체하는 방식을 선택할 수 있다.

이러한 정기화된 평가체계의 가장 큰 장점은 슈퍼바이저로 하여금 자원봉사자에게 잘한 부분에 대한 칭찬이 되었든, 아니면 부족한 부분에 대한 지적이 되었든 자원봉사자에 대한 피드백을 정기적으로 제공해야 한다는 책임감을 상시적으로 갖게 만든다는 점이다. 또 다른 중요한 장점은 자원봉사자가 자신의 슈퍼바이저와 자신이 처한 상황을 논의할 수 있는 기회를 정기적으로 가질 수 있다는 확신을 심어 준다는 점이다. 자원봉사자에 대한 평가가 지속적, 정기적으로 이루어지지 않을 경우, 가장 우려되는 상황은 평가회의를 통해 자연스럽게 다루어질 수 있었던 사소한 문제가 회피되고, 숨겨짐으로써 해결이 쉽지 않은 심각한 문제로 변질된다는 점이다.

2) 직원 참여

자원봉사자와 함께 일하는 직원들은 반드시 자원봉사자 평가 과정에 포함되어야 한다. 직원들을 참여시켜야 하는 이유는, 첫째 자원봉사자들이 일정한 직원에게 실질적인 슈퍼비전을 받는다면, 그 직원이 자원봉사자의 활동을 평가할 수 있는 실제적인 위치에 있기 때문이며, 둘째 자원봉사자가 그 직원을 자신의 슈퍼바이저로 받아들인다면, 다른 직원이 아닌 그 직원의 의견에 보다 수용적인 자세를 취할 것이기 때문이다.

자원봉사자의 평가 과정에 있어서 직원의 참여 형태는 평가 모임에 직접 참여하는 형식, 혹은 모임에 참여하지는 않지만 자원봉사관리자를 통해 간접적으로 평가에 도움을 주는 형태로 이루어질 수 있으며, 참여 형태의 결정은 여러 가지 상황과 평가 요인을 고려하여 자원봉사관리자가 바람직한 형식을 선택하면 된다.

3) 평가의 긍정적인 측면의 강조

자원봉사자 평가의 목적을 문제 예방 및 해결에 대한 수단보다는 일을 잘하고 있는 자원봉사자들을 격려하고, 포상하는 수단으로 사용하는 것이 보다 바람직하다. 기관에서 봉사하는 자원봉사자들 중 자원봉사관리자가 정말로 관리하기 힘든 경우는 매우 적은 수에 불과할 것이다. 대부분의 자원봉사자는 자신의 업무에 최선을 다하는 투철한 사명감을 가진 사람들이다. 이런 사실은 자원봉사자 평가의 대부분이 잘하고 있는 자원봉사자를 격려하고, 칭찬하는 내용이 될 것임을 의미한다.

자원봉사자 평가는 또한 자원봉사자가 자신의 업무를 어떻게 생각하고 있으며, 힘든 부분은 무엇인지를 파악하는 자원봉사자에 대한 진단의 기회로 활용할 수 있다. 예를 들어, 방임아동을 대상으로 면대면 상담을 제공하는 고강도의 업무를 수행하는 자원봉사자의 경우 쉽게 소진될 위험이 있다. 하지만 이들 자원봉사자는 자신들의 업무에 대한 책임감과 소명감 때문에 자신의 문제를 진혀 인식하지 못하거나, 인식하고 있더라도 필요한 도움을 요청하지 못하는 경우가 발생할 수 있다. 현명한 자원봉사관리자는 정기적인 평가를 통해 유용한 자원봉사자가 소진되었는지, 자신의 업무를 지루해하는지, 혹은 더 많은 책임을 맡을 준비가 되어 있는지를 파악할 수 있다. 단순히 현재의 자원봉사자가 업무를 지루해하고, 소진되었을 것이 우려되어 새로운 업무로 순환시키기로 결정하는 것보다 자원봉사자가 현재 어떻게 일을 하고 있으며, 자신의 일을 어떻게 생각하고 있는지에 대한 정확한 진단이 선행되어야 한다.

따라서 자원봉사자 평가는 자원봉사자들이 지금까지와 같이 앞으로도 일을 잘할 수 있도록 격려하고, 용기를 북돋아 주는 보상의 기회이자, 기관과 프로그램에 중요한 역할을 하고 있는 자원봉사자들이 앞으로도 생산적인 존재로 남아 있을 수 있도록 정확한 진단을 통해 예방적 조치와 치료적 조치를 강구하기 위한 수단이 되어야 한다. 즉, 자원봉사자 평가체계는 긍정적 변화를 도모하기 위한 자원봉사자와 자원봉사관리자 간의 상호 원조적 평가 과정이 되어야 한다.

4. 특별한 관리가 필요한 사례

자원봉사자에 대한 슈퍼비전에서 특별한 관리가 필요한 경우가 있다. 하나는 자원봉사관리자와 특별한 관련 없이 활동하는 자원봉사자에 대한 슈퍼비전이다. 이러한 자원봉사자의 관리는 대개의 경우 그 책임이 기관 내 다른 직원에게 부여된다. 자원봉사관리자는 자원봉사자에게 슈퍼비전을 제공하고, 그들의 활동을 평가하는 데 있어 직원들이 어떠한 책임이 있는지를 정확히 이해할 수 있도록 도와야 한다. 많은 경우 직원들은 자원봉사자에 대한 기본적인 관리 기능을 간과하여, 자원봉사자들이 필요한 원조체계를 제공받지 못해 어려움을 겪게 되는 경우가 있다. 이러한 일이 발생하지 않도록 직원들을 교육시키고, 지속적인 원조를 제공할 책임이 자원봉사관리자에게 있는 것이다.

두 번째 상황은 '원거리 자원봉사자' 에 관한 것이다. 원거리 자원봉사자란 기관과 일상적인 접촉이 어려운 멀리 떨어진 지역에서 일하거나, 기관에 나오지 않고 다른 장소에서 일하는 자원봉사자를 말한다. 이러한 자원봉사자들과는 상시적 접촉과 의사소통을 유지하는 방법을 개발해야 한다. 예를 들어, 정기적인 전화 통화를 통해 그들의 상태를 점검하고 함께 대화함으로써 그들이 고립되었거나 방치되고 있다는 느낌이 들지 않도록 배려해야 한다.

5. 자원봉사자의 해고

또 다른 특별한 상황은 자원봉사관리자가 기관과 자원봉사자와의 관계를 강제적으로 종결시킬 것인지를 결정해야 할 때다. 음주나 비밀보장의 원칙을 어기는 등의 업무상 태업이나 비행이 적발되었을 시, 또한 상습적인 지각이나 주어진 시간 내에 업무를 수행하는 능력의 부족 등 만족스럽지 못한 수행능력이 지속적인 문제를 야기할 때 종결이 필요하다.

자원봉사자가 문제를 지속적으로 악화시키는 것을 방지함은 물론 자원봉사자와 함께 일하는 사람들의 윤리성과 책임성을 확립하는 차원에서 자원봉사자를 그만두게 하는 결정이 전적으로 올바른 것이라 할지라도 그러한 결정은 여전히 심사숙고해야 할 일이다. 자원봉사자를 종결시키는 결정을 하기 전에 자원봉사관리자는 먼저 어떤 다른 가능한 대안이 있는지를 깊이 고려하는 것이 바람직하다.

1) 종결의 대안

자원봉사자를 그만두도록 결정하기 전에 고려할 수 있는 대안으로, 다음의 6가지 방안을 고려할 수 있다.

(1) 자원봉사자에게 슈퍼비전을 다시 제공한다

가끔씩 의도적으로 규정을 어기고자 하는 자원봉사자가 있다. 이는 특히 업무를 시작한 첫 달 동안 어느 정도까지의 업무 태만이나 규정 위반이 가능한지를 살펴보려는 10대 자원봉사자에게 흔하게 나타난다. 이러한 경우 자원봉사자가 반드시 지켜야 할 규정과 절차에 관해 다짐해야 할 필요가 있으며, 이러한 경우는 단단히 주의를 주는 것만으로도 문제를 해결할 수 있다.

(2) 자원봉사자를 재훈련시킨다

때로 잘못된 업무수행은 무지 때문일 수 있다. 많은 자원봉사 프로그램에서 충분히 훈련되지 않은 자원봉사자들에게 업무를 할당하고, 과업성취를 요구하는 경우가 다반사로 일어나기 때문에 자원봉사자의 일부가 과업성취에 실패한다고 해도 놀라운 일은 아니다. 자원봉사자들의 개인적 특성에 따라 간단한 재훈련이 필요할 수도 있고, 일반적으로 제공되는 훈련보다 강화된 심도 있는 훈련이 필요할 수도 있다.

(3) 자원봉사자를 재동기화한다

이 방법은 자원봉사에 대한 열정이 식었거나 지루해하며 힘들어하는 자원봉사자들에게 필요하다. 자원봉사자들이 충전을 통해 새로운 각오를 다질 수 있도록 잠시 동안의 휴가를 주는 것을 검토하거나 새롭게 도전할 수 있는 무엇인가를 제시하여, 새로운 관심과 열정을 동기화할 수 있다.

(4) 자원봉사자를 재배치한다

어떤 경우 문제의 원인이 함께 일하는 사람들 간의 성격 차이로 인한 것일 수 있다. 단지 두 사람이 함께 어울려 일하기 힘들다는 사실 때문에 직원과 자원봉사자 간에 업무상 심각한 갈등이 발생할 수 있다. 두 사람 중 어느 편의 잘못이 아닌, 함께 융화되고 협력하지 못해서 생기는 일이다. 이런 경우 일방적으로 자원봉사자를 그만두게 할 것이 아니라 다른 직원과 일할 수 있도록 재배치하거나, 보다 적합하다고 판단되는 새로운 업무를 맡기는 것도 고려해 볼 수 있다.

(5) 다른 기관으로 자원봉사자를 의뢰한다

자원봉사자가 자신의 재능을 보다 생산적으로 기여할 수 있고, 자신의 관심에 부합하며, 다른 적합한 자원봉사업무 기회가 주어지는 기관을 찾아서 자원봉사자를 의뢰하는 것도 현명한 해결 방안 중 하나다.

(6) 자원봉사자를 명예롭게 은퇴하게 한다

수년 동안 기관을 위해 열과 성을 다해 봉사한 자원봉사자이지만 더 이상 활동을 지속할 수 없는 상황에 이르렀다면, 그동안의 공헌과 헌신에 경의를 표하는 은퇴 파티를 계획하는 방법으로 명예롭게 그만두도록 하는 것이 가장 적절할 것이다. 특히, 개인적인 사유(건강상의 문제, 가정사 등)로 자원봉사 활동을 줄이고 싶어 했으나, 강한 책임감 때문에 그렇게 하지 못했던 자원봉사자들에게 이렇게 공식적이면서도 명예롭게 물러날 수 있도록 기회를 주는 것은 자원봉사자에게 죄책감을 최소화하면서 기관 및 클라이언트와의 분리를 가능하게 하는 좋은 방법이다.

2) 종결체계의 확립

여러 가지 사유에 의해 자원봉사자를 기관으로부터 종결시킬 필요가 있을 때, 공식적인 종결체계를 수립하고, 그 과정을 따르는 것이 현명하다. 그 체계는 다음과 같다.

- 자원봉사자에 대한 근신, 자격정지, 징계, 해고 등에 대한 구체적인 내용을 담은 성문화된 정책과 내규가 있어야 한다.
- 해고 사유가 되는 업무상 증거의 수집과 자원봉사자의 입장을 충분히 고려한 객관적 사실의 파악을 위해 충분한 시간을 할애한 공식적인 조사가 이루어져야 한다.
- 경고, 자격정지, 해고 등의 징계 수준과 강도상의 점진적 징계체계의 확립과 공정하고 공평한 집행절차를 수립해야 한다.
- 동료 자원봉사자에 의한 재검토 과정을 포함하여, 적절한 항소절차를

검토할 수 있는 기회를 제공해야 한다.

- 해고된 자원봉사자가 더 이상 기관과 아무런 관계가 없는 사람임을 관련 직원, 클라이언트, 그 밖에 필요한 모든 사람들에게 고지해야 한다. 특히, 자원봉사자와 연계되어 있던 클라이언트들에게 그 자원봉사자가 더 이상 기관을 대표하거나 활동하지 않음을 알려 주는 것은 매우 중요하다.

자원봉사자에 대한 해고를 이렇게 공식적인 체계와 과정을 통해서만 가능하도록 함으로써 이 모든 과정을 자원봉사자가 거치면서 스스로 기관을 떠날 수 있는 여지를 가질 수 있다는 부수적 효과를 기대해 볼 수 있다. 이것은 자원봉사자로 하여금 자신의 선택에 의해 기관을 떠났다는 심리적 위안을 제공할 수 있을 뿐 아니라, 자원봉사관리자의 입장에서도 기관을 위해 무보수로 공헌해 온 자원봉사자를 해고해야 하는 심리적 부담감을 덜어 주는 효과도 있다.

3) 종결을 위한 면접의 원칙

자원봉사자에 대한 종결은 자원봉사관리자에 의해 개별적으로 행해져야 한다. 종결면접 시 유의해야 할 원칙은 다음과 같다.

(1) 빠르고, 직접적이고, 확실하게 한다

일정한 시점에 이르러 자원봉사자가 기관으로부터 해고당했음을 명료하게 말해야 한다.

(2) 논쟁이 아닌 통고다

앞에서 제시한 종결 과정을 따랐다면 자원봉사관리자는 해고에 필요한 모든 정보를 충분히 파악한 상태에서 자원봉사자를 포함하여 해고 결정을 위해 필요한 모든 사람들과의 논의를 마친 후다. 이 시점은 해고를 통고하는 시점이지 다시 검토하는 시점이 아니다.

(3) 상담을 시도하지 않는다

상담이 가능한 대안이었다면 이미 시도했을 것이다. 자원봉사관리자는 자원봉사자가 자신의 조언을 이제라도 수용할 것이라고 믿는 자기기만을 하지 말아야 한다. 그가 지금 막 해고한 자원봉사자는 더 이상 자원봉사관리자를 친구로 여기지 않는다는 사실을 받아들여야 한다.

(4) 해고통고 후 필요한 사후조치를 취한다

자원봉사자가 해고되었음을 통고하는 공식 문서를 자원봉사자에게 전달하고, 자원봉사자와 기관 사이의 관계 종결에 필요한 미결된 문제나 항목이 있으면 이를 해결하고 정리한다.

즐겁지 않은 일이지만, 자원봉사관리자는 기관에 부정적 영향을 끼치는 상황이 발생했을 때 이의 해결에 적극적 자세를 가지고 그것에 직면하는 것이 중요하다. 조직을 파괴하는 직원과 마찬가지로 파괴적인 성향의 자원봉사자는 열심히 일하는 다른 많은 자원봉사자들의 노력을 헛되이 만들고, 그들의 동기를 약화시킬 수 있다. 열심히 일하는 자원봉사자들을 보호하고 자원봉사에 대한 그들의 권리를 지켜 주기 위해서 문제를 일으키는 자원봉사자들을 적절하게 다룰 수 있는 능력과 기술, 자세를 갖추는 것은 효과적인 자원봉사관리자가 되기 위한 또 하나의 중요한 자격 요건이다.

6. 슈퍼비전의 주요 원칙

슈퍼비전체계에서 가장 중요한 2가지 원칙을 항상 기억하라.

첫째, 긍정적인 측면에 초점을 둔다. 슈퍼비전을 통해 지적되고 시정되는 문제나 부정적 측면은 언제나 사소한 것이어야 한다. 문제가 심각한 수준으로 발전하지 않도록 항상 자원봉사자를 진단하고, 일을 더 잘할 수 있도록 격려하고, 잘한 점을 칭찬하고, 성취에 대해 보상해야 한다.

둘째, 평가를 부정적으로 여겨서는 안 된다. 관리자가 바람직한 피드백을 준다면 자원봉사자들은 항상 승리자처럼 느끼기를 원하고 그렇게 될 것이다. 자원봉사관리자 업무의 중요한 부분은 자원봉사자들을 동기화하는 피드백 과정이다.

12
자원봉사자의 유지와 성취의 인정

1. 동 기

이 책에서 지속적으로 강조하고 있듯이, 자원봉사 프로그램은 기관의 자원봉사자와 직원의 동기에 의해 원동력을 얻는다. 자원봉사자 유지의 문제는 일반적으로 동기의 문제에서 기인한다.

동기화된 자원봉사자는 기관에서 바라는 지침 내에서 열정적으로 일하기를 원하는 사람들이다. 사람들은 어떤 행동을 통해 자신들의 욕구가 충족될 때, 동기화된 방식으로 행동하게 된다. 예를 들어, 생일을 맞은 아이는 대부분 선물상자를 빨리 열어 보고 싶어 안달하는데, 그것은 선물상자를 열어 보는 행위가 자신의 심리적인 욕구를 충족시키는 행위이기 때문이다. 이러한 측면에서 자원봉사자의 동기는 생산적인 일을 하고자 하는 자원봉사자 내면의 욕구로부터 나오는 것이고, 자원봉사 행위는 그러한 욕구를 충족하는 수단이라고 생각할 수 있다.

자원봉사관리자가 원하고, 의도하는 대로 행동하지 않는 자원봉사자를 만

났을 때, 그들은 '동기화되지 않은' 자원봉사자로 치부되고, 낙인이 찍힌다. 하지만 사실은 그렇지 않다. 이른바 '동기화되지 않은' 자원봉사자는 '동기화된' 자원봉사자만큼 '동기화된' 사람들이다. 그들은 동기화된 자원봉사자들과 마찬가지로 무엇인가를 원하고, 바라고, 추구하는 사람들이다. 단지 어떤 이유에 의해서 그러한 욕구들이 바람직한 방향의 행동으로 충족되지 않고 있을 뿐이다. 자원봉사관리자가 바라는 행동보다는 그들이 선택한 행동이 그들을 더 만족시키기 때문에 그러한 행동을 선택한 것뿐이다.

1) 동기화되지 않은 행동은 없다

가끔씩 동기화되지 않은 행동은 원하는 욕구가 좌절됨으로써 나타나는 경우가 있다. 만약 높은 성취 욕구를 가지고 있는 자원봉사자가 자신의 업무를 통해 이러한 욕구가 충족되지 않는다면 자신의 업무 상황을 직원이나 슈퍼바이저 등 권위를 가진 사람과의 승패의 대결로 몰고 갈 수 있다. 예를 들어, 방과 후 학교에서 교사보조업무 자원봉사를 하고 있는 사람이 자신의 학급을 담당한 교사의 결정이 자신의 의견과 다를 때마다 교장을 찾아가 교사의 결정이 번복될 수 있도록 행동하는 경우가 있다. 이러한 '동기화되지 않은' 행동은 무엇인가를 성취하고자 하는 자원봉사자가 자신의 '성취 욕구'를 충족시키기 위해 하는 행위로, 교사와의 의도적인 승패 상황에서 교사를 이기고자 하는 동기화된 행동으로 볼 수 있다.

따라서 자원봉사자를 어떻게 동기화시킬 것인가를 논할 때, 그 개인의 내재적인 것을 변화시키려는 논의가 되어서는 안 된다. 또한 새로운 욕구를 창출하려는 논의가 되어서도 안 된다. 자원봉사자를 만족시키고, 기관에 생산적인 방식으로 자원봉사자에게 동기를 부여하는 욕구를 충족시킬 수 있는 경험을 어떻게 만들어 갈 것인가 하는 논의가 되어야 한다. 다시 말하면 자원봉사자의 소중한 헌신에 대해 '동기부여적 보상(motivational paycheck)'이 주어졌음을 확인하는 일이 되어야 한다. 이것이 자원봉사자 유지의 핵심이다.

자원봉사자에게 동기를 부여하는 욕구를 충족시키는 조건을 조성하는 일은 복잡하고 힘든 업무다. 이는 자원봉사자들이 자신의 업무에 각기 다른 욕구들을 가지고 임하기 때문에 나타나는 어쩔 수 없는 현실이다. 또한 자원봉사자들의 동기부여 욕구는 생활변화에 따라 지속적으로 변화하는 속성을 지니고 있어 문제를 더욱 어렵게 만든다. 다음은 현대사회의 자원봉사자들이 많이 제시하는 중요한 동기부여 욕구다.

2) 기본적인 동기부여 욕구

(1) 인정의 욕구

타인으로부터 존중받고자 하는 욕구다. 이는 자원봉사자의 업무적 성과에 대한 고마움의 형태로 충족되며, 또한 자원봉사자가 보여 준 업무의 질에 대해 승인하고 만족감을 표하는 형태로 나타날 수도 한다. 이에 대한 보다 자세한 설명은 이 장의 뒷부분에서 다룰 것이다.

(2) 성취의 욕구

의미 있는 무엇인가를 성취했음을 느끼고자 하는 욕구다. 이 욕구는 달성하고자 하는 명료한 목적을 가진 자원봉사자가 추구하는 대표적인 욕구다. 앞에서 여러 차례 제시한 원칙에 의해 자원봉사업무가 설계되었다면 이 욕구는 충족될 것이다.

(3) 자기통제의 욕구

자원봉사자가 자신의 삶과 업무를 책임지는 독립적인 개체로서 인정받고자 하는 욕구다. 이 욕구는 자원봉사자들이 업무상 행동을 스스로 결정할 수 있을 때 충족된다. 자원봉사자가 제10장에서 논의한 자원봉사자 역량강화의 원칙에 의거해 슈퍼비전을 받는다면 이 욕구는 충족될 것이다.

(4) 다양성의 욕구

인간은 같은 일을 반복적으로 오래하는 것을 지루하게 여기는 경향이 있다. 자원봉사활동은 다양한 삶을 추구하는 이러한 인간 욕구의 충족을 돕는 역할을 한다. 이와 동시에 자원봉사관리자는 자원봉사자들이 반복되는 업무로 인해 지루해하지는 않는지 잘 살펴서 보다 많은 책임을 부여하거나, 업무를 확장하거나, 혹은 새로운 업무를 부여하는 등의 방식으로 필요한 변화를 모색함으로써 자원봉사활동이 항상 새로운 도전의 기회가 될 수 있도록 만들어야 한다.

(5) 성장의 욕구

자원봉사자가 자신의 기술, 지식, 지위가 향상되고 있다는 느낌을 가짐으로써 자신이 발전, 성장하고 있음을 느끼고자 하는 욕구다. 이 욕구는 제9장 '오리엔테이션과 훈련' 에서 설명한 자원봉사자 훈련, 코칭, 카운슬링의 기법을 통해 충족될 수 있다.

(6) 소속의 욕구

다른 사람이나 집단과 연계되고, 협력하고, 사랑받고, 수용되고, 공유하고, 소속되고자 하는 욕구다. 이 욕구는 인정의 욕구와 함께 뒷부분에서 자세하게 다룰 것이다.

(7) 권력의 욕구

타인의 행동에 영향을 주고자 하는 욕구다. 이 욕구는 기관에서 높은 위치를 차지하면서, 지도자로서의 지위를 누리게 되거나, 자신이 원하는 것이 이루어질 수 있도록 타인을 설득할 수 있을 때 충족된다. 이러한 욕구가 동기가 된 자원봉사자들은 이사회의 일원, 대변인, 프로젝트의 코디네이터 등과 같이 조직에 중요한 영향을 끼치는 직위를 수행하면서 자신의 욕구를 충족하게 되고, 이는 더 큰 동기부여의 기회로 연결된다.

(8) 즐거움의 욕구

이 욕구는 매우 사소한 것으로 생각할 수도 있지만 재미를 바라고 모험을 즐기고자 하는 욕구는 매우 강력한 것이며, 때로는 다른 욕구들보다 우선되기도 한다. 이 욕구는 자원봉사자들이 자신의 일을 재미있는 것으로 여기고 즐길 수 있을 때 충족된다.

(9) 특별함에 대한 욕구

특별함을 느끼고 싶은 욕구다. 이 욕구는 자원봉사자에게 자신의 가치가 중요하다는 것을 일깨워 주는 자기존중감의 주요 구성 요소다. 이 욕구 역시 뒤에서 좀 더 자세하게 다룰 것이다.

3) 동기부여 욕구의 개별성

모든 자원봉사자들이 이상에서 설명한 동기부여 욕구에 의해 동기화되는 것은 아니다. 성취 욕구나 권력 욕구에는 관심이 거의 없는 반면, 소속 욕구에 더 많이 마음을 쓰는 자원봉사자도 있을 수 있다. 또 어떤 이와는 반대의 양태를 보이는 자원봉사자도 있을 수 있다. 또한 자원봉사자의 욕구는 시간의 흐름에 따라 변화할 수 있다. 예를 들어, 혼자 해야 하는 독립적인 업무가 마음에 들어서 자원봉사를 시작하고 그 일을 하면서 행복감을 느꼈으나, 갑자기 부인과의 이혼이라는 삶의 예기치 못한 변화에 의해, 다른 사람과 친밀한 관계를 맺고자 하는 소속에 대한 욕구가 간절해지는 경우도 있을 수 있다. 이러한 자원봉사자의 갑작스러운 욕구 변화에 능동적으로 대처하기 위해서 자원봉사관리자는 집단 내에서 타인과의 협력이 중요한 업무를 수행하는 부서로 자원봉사자를 재배치함으로써 동기부여적 보상과 유지를 도모해야 할 것이다.

자원봉사자를 동기화시키는 기술은 주어진 동기의 충족과 유지에 필요한 지식의 보유뿐만 아니라 자원봉사자를 봉사활동에 참여하도록 유도한 다양한 동기부여의 욕구가 어떠한 방식으로 조합되었는지를 파악해 낼 수 있는 능력의 보유 여부에 달려 있다. 이러한 능력을 갖출 수 있는 방법 중 하나는 주기적으로 자원봉사자에게 질문을 던지는 것이다. 즉, 자원봉사자들이 느끼는 만족감의 정도에 근거하여 다음의 항목에 대한 상대적 중요성을 평가하게 하고, 그 내용을 함께 논의하는 것이다.

- 지역사회문제에 관한 지식을 구하는 것
- 현재는 활용하고 있지 않은 기술을 유지하는 것
- 자원봉사활동을 함께하면서 가족들과 시간을 보내는 것
- 집에서 나올 수 있는 것
- 새로운 친구를 사귀는 것
- 자원봉사를 하며 오랫동안 알고 지낸 친구들과 함께하는 것
- 새로운 기술을 습득하는 것
- 즐겁게 지내는 것
- 도전해 보는 것
- 나의 지역사회를 향상시키는 것
- 특정한 클라이언트집단과 일하는 것
- 어떤 일에 대한 책임을 지는 것
- 팀이나 집단에 참여하는 것
- 직장을 갖기 위해 경험하는 것
- 지역사회의 중요한 사람들을 만나는 것

■ 직장 상사와 친해질 수 있는 기회를 갖는 것
■ 지역사회의 인정을 받는 것

이상의 항목에 대한 자원봉사자들의 우선순위를 확인함으로써 자원봉사자들이 자원봉사활동을 왜 결심하게 되었는지, 동기부여에 대한 보상을 위해서 자원봉사자들에게 어떤 시도를 해야 하는지에 대한 이해가 더해질 것이다.

4) 주요 동기부여이론

많은 학자들이 자원봉사자들의 자원봉사활동 참여의 동기와 이유를 설명하는 이론을 발달시켜 왔다. 이들 중 대표적인 이론으로 이타주의-이기주의론, 사회적 교환이론, 동기이론, 집합행동이론을 들 수 있다.

(1) 이타주의-이기주의이론

이타주의적 동기론은 타인의 복지에 대한 비이기적인 배려 또는 헌신으로서 자기 자신의 복지를 위한 이기적인 관심을 배제하는 것을 말한다. 이타주의의 결정 요소는 '주위의 누군가를 돕고 싶다' '지역사회 혹은 국가를 위해 무언가를 하고 싶다' '무엇인가 개선과 변화를 원한다' 등과 같은 사회적 성격을 띠고 있다. 이러한 이타주의적 동기는 최근 들어 자원봉사 동기의 전통적인 이론으로 과소평가받고 있지만, 여전히 중요한 동기로 자리 잡고 있다.

이기주의적 동기론은 자아실현이나 성취 욕구 등 자아지향적인 동기를 말하는 것으로, 자원봉사에 참여한 봉사자의 참여 동기가 이타적이고 사회적인 책임에 기반을 둔 것이라기보다는 이기적이고 경험추구적인 동기 또는 욕구에 의해 주도되는 특징이 있다. 이기적인 동기론을 주창한 학자들(Ellis, 1986; Smith, 1981; Van Til, 1988)은 자원봉사활동은 이타적인 동기에 의해 이루어질 수 없으며, 새로운 것을 배울 수 있는 기회를 제공한다거나, 직업적 준비 과정에서 실제적 경험이 된다거나, 도덕적 고결함, 필요한 존재로서의 확인, 누군가에게 도움이 되는 존재로서의 만족감 등 심리적 보상을 포함하여 자원봉사자에게 무언가 직접적인 이익을 제공하는 활동이라고 주장한다.

결론적으로 자원봉사활동은 이타주의적인 동기와 이기주의적인 동기의 혼합으로 볼 수 있다. 어떠한 자원봉사활동에도 자기 이익(self-interest)의 측면이 포함되어 있으며, 절대적인 이타주의가 아닌 상대적인 이타주의로서 자원봉사활동을 이해해야 한다는 논리가 설득력을 얻고 있다(Gidron, 1983; Smith et al., 1980).

(2) 사회적 교환이론

자원봉사활동을 보상과 관련시켜 합리적 의사결정의 결과로 해석하는 대표적인 견해로는 사회적 교환이론(social exchange theory)을 들 수 있다. 자원봉사활동은 자원봉사활동의 수행 과정에서 나타나는 업무의 보상, 즉 성취감과 소집단 관계 등에 영향을 받게 된다는 것이다. 여기서 보상은 생계수입을 목적으로 하는 물질적 보상이 아니라 인정, 칭찬, 존경 등 사회적 보상을 말한다.

사회적 교환은 반드시 주고받는 대상이 일치하는 것이 아니라, 제3자를 통한 간접적인 교환도 가능하다. 즉, 자신이 속한 집단 구성원들이 이타적인 행동을 높게 평가하는 경우, 봉사활동을 수행함으로써 수혜자들에게는 아무런 대가를 못 받더라도 자신이 속한 집단에서 사회적 보상을 받기 때문에 봉사활동을 계속 수행하게 된다는 것이다. 사회적 교환이론에서 사용되는 자원봉사활동 관련 보상의 유형은 다음과 같다.

① 심리적 보상

조휘일(2000: 15)에 따르면 “자원봉사자의 동기의 근원은 생물학적 · 심리적 · 사회적 · 경제적 · 문화적인 다양한 요인들부터 나오고 있으며, 그 성격은 크게 이타적 동기와 이기적 동기 또는 자기지향적 동기(self-directed)와 타인지향적 동기로 나눌 수 있다" 고 했다.

타인지향적 동기는 불우이웃을 돕는다는 보람 등 단순한 동정심이나 좀 더 숭고한 평등의식에 의해 동기화되어서 활동에 참여하는 것을 말한다. 어떤 경우에는 죄의식이나 긍정적인 자아상의 보존 욕구(체면) 등에 의해 동기화되기도 한다.

자아지향적 동기는 개인적 성장을 위해서 혹은 미래의 직업이나 사회적 역할을 탐색하기 위한 동기에서 자원봉사활동에 참여하는 것을 말한다. 예를 들면 다음과 같다.

- 다른 사람들에 대한 관심과 이해의 증진
- 사회문제를 이해하는 기회
- 직업이나 진로를 결정하는 계기
- 공동체 의식의 향상
- 건전한 여가활동 기회
- 자신의 삶을 더 의미 있게 만드는 계기
- 가족 간의 대화 및 관계에 도움
- 대인관계의 중요성을 인식하는 계기
- 자신의 잠재능력을 발견하는 기회
- 새로운 경험과 기술을 배우는 기회

② 사회적 보상

자원봉사자에게 사회적인 차원에서 직접적인 보상의 형태로 제공되는 것으로 다음의 사항을 들 수 있다.

- 자원봉사 통장제도

- 표창제도
- 회원제도
- 근무시간 인정 및 경력화: 근무시간 면제(trade-off), 사회봉사휴가(social-service leave), 직원대여(loaning personnel)
- 자원봉사 학점의 제도화

③ 경제적 보상

가정봉사원제도를 실례로 들 수 있으며, 가정봉사원으로 활동하는 자원봉사자에 대한 주차비 면제나 식사비 할인 등의 실비지급 정도의 수준에서 지급되는 경제적 보상의 형태로 이루어진다. 미국의 경우, 청소년층의 자원봉사활동에 참여하는 사람들에게 최소생계비와 학비 등을 지원하고 있다.

(3) 동기이론

매슬로(Maslow)의 욕구단계이론, 허즈버그(Herzberg)의 동기 · 위생이론, 맥클렌드(McClelland)와 앳킨슨(Atkinson)의 성취동기이론,[1] 브룸(Vroom)의 과정이론으로서의 기대이론[2] 등 자원봉사활동의 동기에 대한 설명을 제공하는 다양한 이론이 있다(Carrell, Elbert, & Hatfield, 1995).

또한 자원봉사자들은 그들의 참여 동기에 따라 분류하기도 한다. 예를 들어, 앱데너(Abdennur, 1987)는 자원봉사자를 그들의 동기에 따라 다음의 5가지 유형으로 분류하고 있다.

1 성취 욕구, 권력 욕구, 친화 욕구로 나누어진다.

2 자원봉사자는 자원봉사활동 그 자체만으로 동기부여되는 것이 아니고, 기대하는 보상이 어떻게 주어지느냐에 따라 자원봉사활동의 지속 여부가 결정된다고 하는 주장이다.

① 사회서비스형 자원봉사자(social service volunteers)

이 유형의 자원봉사자들은 클라이언트와의 직접적인 상호작용에 의해 동기화된 사람들이다. 병원의 노인병동이나 자원봉사자 교육센터 등과 같이 건강, 교육, 여가 관련 프로그램에서 일하는 자원봉사자들에게서 많이 찾아볼 수 있는 유형이다.

② 원인지향형 자원봉사자(cause-oriented volunteers)

인권문제, 유권자 운동, 환경보호, 가족계획 등 특별한 사회적 이슈와 문제에 깊은 관심을 표하는 자원봉사자를 일컫는다. 이들은 사회적 이슈를 공공에 알리고 교육시키는 업무나 사회적 변화를 추구하는 활동 혹은 2가지 활동 모두에 관심을 보이는 경향이 있다.

③ 자기표현형 자원봉사자(self-expressive volunteers)

이 유형의 자원봉사자들은 기본적으로 즐거움을 누리기 위해서 혹은 개인적 표현의 장으로 자원봉사활동에 관심을 갖는다. 스포츠 리그, 환경미화집단, 문화예술 분야 등에서의 활동을 선호하는 자원봉사자들이 이 유형에 속한다.

④ 직업적/경제적 이익추구형 자원봉사자(occupational/economic self-interest volunteers)

산업별 노동조합(trade union), 직능협회(professional associations), 경제인협회(organizations of business people) 등을 위한 자원봉사활동에 종사하는 경우에 해당한다. 이들의 자원봉사활동의 주요 동기는 자신의 직업적 커리어, 직업상의 지위, 경제적 권력의 유지와 강화 등과 관련된다.

⑤ 자선적/기금모금형 자원봉사자(philanthropic/funding volunteers)

자원봉사자들이 직접적인 서비스의 제공에 관련된 영역보다는 자원봉사기관이나 조직을 위한 기금모금활동이나 경제적 기부에 더 큰 관심을 보이는 경우다.

(4) 집합행동이론

최근 들어 자원봉사활동을 지역문제를 해결하고 지역복지를 달성하려는 지역복지공동체를 위한 집합노력으로 이해하면서 주장되고 있는 견해다. 여기서는 지역주민 모두를 복지의 공급자이자 수혜자로 보며, 자원봉사를 지역사회 발전이라는 공공의 이익을 추구하는 행동으로 간주한다. 즉, 자원봉사활동이 단지 남을 위한 행동이 아니라, 내가 살고 있는 지역사회 전반적 차원에서의 이익, 그리고 지역주민의 한 사람으로서 자기 자신을 위한 행동으로 이해하는 입장이다.

2. 자원봉사자의 유지

자원봉사자가 지속적으로 자원봉사활동에 참여할 수 있도록 돕는 노력의 핵심은 자원봉사 경험을 통해 다양한 동기부여 욕구의 연합으로 이루어진 개별 자원봉사자의 독특한 욕구가 충족되었음을 자원봉사자가 확신할 수 있도록 하는 것이다. 이러한 개별적 확신이 보다 폭넓은 차원에서 일어날 때, 자원봉사활동을 지속하려는 사람들을 고무시키는 긍정적이며, 열정적인 환경이 조성된다.

이와 같이 긍정적인 방향으로 동기를 부여하는 환경을 조성하고자 할 때, 대부분의 자원봉사자들이 공통적인 관심을 갖는 2가지 중요한 욕구가 있다. 하나는 소속감을 느끼고자 하는 욕구이고, 다른 하나는 자율성에 대한 욕구다. 이 2가지 욕구는 서로 상반된 특성을 지닌다. 실제적으로 일상의 삶 속에서도 양립할 수 없는 상호 충돌적인 욕구들로 표출될 때가 많다. 즉, 둘 중 한 가지 욕구가 뚜렷이 드러나는 상황은 쉽게 찾아볼 수 있으나 2가지 욕구가 동시에 표출되는 경우는 드물다.

소속의 욕구와 특별함의 욕구는 인간을 동기화시키는 기본적인 욕구다. 대부분의 사람들은 소속감을 갖기 위해 자신만의 특별함을 일정 부분 포기하거나, 혹은 보다 자율적이고, 더욱 강력하며, 훨씬 독립적인 특별한 인간이 되기 위해 자신의 관계망 일부를 기꺼이 포기하기도 하면서, 양립할 수 없는 둘 사이에서 타협점을 모색해 나가는 삶을 살아간다. 대부분의 사람들은 살아가면서 어디인가에 소속되어 있다는 사실로 인해 답답함을 느끼고, 자신의 인생에 대해 스스로 결정을 내릴 수 있는 자율을 갈망했던 경험이 있을 것이다. 또한 대부분의 사람들은 무언가에 관련되고 싶은 감정 역시 갈망했던 경험이 있을 것이다. 이 2가지 욕구가 동시에 만족되는 경우는 드물다. 소속감과 특별함의 감정을 동시에 가질 수 있는 자원봉사의 환경을 만들 수 있다면, 자원봉사를 열망하는 강력한 동기화된 욕구를 창출해 내고, 활용하며, 충족시켜 나갈 수 있을 것이다.

1) 소속 욕구의 충족

소속 욕구를 충족시킬 수 있는 환경의 조성을 위해서 다양한 측면이 고려될 필요가 있다. 소속 욕구를 충족시키기 위해 활용할 수 있는 방법은 다음과 같다.

- 상호적 공동 목표를 설정한다.
- 비슷한 관심을 가진 자원봉사자를 모집, 배치한다.
- 비슷한 가치를 가진 자원봉사자를 모집, 배치한다.
- 역량강화를 통해 신뢰할 수 있는 환경을 조성한다.
- 팀의 일원으로서 자원봉사자의 집단의식을 강화한다.

2) 자율성 욕구의 충족

자율성을 추구하고 특별함을 강조하는 욕구의 충족을 위하여 다음의 방법을 활용할 수 있다.

- ■ 자원봉사자에게 보다 많은 자율을 준다.
- ■ 자원봉사자의 의견을 구한다.
- ■ 결과의 측면에서 자원봉사자의 업무를 규정한다.
- ■ 조직에 중요한 기여자로서 자원봉사자를 대한다.
- ■ 개별적인 수행에 피드백을 제공한다.
- ■ 결과의 성취에 있어 개별적인 수행을 측정한다.

앞의 2가지 욕구를 동시에 충족시킬 수 있는 한 가지 방법은 자원봉사자에게 제안을 구하고 이를 실행하는 것이다. 이는 긍정적인 환경을 만드는 것뿐 아니라, 조직의 효과성을 위해서도 중요하다. 빠르게 변화하는 세상에서, 과거에 행하던 방식을 미래에 사용할 수 없음은 당연하다. 조직은 변화하고, 성장하고 발전해야 한다. 이는 더 나은 방법을 찾기 위해 끊임없이 사고해야 함을 의미한다. 자원봉사자는 혁신적인 사고의 중요한 자원이다.

3) 창조적이고 혁신적인 사고의 촉진

혁신적인 사고가 반드시 근본적이고, 세상이 바뀌는 변화로 연결되는 것은 아니다. 오히려 작은 변화의 축적이 영속적으로 변화하는 세계의 지속적인 도전에 효과적으로 대처할 수 있다. 일본 회사들이 지금과 같은 성공을 거둘 수 있었던 이유 중 하나는 매년 작지만 의미 있는 발전을 하기 위해 직원들의 아이디어에 귀를 기울이고, 이를 실천해 왔다는 데 있다. 예를 들어,

1987년까지 일본의 세계적 자동차회사의 하나인 도요타는 백만 건이 넘는 직원들의 작은 아이디어를 실행에 옮김으로써 현재의 성공을 위한 기반을 구축해 왔다. 다음과 같은 질문을 통하여 자원봉사자들의 의견을 구함으로써, 자원봉사자들이 보다 적극적으로 혁신적인 사고와 행동을 할 수 있도록 격려할 수 있다.

- 지금 우리가 하고 있는 일을 더 잘할 수 있는 방법은 무엇인가?
- 만약 당신이 이 일의 책임자라면 무엇을 바꿀 것인가?

또한 집단토론에서 다음의 질문을 던지고 난상토론을 통해 의견을 모아가는 방법 역시 권장할 만하다.

- 만약 길 건너편에 똑같은 기관을 세운다면 다르게 해 볼 수 있는 일은 무엇인가?
- 어떻게 하면 클라이언트에게 보다 나은 서비스를 제공할 수 있을까?

아이디어를 구하는 것만으로는 충분하지 않다. 만약 자신들이 성의를 다해 제안한 아이디어들이 전혀 반영되지 않는다면, 자원봉사자들은 실망하게 되고 더 이상 어떤 제안도 하지 않을 것이다. 자원봉사자의 제안이 실행하기에 충분하지 않거나, 오히려 상황을 악화시킬 여지가 있거나, 혹은 기관이 전체적으로 추구하는 가치나 목표와 일치하지 않을 때, 자원봉사관리자는 자신의 염려를 자원봉사자에게 알리고, 자신의 아이디어를 수정할 수 있는 기회를 제공함으로써 혁신적 아이디어의 제안에 대한 자원봉사자들의 열의와 관심이 식지 않도록 해야 한다.

자원봉사자들이 느끼기에 기관에서 자신들의 아이디어를 요청하고 있으며, 자신들이 제안한 아이디어가 실질적으로 반영된다고 생각할 때, 자신들을 특별하고, 영향력 있는 존재로 인식하게 된다. 그리고 동시에 조직에 대한 강력한 일체감을 경험하게 된다. 이는 기관에서 일어난 실제적인 변화가 바로 자신들에 의해 시작되었다는 느낌을 가지기 때문이다. 이런 경우 자원봉사자들은 개인으로서의 특별함과 전체의 일부로서의 소속감을 동시에 느끼게 된다. 이것은 특별함의 욕구와 소속감의 욕구를 동시에 충족시킬 수 있는 환경이 조성되었음을 의미하며, 이를 통해 기관에 대한 자원봉사자의 충성도를 높이고, 자원봉사활동을 지속하겠다는 열망을 불러일으킬 수 있다.

3. 인정과 보상

자원봉사자들에게는 반드시 그들의 기여에 상응하는 인정과 보상이 이루어져야 한다. 이러한 인정과 보상은 공식적 보상체계와 비공식적 보상체계를 포함하는 몇 가지 과정에 의해 가능하다.

1) 공식적 보상체계

공식적 보상체계는 자원봉사자의 탁월한 성취를 인정하고 널리 알리는 의미에서 상장, 공로패, 감사패를 수여하거나, 표창을 하고, 혹은 만찬회를 여는 것 등이 포함된다. 비영리단체와 기관들은 연례기금모금만찬회나 기념식 등을 개최하면서, 탁월한 성취를 이룬 자원봉사자들에게 공식적인 감사를 표시하는 것이 바람직하다. 이러한 행사는 자원봉사활동을 고취한다. 자원봉사자의 사기를 진작하기 위한 목적으로 지역사회 차원에서 자원봉사주간을 개최하는 것도 고려해 볼 만하다.

공식적인 기념행사의 개최 여부를 결정할 때 다음의 사항이 고려되어야 한다.

■ 행사가 자원봉사자의 성취를 축하하고, 노고를 치하하는 목적으로 진행되고 있는가? 그럼으로써 직원들이 자원봉사자들에게 감사의 마음을 표시하는 기회가 되고 있다고 느끼고 있는가?
■ 진부하거나 형식적이지 않고 실질적인가?
■ 적절한가? 자원봉사자가 이러한 성의 없는 점심 대접에 돈을 쓰기보다는 클라이언트에게 이 비용을 쓰는 것이 더 낫다고 느끼지는 않을까?
■ 이 행사를 진정한 축제의 장으로, 그리고 조직의 일원으로서의 자부심을 높이는 기회로 만들 수는 없을까?

공식적인 보상체계가 유용한 방법이기는 하지만 자원봉사자의 동기부여 욕구를 지속적으로 충족시켜야 하는 일상적인 봉사활동과정에서 활용하기에는 한계가 있다. 또한 지역사회의 인정을 받고자 하는 자원봉사자의 욕구를 충족시키는 데는 유용한 방법이지만, 클라이언트에 대한 대면적 원조를 담당하는 자원봉사자에게는 거의 영향이 없거나, 오히려 부정적인 영향을 주는 방법이다. 이러한 자원봉사자들은 자신들이 제공한 서비스가 클라이언트들에게 실질적인 도움이 되고, 이 도움이 클라이언트의 성취에 기여했음을 알게 될 때 더욱 동기부여가 되고 자신이 인정받고 있음을 느끼게 된다.

2) 비공식적 보상체계

가장 효과적인 보상체계는 자원봉사자가 수행하는 일상의 업무에 대해 직원들이 진심으로 인정해 주고 감사를 표시하는, 자원봉사자와 직원 간의 일상의 상호작용에서 일어난다. 이러한 비공식적 보상체계는 어떤 면에서 공식적인 보상체계보다 훨씬 더 효과적인데, 이는 일상에서 쉽게, 그리고 자주 실행할 수 있기 때문이다. 1년에 한 번 개최하는 저녁만찬행사의 효과가 아무리 좋아도 바람직한 업무관계가 1년 365일 동안 지속되는 효과에 비할 수는 없기 때문이다.

일상으로 일어나는 비공식적 보상은 다음의 내용을 포함한다.

- "고마워요." 라고 말하는 것
- 자원봉사자의 업무와 연관된 의사결정에 자원봉사자를 참여시키는 것
- 자원봉사자의 가족에 관해 물어보고, 관심을 보이는 것
- 자원봉사자가 직원들과 동등한 대우를 받을 수 있게 하는 것
- 자원봉사자의 가족들에게 감사의 편지를 보내는 것
- 자원봉사자가 교육 프로그램에 참여할 수 있도록 허락해 주는 것
- 자원봉사자가 자신의 직장에서 승진할 수 있도록 추천하는 것
- 자원봉사자의 생일을 기억하는 것
- 기관에서 자원봉사자가 처음 일을 시작한 날을 기억하고 축하하는 것

일상적인 보상의 숨겨진 의도는 자원봉사자에 대한 감사의 표현을 생활화함으로써 자원봉사자의 지속적인 소속감을 유지시키는 것에 있다. 이렇게 작지만 의미 있는 표현은 연례행사에서 공식적으로 전달하는 것보다는 일상생활에서의 수많은 상호작용 속에서 보다 자연스럽게 전달될 수 있다.

3) 보상의 규칙

자원봉사자에게 이루어지는 보상체계의 유형과 방식에 상관없이 반드시 지켜야 할 규칙이 있다.

(1) 보상은 반드시 주어야 한다

자원봉사자가 자원봉사관리자로부터 원하는 보상을 받지 못하면, 누군가 다른 사람에게서 그것을 얻으려 할 것이고, 그렇게 되면 자원봉사관리자가

원하는 행동방식과 의도한 결과를 자원봉사자로부터 유도해 낼 수 없을 것이다.

(2) 보상은 자주 주어야 한다.

사람은 누구나 인정받기를 원한다. 자원봉사자들이 스스로 '승리자'의 이미지를 높일 수 있도록 격려와 칭찬을 자주 해 주도록 한다.

(3) 공개석상과 동료집단을 활용한다

보상은 공식적인 자리에서 행해질 때 효과적이며, 특히 동료들이 있는 곳에서 행해지면 더욱 효과적이다. 예를 들어, 직원회의에서 자원봉사자의 업무를 치하하는 것은 매우 효과적인 방법이다.

(4) 보상은 빠른 시간 내에 주도록 한다

보상은 바람직한 행동이나 업무수행 이후 빠르면 빠를수록 더 큰 효과를 불러온다. 탁월한 성취를 이룬 후 수개월이 지난 다음에 공식적인 상을 주는 것은 업무를 수행한 직후 '훌륭한 업무수행'이라는 칭찬의 말을 건네는 효과에 미치지 못한다.

(5) 개별화된 보상 방법을 찾는다

개인에게 맞는 개별화된 보상 방법을 찾기 위해 노력해야 한다. 예를 들어, 자신의 직업상 경력을 위해 자원봉사활동을 하는 사람에게는 자원봉사기관의 기관장 명의로 탁월한 자원봉사활동을 치하하는 서신을 고용주에게 보내는 것이 최고의 보상이다.

(6) 지속적이고 진실해야 한다

거짓 성취를 보상해서는 안 되며, 성취의 수준이 동일한 자원봉사자들 가운데 일부만 보상해서도 안 된다. 자원봉사자들이 자신들에 대한 보상이 성취에 대한 공정한 고려 없이 무원칙적으로 이루어진다고 생각한다면, 올바른 보상이 이루어질 경우에도 기관과 관리자를 신뢰하지 않는 상황으로 이어진다.

(7) 성취에 대해서는 인정을, 자원봉사자에게는 칭찬을

프로젝트를 완료했을 때 주어지는 것과 같이 특정한 성취를 이루었을 때 보상을 주는 것이 가장 효과적이다. 하지만 그러한 보상과 인정이 업무의 성취가 아닌, 그 일을 이룬 사람을 향할 때 더욱 효과적이다. 예를 들어, 특정한 성취를 이룬 자원봉사자에게 "나는 당신이 언제나 맡은 바 소임을 차질 없이 훌륭히 해낼 것이라는 것을 믿고 있었습니다."라는 말을 건네는 것이다. 다시 말해, 자원봉사관리자는 '훌륭한 업무'의 측면이 아닌, "훌륭한 업무를 바로 당신이 해냈다."는 방식으로 자원봉사자의 성취를 인정하는 것이다.

4) 자원봉사자 유형에 따른 보상의 실례

(1) 청소년 자원봉사자

■ 훈련 내용이나 개발된 기술의 공식 문서화
■ 부모, 교사, 성직자 등에게 청소년을 칭찬하는 서한 발송
■ 학교신문 편집자에게 서한 발송
■ 지역신문에 기사화 요청 서한 발송
■ 청소년이 입학하기를 원하는 대학에 서한 발송
■ 장기 자원봉사업무보다는 단기적, 일회성 업무 부여
■ 다른 청소년이나 성인 대상 자원봉사 사례발표 기회 제공

(2) 직장인 자원봉사자

- 자원봉사활동 내용 및 시간의 유연한 조정
- 자원봉사활동 업무의 공유
- 탁아 및 아동보육서비스
- 재택봉사활동 기회 제공
- 고용주에게 자원봉사자를 칭찬하는 서한 발송
- 장기 자원봉사업무보다는 프로젝트 중심의 단기 업무 부여
- 자원봉사자의 상황 변화에 따른 업무의 재조정

(3) 노인 자원봉사자

- 교통비 보조, 교통수단 지원 및 제공
- 자원봉사활동 중 식사 제공
- 각종 서비스, 음식, 여가 및 여흥활동 할인티켓 제공
- 편리한 주차장소 제공
- 공휴일이나 주말과 같이 홀로 보내야 하는 시간에 여가 및 여흥기회 제공
- 노인 자원봉사자에게 도움을 제공할 수 있는 기관이나 사람과의 네트워킹 기회 제공
- 노인 자원봉사자에게 영향을 끼치는 사회적 · 경제적 · 정부정책상의 변화를 항상 파악하고 필요한 정보 제공
- 항상 경청하는 자세

(4) 새로운 기술의 습득을 원하는 자원봉사자

- 안전한 환경에서 새로운 시도를 할 수 있는 기회 제공
- 집중적인 훈련 기회 제공
- 이력서에 습득한 새로운 기술 기록

■ 적절한 평가

(5) 종교기관 운영 프로그램 자원봉사자

■ 종교기관의 심벌이 새겨진 서비스 배지 제공
■ 탁아서비스
■ 자원봉사자의 이름, 사진, 활동 내용 등을 종교기관 게시판에 고지
■ 활동 부서나 위원회 '이달의 봉사자' 선정
■ 종교기관의 소식지와 홍보책자에 '자원봉사자 스포트라이트' 섹션 연재
■ 자원봉사자 감사 디너파티 개최
■ 종교기관 무료식사권 제공
■ 종교기관 본당 홀이나 로비에 우수 자원봉사자 명단 전시
■ 자원봉사자의 이름을 새긴 종교 서적(성경, 불경 등) 증정
■ 자원봉사자 이름으로 종교기관에 선물 증정

(6) 의료기관(병원) 자원봉사자

■ 기관 소식지와 홍보책자에 '자원봉사자 스포트라이트' 섹션 연재
■ 무료식사 제공
■ 자원봉사자의 전용 주차장소 제공
■ 자원봉사자 이름을 새긴 개인 음료 컵(혹은 머그) 제공
■ 자원봉사자 전용라운지 제공
■ 자원봉사자 전용라운지에서 깜짝파티 개최
■ 이름표, 유니폼, 서비스 배지 제공
■ 자원봉사자를 소개한 게시판을 병원로비에 설치
■ 자원봉사자 명의의 선물 기관 증정
■ 병원 내 자원봉사자 이름을 딴 방이나 장소 지정

■ 신규 자원봉사자 오리엔테이션 훈련 시 모범자원봉사자 활용
■ 자원봉사자의 활동을 지역신문이나 언론에 소개
■ 자원봉사자 라운지에 깜짝감사메모 부착
■ '이달의 자원봉사자' 배지 수여
■ 공공장소에 우수 자원봉사자 명부 부착
■ 환자와 환자가족으로부터의 감사메모
■ 자원봉사활동 소개와 활동에 도움이 되는 내용을 담은 자원봉사 소식지 발간
■ 유니폼 세탁 서비스
■ 이사회나 병원집행부로부터의 감사편지
■ 직업소개 게시판 운영
■ 병원운영 시설이나 상점의 할인권 제공

(7) 자원봉사활동을 통해 가시적 인정을 추구하는 자원봉사자

■ 자원봉사자의 고용주나 직장 상사에게 서신 발송
■ 자원봉사자의 직장에 감사패(혹은 상장) 수여
■ 자원봉사자 활동을 대중매체를 통해 소개

(8) 저소득층 자원봉사자

■ 교통비 보조, 교통수단 지원 및 제공
■ 식사 제공
■ 유니폼 제공
■ 유급 자원봉사 기회 제공
■ 자원봉사자에게 도움을 줄 수 있는 기관이나 개인과의 네트워킹 기회 제공

- 자원봉사자 전용라운지에서 깜짝파티 개최
- 물품, 서비스에 대한 할인권 제공
- 물품, 서비스에 대한 물물교환 기회 제공
- 직업 소개
- 탁아서비스(혹은 노부모 주간보호서비스)

4. 유지와 인정의 진정한 의미

자원봉사자의 유지와 성취에 대한 인정은 '작은 것이 아름다운' 활동이라는 생각에 잘 나타나 있다. 자원봉사 전체 프로그램이 아닌, 특정한 개인과 연관되어 이루어졌을 때 보다 안정적인 자원봉사자의 유지와 효과적인 보상이 가능하며, 대규모의 공식행사를 통한 인정보다는 일상의 업무 가운데 자연스럽게 이루어지는 보상과 인정이 더욱 매력적이다. 그렇다고 공식적인 행사나 시상식을 통해 이루어지는 보상과 인정이 의미가 없다는 것을 의미하는 것은 아니다. 집단적 소속감을 중시하는 자원봉사조직의 경우 공식적인 행사를 통한 보상은 매우 중요한 의미를 가진다. 다만, 공식적인 보상체계가 일상의 상호작용 속에서 가능한 비공식적 보상체계를 절대로 대체할 수 없음을 잊지 말아야 한다.

13
평 가

1. 자원봉사자, 자원봉사 프로그램 및 행사의 평가

일반적으로 '평가(evaluation)'는 '공식적 판정 혹은 심판적인 평가(judgment)'를 의미하는 것으로 받아들여지며, 이 단어를 생각할 때 최종 시험, 상사나 부모의 평가, 승진을 위한 고려사항 등을 떠올리게 된다. 특히, 불공정하거나 부당하게, 또는 지나치게 엄격한 잣대로 평가받은 경험이 있는 이들에게 평가라는 단어가 주는 기억은 그다지 유쾌하지 않다. 이러한 이유로 대부분의 자원봉사관리자들은 평가가 관리 과정을 구성하는 중요한 일부분이라는 사실을 인지하고 있음에도 불구하고, 자원봉사자에 대한 평가를 기꺼운 마음으로 하는 경우는 찾아보기 힘들다.

이러한 부정적인 선입감의 원인은 무엇인가? 무엇 때문에 많은 사람들은 평가를 주거나 받아야 할 상황을 염려하고, 두려워하는 것인가? 특히, 자원봉사관리자들이 관리 과정상에 이러한 평가 과정을 종종 생략하는 이유는 무엇인가? 이 질문에 대한 답은 간단하다. 이는 과거에 많은 평가들이 부적절하게 수행되었고, 매우 부정적인 결과로 이어졌기 때문이다. 자원봉사자를 평가하는 경우, 부적절한 평가는 그들로 하여금 기관을 떠나게 만드는 결과를 초래한다. 정규 직원의 경우에는 조직에 대한 환멸과 도전의 감정을 불러일으키며, 그들이 맡고 있는 프로그램이나 행사의 원활한 업무수행에 장애와 분리의 요인이 된다.

부적절한 평가로 인한 부정적인 결과는 비록 자주 발생하는 것은 아니지만, 일단 발생하면 치러야 할 대가가 너무 크다. 프로그램과 사람을 관리하는 자원봉사관리자에게 가장 중요한 책임의 하나가 올바른 평가 방법을 선택하고, 이를 자원봉사자들에게 이해시키며, 궁극적으로 그들의 성장과 프로그램의 성공을 위한 의미 있는 도구로 활용하는 것이라 할 수 있다.

1) 평가와 관리 과정

프로그램 전체 과정에 있어 평가는 마지막 단계에서 이루어지지만, 초기의 기획 과정과 설계 과정에서 무엇을 어떻게 평가할 것인가에 대한 기본적인 인식의 틀이 결정된다.

(1) 기획 기능과 평가

기획 과정은 프로그램을 통해 무엇이 성취되며, 이 성취가 어떠한 방법으로 이루어질 것인가가 결정되는 단계다. 즉, 기획 기능을 통해 프로그램의 목적(goal)과 목표(objective)가 결정된다. 목적이 프로그램이 지향하는 궁극적인 방향에 대한 포괄적인 개념이라면, 목표는 목적을 달성하기 위한 구체적이고, 실제적이며, 측정 가능한 지향점이다. 이러한 목적과 목표는 개인, 프로그램, 행사 차원에서 성취되어야 할 것을 구체적이고(무엇을 언제, 얼마나 많이 할 것인가), 측정 가능하며(평가의 목적을 위해), 성취 가능하고(정치적 · 재정적 · 기술적 · 윤리적 현실성 반영), 타당성 있는(기관이나 조직의 사명과 일치하는가) 형태로 설정된다.

사람이 아닌 구체적인 성취에 초점을 맞춘 적절한 목표의 설정은 바람직한 평가를 위한 시금석이 된다. 이러한 목표는 활동의 결과로 인해 우리가 무엇을 기대해야 하는지의 단서를 제공함으로써, 구체적으로 어떠한 행동 혹은 활동, 결과를 측정해야 하는지에 대한 기준을 제공한다. 만약 자원봉사자로 하여금 3개월의 기간에 네 차례의 기관 소개 프레젠테이션을 수행할 것이 목적으로 설정되었다면 평가는 이러한 성취의 성공 여부에 초점을 맞추어야 한다. 만약 주어진 시간 동안 2번의 프레젠테이션만 이루어졌다면 자원봉사관리자의 접근 방식은 자원봉사자의 개인적 성취의 성공이나 실패의 확인이 아니라, 상호 합의된 목적의 성취 여부에 초점을 맞추어 이루어져야 한다. 다시 말해, "왜 당신은 프레젠테이션을 2번밖에 하지 않았나요?"라는 방식이 아니라 "프레젠테이션이 합의되었던 4번이 아니라 2번밖에 이루어지지 않은 이유에 대해 함께 이야기해 볼까요?"라는 질문을 해야 함을 의미한다. 상대방을 탓하는 부정적 대화기법(negative 'You' message)은 절대로 사용되이서는 안 되기 때문이다.

(2) 설계 기능과 평가

기획 과정에 이어지는 설계 과정은 구체적인 활동계획과 업무설계가 조직화되는 단계로 기대 수준과 활동단계가 보다 명확히 구체화되는 단계다. 여기서 다시 한 번 강조하고 싶은 것은 평가의 목적이 자원봉사자들로 하여금 자신들의 업무상 진행 상황을 보다 구체적으로 인지하게 함으로써 자기 스스로 성공적이라는 느낌을 가질 수 있도록 돕는 데 있다는 점이다. 이러한 목적의 달성을 담보할 수 있는 가장 확실한 방법은 자원봉사자들이 자신의 활동을 통해 달성되어야 할 목적이 무엇인지를 명확히 이해하고 있음을 확인하는 일이다. 활동과 업무를 짜는 일은 바로 이러한 이해를 높이기 위한 작업이다.

활동계획은 누가, 무엇을, 언제, 어떻게, 어떤 비용으로(어떤 자원과 시간을 활용하여) 할 것인지를 구체화하는 작업이다. 따라서 업무설계는 효과적인 평가를 위한 가장 중요한 준거틀로서 가능한 한 구체적으로 고안하고 명시해야 한다. 업무설계에 들어갈 내용은 다음과 같다.

① 직위

자원봉사자가 실제적으로 수행하는 업무를 단순하게 나타내는 명칭이 바람직하다. 예를 들어, 자원봉사자의 업무가 우편물을 수거하고, 정리하여, 전달하는 것이라면 '우편업무 담당자(mailing coordinator)' 라는 직위를 주는 것이 '공보 및 연락관리 담당관(director of communications management)' 과 같이 고상한 느낌이 들지만 애매모호한 명칭의 직위보다 훨씬 바람직하다.

② 보고체계

해당 자원봉사자가 일차적으로 업무를 보고해야 할 사람이 누구인지가 명확해야 한다. 자원봉사자의 업무상 정보가 개인적 혹은 기관 내 사적 관계망의 이득 추구에 오용되지 않도록 명확한 보고체계가 이루어져야 한다.

③ 업무

자원봉사자의 업무는 측정 가능하고, 객관적인 형태로 명문화되고, 목록화되어야 한다. 예를 들어, "○○시에 있는 ○○개의 비영리회원제 기관을 대상으로 ○회의 자원봉사모집 캠페인을 기획, 실행하여, ○○시립병원에서 ○월○일에 실시할 예정인 무료건강검진행사에 참여할 자원봉사자들을 각각의 기관에서 최소한 5명 이상 모집할 것" 과 같은 형식의 업무가 설계되어야 한다.

④ 특정 기술 및 경력 상의 요구사항

이 부분 역시 구체적인 명문화가 가장 중요하다. 예를 들어, 공공연설 경험, 참여 의지, 기관 · 동기 · 욕구에 대한 지식 등 다양한 측면에서 구체적으로 무엇이 필요한지를 명확하게 요구해야 한다.

⑤ 시간에 대한 요구사항

2가지 측면에서 확인이 필요하다. 첫째는 맡겨진 활동을 지속적으로 수행하겠다는 최소한의 활동 시간(예를 들어, 1년 동안의 활동 약속 등)에 대한 약속이며, 둘째는 약속한 기간 동안의 활동 빈도(예를 들어, 일주일에 3시간 혹은 한 달에 10시간 등)에 대한 의지의 확인과 약속이다.

⑥ 기타 지침 및 유의사항

이 부분에서 자원봉사관리자는 자원봉사자의 업무와 책임에 있어 기타 필요한 내용과 지침 등을 포함해야 한다. 특히, 자원봉사자에 대한 기대사항, 지켜야 할 규칙과 규정, 기관이나 프로그램의 역사, 자원봉사자에 대한 지원활동과 교육/훈련의 제공 등에 대한 내용이 상세하게 포함되어야 한다. 또한 자원봉사자의 업무상 책임을 어떻게 확인하고, 유지시킬 것인가에 대한 내용도 반드시 포함되어야 한다. 예를 들어, 일회성 행사에 참여한 자원봉사자에게 행사가 끝나고 일주일 후에 결과를 평가하기 위한 전체 위원회 차원의 비공식적 모임이 열릴 것이라는 사항을 고지한다든지, 일정 기간 동안(예를 들어, 12주 동안) 지속적인 속성의 업무를 맡게 될 자원봉사자에게는 6주와 12주차에 첨부된 평가표를 가지고 자원봉사자 업무의 결과를 평가하는 모임을 가질 것이라는 것을 명문화하여 고지할 수 있다.

업무설계는 효과적인 평가를 위한 핵심적 도구다. 왜냐하면 기관이 자원봉사자에게 기대하고 원하는 것이 무엇이고, 자원봉사자가 책임져야 할 사항이 무엇인지가 업무설계를 통해 구체화되며, 결과적으로 차후 자원봉사자 업무의 평가 시 어떠한 내용과 영역이 다루어질 것인가가 업무설계를 통해 결정되기 때문이다(〈표 13-1〉 참조).

<표 13-1> 자원봉사자 업무설계 서식

직위(Title):

____

책임소재(Responsible to):

____

업무상 책임(Responsible for):

____

____

업무상 필요 기술(Skilled Required):

____

____

활동 시간 및 시간 구성(Time Frame):

____

____

업무 특성 및 주요 지침(Parameters):

____

____

성명(자원봉사자)____________________ 전화번호______________________

일시 _____/_____/______ 업무평가 일시_____/_____/_____

서명

____________________________________(자원봉사자)

____________________________________(슈퍼바이저)

(3) 이중평가체계

모집과 면접 과정을 거친 자원봉사자가 오리엔테이션단계에서 자신의 업무에 대한 소개를 받을 때 앞에서 언급한 내용들이 구체적으로 명시된 업무소개서(혹은 업무계약서)가 함께 주어져야 한다. 이 양식을 검토하는 과정에서 업무상 의문사항이나 건의사항이 다루어지게 됨으로써 자원봉사자는 업무를 시작하기 이전 단계에서 자신에게 주어진 책임과 한계가 무엇인지를 정확하게 파악하고 이해할 수 있게 된다.

예기치 못한 자원봉사자에 대한 평가는 그 의도의 순수성 여부에 관계없이 자원봉사자에게는 항상 불공정하고, 부당한 것이 될 수밖에 없다. 따라서 오리엔테이션단계에서 자원봉사자와 관리자가 각자의 입장에서 업무의 책임성과 한계에 대한 의견을 교환하고, 합의점을 도출하여 서면상 상호 날인하는 절차는 자원봉사관리 초기단계에서 시행되는 일차적 성격의 평가업무라 할 수 있으며, 차후에 시행될 본격적 평가의 효과성을 높이고, 성공을 담보하는 의미 있는 작업이다. 이러한 업무소개서(혹은 업무계약서)는 두 부를 작성하여 서명한 당사자인 자원봉사자와 자원봉사관리사가 각 한 부씩 보관하게 되며, 자원봉사관리자는 보관된 서류의 내용에 근거하여 자원봉사자의 업무를 관리해야 하며, 필요할 경우 상호협의와 합의 과정을 거쳐 재작성할 수 있다(〈표 13-2〉 참조).

<표 13-2> **자원봉사자 평가 서식**

일시: ____________ 자원봉사자 성명:____________ 직위:____________

업무 책임: ____

목적(Goal):____

목표(Objective): #1____

#2____

#3____

평가 결과

목표 1: (예: 3월 중 2개 대학교를 방문하여 10명을 모집한다.)

□ 목표 초과, 매우 훌륭한 업무수행 □ 목표 달성, 만족한 업무수행

□ 부가적 훈련이나 지원이 요구됨

평가(Comments):

____

____

목표 2:

□ 목표 초과, 매우 훌륭한 업무수행 □ 목표 달성, 만족한 업무수행

□ 부가적 훈련이나 지원이 요구됨

평가(Comments):

____

____

목표 3:

□ 목표 초과, 매우 훌륭한 업무수행 □ 목표 달성, 만족한 업무수행

□ 부가적 훈련이나 지원이 요구됨

평가(Comments):

____

____

당신의 슈퍼바이저로서 제가 어떻게 했다면 더 큰 도움이 되었을까요?

____

앞으로 업무상 목적과 목표를 이루는 데 어떤 지원이나 도움이 필요하다고 생각하십니까?

____

다른 의견이나 첨가하고 싶은 견해가 있으십니까?

____

2) 바람직한 평가를 위한 조건

이상에서 언급한 바람직한 평가를 위한 관리 과정이 순조롭게 이루어지기 위해서는 무엇보다 자원봉사자 업무설계의 선명성이 보장되어야 한다. 즉, 무엇이, 언제, 어떻게, 어디서, 어떤 기대되는 결과와 영향을 수반하여 이루어질 것인가가 선명하게 설정되어야 한다.

또한 기관의 존재 목적과 사명에 대한 명확한 이해를 바탕으로 자원봉사자가 자신의 업무에 대한 책임을 수용할 수 있도록 해야 한다. 예를 들어, 어르신 점심 배달 봉사활동의 경우 자원봉사자는 프로그램의 목적이 어르신이 균형 있는 영양을 섭취할 수 있도록 돕는 것뿐만 아니라, 궁극적으로는 매일 어르신을 방문하고 짧은 시간이라도 함께 이야기하고 안부를 전함으로써 그들의 심리적 고독과 소외의 문제를 다루고, 나아가 사회적 연대와 돌봄 서비스를 제공하는 것임을 주지시켜야 한다.

긍정적이고, 수용적이며, 효과적인 평가를 위해서는 자원봉사활동이 어떠한 방향으로, 어떠한 기대와 효과를 가지고, 어떤 목적을 달성해야 할 것인가에 대해 깊이 있는 숙고가 필요하다. 그런 다음 업무를 책임지게 될 자원봉사자가 이러한 내용을 완벽하게 이해할 수 있도록 해야 한다. 아무리 작은 부분이라도 명확하지 않은 점이 있어서는 안 되며, 자원봉사활동과 관련한 모든 사항이 문서화되고, 관계하고 있는 모든 사람들이 기관의 전반적인 맥락에서 명확한 이해를 바탕으로 동일한 목적의식과 기대를 가지고 있어야 한다.

많은 부분에서 이러한 이해는 바람직한 평가의 또 다른 중요한 요소라 할 수 있는 관리자와 자원봉사자 간의 명확하고 효과적인 의사소통체계의 확립에 달려 있다. 또한 직접적인 피드백의 규칙적인 활용을 통해 이러한 의사소통체계가 유지될 수 있도록 노력해야 한다.

> 당신이 아무리 정확하게 설명했더라도 자원봉사자가 당신이 말한 모든 내용을 완벽하게 이해하고 있다고 생각해서는 안 된다. 시간이 흐름에 따라 자원봉사자들의 의식 속에 이러한 내용은 변질되고 소멸된다. 시간이 날 때마다 그 내용을 확인하고, 방향을 잡아 주어야 하며, 상호 합의된 기대사항은 말이 아닌 글로 문서화하는 습관을 들여야 한다.

모든 의사소통방법에 있어서 가장 중요한 불문율은 "작은 단어(nickle words)로 표현할 수 있는 것을 큰 단어(quarter words)로 표현해서는 안 된다."라는 것이다. 예를 들어, 우리가 흔히 사용하는 '결과적으로' 라는 단어는 어떤 경우에는 '다음에' 라는 의미로 사용되고, 또 다른 경우에는 '나중에' 라는 상이한 의미로 사용된다. 가능한 한 문맥 속에 정확한 의미를 표현하는 작은 단어를 사용함으로써 듣는 사람이 자신의 선호도에 따라 다른 의미로 해석할 수 있는 여지를 주지 않아야 한다. 이 불문율은 자원봉사관리자와 자원봉사자 간의 의사소통체계에서도 반드시 지켜져야 할 규칙으로, 특히 관리자의 설명이 자원봉사자의 주관적인 해석에 의해 잘못 이해되지 않도록 주의해야 한다.

자원봉사자를 평가할 때 고려할 수 있는 유일한 평가의 대상은 오직 관리자와 자원봉사자 간에 상호합의된 업무와 책임으로 제한되어야 한다. 그것이 바로 자신의 일이라는 것에 대해 정확한 이해가 없는 사람에게 그 일에 대한 책임을 묻는다는 것은 어떠한 상황에서도 결코 유쾌하지 않은 일이며, 공평하지도 않다.

3) 자원봉사자에 대한 평가를 생략할 경우의 문제점

일반적으로 자원봉사자를 활용하여 업무를 진행하는 경우 관리 과정상에 자원봉사자에 대한 평가 과정이 생략되는 경우가 다반사다. 하지만 자원봉사자의 활동에 대한 적절한 평가가 뒤따르지 않을 경우 자원봉사자에게 상반되는 2개의 메시지를 전달함으로써 그들을 혼란스럽게 만든다는 사실을 알아야 한다. 처음에 자원봉사자를 모집하고, 일을 맡기면서 그들이 얼마나 중요하고 의미 있는 일을 하게 되는지를 강조한 바로 그 관리자가 자원봉사자들이 자신에게 맡겨진 책임을 완수한 후에 그들이 얼마나 중요한 일을 했는지에 대한 평가를 생략함으로써 그들이 한 일은 사실 전혀 중요하지 않은 일이며, 심지어 그들의 노력과 수고는 언급할 가치조차 없다는 태도를 보이는 것을 의미하기 때문이다.

또한 자원봉사자에 대한 평가를 생략하는 것은 "자원봉사자들은 어떤 책임감도 가질 필요가 없다."라는 부정적인 의미가 내포된 메시지를 전달하는 행위다. 이는 정규 직원의 경우 항상 자신의 업무에 대해 일정한 책임을 가지고 있다는 것을 인지하고 있는 자원봉사자들에게 그들은 정규 직원과는 다른, 열등한 지위를 가진 존재라는 차별적 대우를 하는 것이며, 이러한 일은 사실이 아닐 뿐 아니라, 절대로 일어나서도 안 된다.

자원봉사자들은 사회복지조직을 구성하는 중요한 인적자원으로, 일반 정규 직원과 함께 프로그램을 구성하는 인격적 존재가 되어야 하며, 정규 직원과의 차이점은 보상의 초점이 경제적인 것이 아닌 개인적인 만족에 있다는 점에 국한되어야 한다. 단지 그들이 월급을 받지 않는다는 사실로 인해 차별적 대우를 받는다면 이는 그들의 동기와 열정을 약화시킴으로써 기관의 효과적인 프로그램 운영에 지장을 초래하게 된다. 평가는 기관의 인적자원과 프로그램을 관리하는 중요한 요소로써 바람직한 방향으로 효율적으로 시행될 때 구성원의 자존감을 고양시키고, 만족감을 높이며, 미래의 성장과 성공을 담보하는 귀중한 디딤돌이 된다.

2. 자원봉사자 평가

자원봉사자의 활동을 효과적으로 평가하기 위해서는 다음의 6가지 원칙을 준수해야 한다.

- 자원봉사자는 자신의 업무에 대한 명확한 이해가 있어야 한다(자원봉사기관 역시 이러한 이해를 공유하고 있어야 한다).
- 평가는 공정하게 이루어져야 한다.
- 평가는 사람이 아닌 업무에 초점을 맞추어야 한다.
- 평가는 상호협조적인 분위기에서 이루어져야 한다.
- 자원봉사자가 자신의 업무를 성공적으로 수행할 수 있도록 필요한 도구, 정보, 지원이 제공되어야 한다.
- 명백한 실수가 있을 때 즉각적인 수정이 이루어져야 한다.

1) 업무의 명확한 이해

앞부분에서 이미 지적한 대로 업무의 명확한 이해를 담보하는 가장 확실한 방법은 업무설계 과정에서 그 내용을 명문화시키는 것이다. 업무설계(job design)는 자원봉사자가 해야 할 업무를 일방적으로 전달하고 기술하는 직무기술(job description)의 성격이 되어서는 안 된다. 업무에 대한 합의를 바탕으로 자원봉사자와 함께 업무를 설계할 때 가능한 한(기관 및 프로그램의 목적과 목표에 부합하는 한) 자원봉사자가 자신의 업무를 결정할 수 있도록 유연성(flexibility)을 가질 필요가 있다. 예를 들어, 어떤 자원봉사자들은 주어진 시간에 정해진 장소에서 일을 해야 하는 경우보다 자신이 봉사할 시간과 장소를 선택할 수 있는 여지가 주어졌을 때 업무에 보다 큰 열의와 관심을 보이는 경우가 있다. 이러한 경우 자원봉사관리자는 업무의 성격이 허락한다면(혹은 그러한 선택이 가능한 업무를 새로 설계하는 수고를 감수하고라도) 자원봉사자가 원하는 시간(예를 들어, 저녁시간이나 주말 등)에 본인이 원하는 장소(예를 들어, 기관이 아닌 자신의 집이나 개인 사무실)에서 업무를 할 수 있도록 조정하는 노력이 필요하다.

또한 이러한 업무의 조정 과정에서 자원봉사관리자는 자원봉사자가 자신의 업무를 새롭게 설계하는 데 주도적인 역할을 할 수 있는 기회를 제공하는 것이 바람직하다. 이미 정해진 업무를 일방적으로 자원봉사자에게 하달하고 지시하는 방식은 지양되어야 한다. 오늘날과 같은 다원주의 시대의 자원봉사자들은 자신에게 영향을 끼치는 일의 결정에 항상 자신의 의견이 반영되기를 원한다는 사실을 명심해야 한다.

> 사람들은 그 일이 자신의 책임이라고 느끼는 경우에만 그 결과에 대한 책임을 지고자 한다.

2) 공정한 평가

공정한 평가가 이루어지기 위해 전제되어야 할 가장 기본적인 조건은 자원봉사자가 자신이 해야 할 일이 무엇인지를 정확히 이해하고 있는 것이다. 하지만 업무에 대한 이해가 이루어진 상태라 할지라도 공정한 평가를 위해 반드시 유념해야 할 2가지 주의사항이 있다.

첫째, 자원봉사자가 전혀 예상하지 못한 갑작스러운 평가는 반드시 지양되어야 한다. 자원봉사관리자는 초기 업무설계단계에서 자원봉사자 업무의 결과(혹은 과정)에 대한 평가가 어떠한 방식으로 이루어질 것인지를 알려 줌으로써, 자원봉사자가 그에 대해 적절한 준비를 할 수 있도록 해야 한다. 오늘밤 누군가가(예를 들어, 따로 살고 있는 당신의 부모님) 당신의 집을 예고 없이 방문하여 당신의 방을 검사한다고 생각해 보라! 얼마나 끔찍한 일인가?

둘째, 평가는 애매한 표현이 아닌 구체적인 표현을 통해 이루어져야 한다. 이는 업무의 결과에 대해 칭찬하는 경우나 혹은 그와는 반대로 잘못한 점에 대해 문제점을 지적할 경우에 특히 유의해야 할 점이다. "참 잘했네요." 혹은 "잘된 것 같지는 않군요."라는 식의 애매한 표현을 사용해서는 안 된다. 평가는 이루어진 일이나 결과에 대해 판단을 내리는 시간이지 단지 자신의 느낌을 표현하거나 결과에 대해 추측하는 시간이 아니기 때문이다. 예를 들어, 칭찬의 경우 "어제 ○○도서관에서 이루어진 워크숍 프레젠테이션은 참으로 성공적이었어요. 워크숍이 끝난 후 ○○명의 학부모들이 행사에 참여하기로 서명했고, 후원금으로 ○○○,○○○원이 모금되었어요."라는 식으로 이루어져야 한다. 또한 잘못한 부분을 지적하는 경우에는 "우리가 지난 ○월에 함께 작성한 직무기술서에 따르면 선생님은 지난달 2번의 워크숍 프레젠테이션을 하도록 되어 있는데 실제는 한 번밖에 이루어지지 않았군요. 2번의 프레젠테이션이 이루어지지 않은 이유가 무엇이라고 생각하시는지 말씀해 주시겠어요?"라고 구체적인 질문을 하는 방식으로 이루어져야 한다.

3) 업무에 초점을 맞춘 평가

앞에서 인용한 실례에서 보는 바와 같이 잘못한 점을 지적하는 경우에는 사람이 아닌 업무에 초점을 맞추어야 한다. "당신은 왜 한번밖에 프레젠테이션을 하지 않았나요?" 식의 자원봉사자를 탓하는 부정적인 대화기법을 사용해서는 안 된다.

상대방에 초점을 둔 부정적 대화기법(negative you message)을 사용한다는 것은 대화의 대상이 되는 사람을 탓하는 것을 의미하며, 이는 상대방으로 하여금 자연스럽게 자신을 방어하는 태도를 유도하게 된다. 이러한 대화는 대화 당사자들 간에 대결구도(me against you)를 조장함은 물론, 심한 경우 "당신이 어떻게 생각하든 나는 괜찮아(I am OK, You are OK.)." 식의 바람직하지 않은 상호관계로 변질된다.

자원봉사관리자와 봉사자 간에 바람직한 협력관계의 구축을 통해 긍정적인 학습 분위기를 만드는 것은 매우 어려운 일이다. 특히, 자원봉사관리자가 자원봉사자의 업무 결과에 대해 부정적인 평가를 해야 할 경우, 사람이 아닌 이슈에 초점을 맞춘 단어와 어휘를 활용한 대화기법에 익숙해지기 위해서는 수많은 시행착오와 연습이 필요하다. 하지만 이러한 노력은 해야만 하고, 무엇보다도 그렇게 할 만한 가치가 있는 일이다. 자원봉사업무 평가의 궁극적인 목적은 관리자와 봉사자 간 장기적인 측면에서 생산적이고, 성장지향적이며, 상호 만족적인 관계의 지향에 있음을 명심해야 한다.

4) 상호 협력적 평가 분위기 조성

자원봉사자 업무의 평가 과정이 상호 협력적으로 이루어지기 위한 첫 번째 조건은 업무평가에 사용되는 '자원봉사자 평가표'의 내용이 자원봉사자가 얼마나 자신의 책임을 잘 완수했는지에 대한 평가와 더불어 슈퍼바이저(혹은 자원봉사관리자)로부터의 지지와 지원이 적절한 차원에서 충분하게 이루어졌는지에 대한 평가가 함께 포함되어야 한다. 이러한 내용을 포함하는 것이 일부 자원봉사관리자에게는 받아들이기 쉽지 않을 수도 있지만, 평가자가 다른 사람의 업무나 활동을 평가할 때 그 사람이 자신에게 주어진 업무를 수행하는 과정에서 필요한 지원이 적절하게 이루어졌는가를 함께 평가하는 것은 공정한 일이며, 당연한 일이다.

상호 협력적 평가를 위한 두 번째 조건은 자원봉사자가 자신이 해야 할 업무를 이해하고, 동의하는 초기단계에 자원봉사자 평가표가 업무계약서와 함께 주어져야 한다는 점이다. 그럼으로써 자원봉사자는 처음 일을 시작할 때부터 자신에게 어떠한 책임이 주어졌고, 그 책임을 기관이 어떠한 방식으로 물을 것인가에 대한 명확한 이해를 갖게 된다. 자원봉사자는 자신에게 주어진 업무를 수행한 후 자신의 노력에 대한 평가의 시간을 가질 때 처음 업무를 시작하기 전 주어진 평가표의 순서대로 업무의 목표에 근거하여 자신의 활동을 평가하게 되고, 자원봉사관리자 역시 별도의 동일한 평가표에 자원봉사자의 활동 결과를 평가한 후 함께 그 내용을 비교, 토론하는 방식으로 평가가 이루어지는 것이 바람직하다(〈표 13-2〉 참조).

이러한 상호 협력적이고, 이중관점적인 평가 과정은 평가자인 자원봉사관리자로 하여금 자원봉사자가 자신의 활동 결과에 대해 어떤 생각과 기준을 가지고 어떤 판단을 내리고 있는지를 알게 함으로써 자원봉사관리자가 새롭게 알게 된 자원봉사활동과 관련한 중요한 정보를 바탕으로 자원봉사자의 활동에 대해 보다 객관적이고 공정한 평가를 내릴 수 있도록 도움을 주는 역할을 한다. 예를 들어, 자원봉사활동 기간 동안 약속했던 지역사회 비영리기관에 대한 방문활동의 횟수를 채우지 못한 자원봉사자의 활동에 대해 자원봉사관리자는 '만족하지 않음' 이라는 평가를 내릴 수 있다. 하지만 이 항목에 대한 자원봉사자의 자기평가는 '만족함' 이었고, 상호 간의 평가 내용을 비교하는 과정에서 자원봉사자가 방문하지 못한 기관들의 경우 자체 내규에 모금활동을 위한 방문을 허용하지 않으며, 그러한 이유로 인해 목표가 달성될 수 없었음이 드러날 수 있다. 이러한 경우 자원봉사자에 대한 평가는 '만족함' 으로 수정되어야 하며, 자원봉사관리자는 그동안 알지 못했던 이러한 정보를 바탕으로 자원봉사자의 업무를 보다 효과적으로 개선할 수 있게 된다.

자원봉사자에게 적절한 지원과 지지가 이루어졌는지에 대한 질문을 통해

> 자원봉사자에 대한 최초의 평가는 반드시 연필로 작성하라. 자원봉사자와의 면담 과정에서 평가는 수정 가능하기 때문이다. 평가 과정이 완결된 후 펜이나 잉크로 최종 작성된 평가표를 파일로 보관하는 습관을 들이는 것이 좋다.

자원봉사관리자는 기대하지 못했던 유용한 피드백을 받게 되는 경우가 많다. 이 질문에 답변할 때 자원봉사자가 최대한 구체적인 내용을 이슈 중심으로 솔직하게 답변할 수 있도록 분위기를 조성하는 것이 중요하며, 답변 내용을 개인에 대한 공격이나 부정적 의사의 표출이 아닌 유용한 피드백의 제공으로 받아들일 수 있는 역량을 지니는 것이 유능한 자원봉사관리자가 되기 위한 또 하나의 중요한 자질이다.

5) 업무수행을 위한 적절한 지원의 제공

다른 사람과 더불어 일을 하는 경우 그 최종 목적은 상대방이 자신의 일을 성공적으로 수행할 수 있도록 원조하는 데 있다. 따라서 자원봉사관리자는 자원봉사자가 자신에게 주어진 업무에 최선을 다할 수 있도록 필요한 지원과 도움을 최대한 제공할 의무가 있다. 예를 들어, 한 자원봉사자에게 지난 회계연도 전체 프로그램 비용의 20%를 절감할 수 있는 방안을 마련하는 업무가 할당되었다고 생각해 보자. 하지만 이 업무가 할당된 후 지난해 프로그램 비용의 구체적인 내역에 대해 자원봉사자의 접근이 제한되는 경우, 이는 자신의 업무 결과에 대한 성공 여부를 공정하게 평가받을 수 있는 기회가 원천적으로 봉쇄되었음을 의미한다. 업무의 성공적 수행에 핵심적 요소가 된다고 판단될 경우 정보, 도구 및 장비, 사무 지원, 정서적 지지 등을 포함하여 모든 필요한 지원은 적절한 형태로 반드시 제공해야 한다.

6) 실수의 즉각적 교정

> 예전에 내가 어떤 기관에서 자원봉사자로 일할 때 있었던 일입니다. 한해의 활동을 마감하는 연례자원봉사활동평가모임에서 내가 지난 수개월 동안 업무와는 전혀 상관없는 사람에게 공을 들이면서 시간을 낭비해 왔다는 것을 알게 되었습니다. 무엇보다 내가 처음 실수를 범했을 때 슈퍼바이저가 그 사실을 알고도 지적하지 않음으로써 그 후 몇 개월 동안 나를 바보로 만들었다는 사실을 이해할 수 없었습니다.

이 사례는 자원봉사자가 쉽게 범할 수 있는 실수를 즉각적으로 교정해 주지 않음으로써 일어날 수 있는 폐해의 일면을 보여 준다. 자원봉사관리자는 자원봉사자가 예기치 않은 실수를 저질렀을 때 그것이 아무리 사소한 것이라 할지라도 즉각적으로 개입하여 올바른 방향으로 이끌어야 할 책임이 있다. 이러한 일은 업무수행 과정상의 절차나 내규상의 문제와 관련하여 흔히 발생할 수 있다. 관리자는 자원봉사자의 업무가 항상 올바른 절차를 통해 바람직한 방법으로 이루어질 수 있도록 도와야 하며, 이전에 이미 알려 준 사항이라는 식의 태도를 가지고 자원봉사자의 실수를 간접적으로 조장하거나 방기해서는 안 된다. 통상적으로 사람은 자신이 들은 것의 20% 정도만을 기억한다. 이것은 우리가 들어서 이해하고 있다고 생각하는 것들의 얼마나 많은 부분이 우리의 기억 속에서 사라질 수 있는지를 보여 준다. 자원봉사자의 활동이 성공적으로 이루어지기 위해서 부정적인 대화기법이 아닌 긍정적인 대화기법과 태도를 항상 견지해야 함은 아무리 강조해도 지나치지 않다.

7) 자원봉사자 평가 시기

언제 자원봉사자의 활동을 평가하는 것이 가장 바람직한가에 대한 정답은 없다. 하지만 중요한 시점의 중간단계에서 그동안의 진행 상황을 되돌아보고 앞으로의 방향을 수정하는 중간점검 과정이 업무의 성격에 따라 1회 이상 포함되어야 하며, 업무가 종결된 후 총체적 결과를 평가하는 최종평가 과정은 반드시 필요하다.

다만, 여기서 중요한 것은 자원봉사자로 하여금 평가의 목적이 업무의 성공을 위한 기관과 슈퍼바이저의 원조와 지원에 있다는 사실을 이해시키는 것이다. 기관의 모든 사람들은 자원봉사자의 성공을 원하며, 슈퍼바이저의 중간점검이나 최종평가는 이러한 성공을 가져오는 효과적인 도구로 활용될 뿐이라는 사실을 자원봉사자가 인식하는 것이 중요하다.

자원봉사자 평가 유형은 개별평가와 집단평가로 대별된다. 개별평가는 대면 면접형식의 평가이며, 집단평가는 집단모임을 통해 평가가 이루어지는 경우다. 대체적으로 자원봉사자에게 주어진 업무의 범위가 넓고, 책임성이 클수록 개별평가가 더 바람직하다고 볼 수 있다. 예를 들어, 1,000만 원의 기금을 모금하는 행사의 자원봉사조직 전체 책임자를 대상으로 하는 평가는 개별평가가 적합하며, 같은 행사의 홍보 담당 자원봉사책임자에 대한 평가는 홍보위원회 전체 모임에서 어떤 점이 성공적이었고, 어떤 점이 개선되어야 하는지의 사항 등이 함께 토의되고, 제시되는 집단평가가 바람직하다(〈표 13-3〉 참조).

<표 13-3> 집단(혹은 위원회)평가 서식

행사명:______________________________ 행사 일시:______________________

행사 횟수:____________ 행사 주최 혹은 책임자:______________________

회의 참석자: 회의 일시:______________________

성명	지위

행사의 주목적(overall goal):

____

행사의 세부 목표(objective) 및 결과:

1____

2____

3____

4____

행사의 가장 유익했던 점이나 가장 좋았던 점은 무엇인가요?

____

____

행사의 보다 성공적인 개최를 위해 개선해야 할 점은 무엇인가요?

____

____

이러한 행사를 앞으로 다시 개최하는 것이 좋다고 생각하십니까?

– 언제?____

– 어떠한 수정이나 개선을 통해서?______________________________

– 누구의 책임으로?____

이 행사가 우리 기관에 어떤 도움이나 기여를 했다고 생각하십니까?

____

____

3. 프로그램 평가

프로그램 평가의 기본 원칙은 많은 부분 앞에서 기술한 자원봉사자 평가의 기본 원칙과 동일하며 주요 원칙은 다음과 같다.

- 평가는 명확히 기술한 목적과 목표에 근거하여 이루어져야 한다.
- 평가는 공정하게 이루어져야 한다.
- 평가는 사람이 아닌 업무에 초점을 맞추어야 한다.
- 자원봉사자가 자신의 업무를 성공적으로 수행할 수 있도록 필요한 도구, 정보, 지원이 제공되어야 한다.

1) 목적과 목표에 근거한 평가

기관의 유형이나 프로그램 내용에 관계없이 자원봉사자 관리 과정에서 발생하는 다양한 문제는 대개의 경우 다음과 같은 공통적인 원인에 기인한다.

> 어떤 유형의 문제든 근본 원인은 기본 목적(혹은 사명)과 목표에 대한 이해의 부족이나 결핍에서 오는 경우가 대부분이다.

프로그램을 평가할 때 어떤 척도를 사용하는가에 따라 프로그램 시행 결과의 성공 여부가 달라질 수 있으며, 평가자나 기관의 입장이나 개인적 선호도에 따라 평가척도의 선정이 다양한 형태로 나타날 수 있는 것이 사실이다. 따라서 초기 프로그램 기획 과정에서 프로그램에 참여하는 모든 사람들이 누가, 언제, 어디서, 어떻게 그리고 어떤 비용으로 프로그램이 진행될 것인가에 대한 정확한 이해를 공유하는 것이 중요하다.

예산상의 주요 고려사항, 시간의 분배, 개별적(직원과 자원봉사자 모두의)업무 내용, 일정, 업무분장, 명령체계, 행동계획, 진행 방법, 활동 지침, 지원사항 등에 대해 사전에 전반적인 합의와 결정이 이루어져야 하며, 이러한 결정사항과 전반적 진행 방향에 대해 관련 당사자 모두가 정확한 이해를 가지고, 자신이 전체 과정의 어느 부분에서 어떠한 역할을 해야 하는지를 정확히 인지하고 있어야 한다.

또한 업무수행의 성공을 어떻게 측정할 것인지에 대해서도 초기 기획단계에서 충분한 논의가 이루어져야 한다. 특히, 비영리 사회복지기관에 의해 제공되는 프로그램에서 이와 같은 논의는 프로그램의 성공 여부를 판단하는 기준이 질적 측면(성과평가, outcome evaluation)과 양적 측면(산출평가, output evaluation) 중 어느 쪽에 더 큰 비중을 둘 것인가의 문제와 직결된다. 예를 들어, 프로그램에 실제적으로 참여한 클라이언트의 숫자에 초점을 맞춘 산출평가를 중점으로 프로그램의 성공 여부를 결정할 것인지, 아니면 제공되는 서비스의 질이나 클라이언트의 내적 역량의 증진에 더 큰 초점을 두고 평가가 이루어질 것인가의 문제다. 이는 자원봉사 프로그램에서 자원봉사자의 실제적인 봉사 시간을 고려하여 프로그램의 성공 여부가 결정될 것인가, 아니면 자원봉사자에 의해 제공되는 서비스의 질적 측면을 주요 기준으로 평가가 이루어질 것인가의 문제라 할 수 있다. 프로그램 기획 초기단계에서 평가도구와 기준이 구체적으로 결정될 때만이 자원봉사자의 성공 여부가 객관적으로 공정하게 측정될 수 있고, 그 결과에 따른 보상이 이루어질 수 있음을 명심해야 한다.

2) 공정한 평가

앞에서 강조한 2가지 전제조건, 즉 목적의 명확성과평가도구/원칙의 합의, 이 2가지가 충족되었을 때 공정한 평가를 위한 기본 조건이 충족되었다고 할 수 있다.

> 몇 해 전 캘리포니아의 아름다운 해안선을 끼고 있는 국도에서 벌어진 불우이웃돕기 자선걷기대회를 마친 후 열린 평가회의에서 있었던 일입니다. 평가회의에 참석한 대회 관계자들은 걷기대회가 모든 면에서 성공적으로 이루어졌다고 생각했으며, 특히 장소 선정이 가장 탁월한 선택이었다는 점에 이견이 없었습니다. 평가회의 중간에 걷기대회에 참석했던 11세의 초등학생의 의견을 듣는 시간이 되지 참석자들은 그 소년의 평가가 당연히 긍정적일 것이라 기대했습니다. 하지만 소년은 걷기대회 경로의 마지막 부분이 언덕을 올라야만 하는 무척 힘든 여정이었음을 지적하면서 장소 선정이 대단히 잘못되었다는 점을 강조했습니다. 소년의 평가는 우리 중 누구도 생각지 못했던 점이었으며, 다음 해에 열린 대회에서는 도착점을 출발점으로 바꾸어 거꾸로 걷는 경로를 선택함으로써 대회를 더 성공적으로 진행할 수 있었습니다.

여기에 제시한 사례는 실제로 미국 캘리포니아의 한 사회복지기관에서 개최한 기금모금행사에서 있었던 일이다. 이 사례가 보여 주는 것처럼 공정한 평가를 담보하는 또 하나의 중요한 조건은 **다중적 관점**(multiple perspective)의 평가체계다. 다중적 평가란 프로그램에 관련한 모든 사람들의 의견이 포함되는 평가체계를 의미하며, 무엇보다 프로그램에 직접 참여하는 클라이언트의 의견이 존중되는 평가체계다.

평가회의에 참석한 모든 사람들이 자신의 의견을 솔직하게 제시할 수 있도록 자유롭고 존중받는 분위기를 조성하는 것은 매우 중요한 일이다. 만약 참석자들로 하여금 좋은 점만 이야기하도록 하거나, 자신이 담당했던 업무에 대해서만 평가하도록 강요받는 상황에서는 절대로 공정한 평가가 이루어질 수 없다. 프로그램이 종결된 후 평가를 위한 공식적인 회의가 시작될 때 이러한 기본 원칙에 대한 분명한 합의가 이루어져야 한다. 즉, 긍정적 비판이 최대한 수용되는 자유로운 토론이 이루어질 수 있도록 참석자 중 누구도 자신의 발언으로 인해 불이익을 당하지 않을 것임이 명확히 밝혀져야 한다.

프로그램에 대한 공정한 평가를 위한 마지막 조건으로 모든 평가는 그 기관이나 조직 내에서 이루어진 활동이 대상이 되어야 하며, 다른 기관이나 조직의 유사한 프로그램을 대상으로 하는 것은 가능한 지양하는 것이 바람직하다는 사실을 들 수 있다. 겉으로 보기에는 아무리 비슷한 성격의 프로그램처럼 보인다 할지라도 한 기관의 프로그램은 다른 기관의 비슷한 프로그램과 실제적인 발달 과정이나 배경적인 측면에서 상이점이 존재할 수밖에 없으며, 이러한 차이점을 고려하지 않는 단순 비교평가는 전문적이지도 공정하지도 않은 평가가 될 수밖에 없다.

3) 이슈 지향적 평가

앞의 자원봉사자에 대한 평가에서 강조한 바와 마찬가지로 프로그램 평가를 맡은 사람들에게 프로그램 자체의 결과나 중요한 이슈에 대한 평가 이외에 프로그램을 수행한 사람의 성격이나 인성에 대한 평가까지도 허용할 경우 그 평가는 절대로 성공적인 결과로 이어질 수 없다. 자원봉사활동의 성과에 따라 참여자에게 크레딧 점수를 부여하는 평가를 생각해 보자. 전체 크레딧 점수가 100점일 경우 뛰어난 활동 결과를 보인 두세 사람에게 90점 이상의 크레딧 점수가 집중적으로 주어졌다면 높은 점수를 받은 자원봉사자들의 성과가 아무리 뛰어나다 하더라도 평가 결과는 전체 프로그램에 치명적인 결과를 초래하게 된다. 비슷한 경우로 전체 자원봉사활동 참여자 중 소수인 몇 명의 성과만이 매우 실망스럽고 다른 사람들의 경우 대체적으로 무난한 활동을 한 경우라 하더라도 프로그램 전반적인 측면에서의 실망스러운 점들

(혹은 실패의 측면들)에 대한 책임을 그 사람들에게만 전가하는 형식으로 평가가 이루어지는 것도 바람직한 것으로 볼 수 없다.

> 실패에 대한 책임을 묻는 평가가 아닌 실수로부터 무엇인가를 배우는 것이 목적이 되는 평가가 성공적인 평가의 첫걸음이다.

실패의 결과가 두려워서 실수하지 않는 것이 목적이 될 때 창조와 성장을 위해 위험을 감수하고자 하는 도전의식은 사라지게 된다. 또한 자원봉사자들은 주어진 업무를 더 잘해 보고자 하는 의도가 실수가 되어 궁극적으로 실패에 대한 책임으로 변질될 수 있는 상황을 원천적으로 만들지 않으려고 할 것이다.

자원봉사자들의 이러한 소극적이고 자기방어적인 업무수행을 좋아하는 기관이나 관리자는 한 명도 없을 것이다. 창조성과 도전의식, 열정과 새로운 사고로 무장한 자원봉사자들이 자신의 능력을 최대한 발휘할 수 있도록 돕는 최고의 방법은 그들이 자신의 업무를 수행하는 과정에서 범한 한시적 후퇴나 실망스러운 점들을 두려워하지 않고 장래의 성공을 가져다주는 투자이자 배움의 기회로 긍정적으로 인식하고 그러한 실수를 통해 배우고 성장할 수 있는 업무환경을 만들어 주는 일이다. 평가 과정이 이러한 생산적인 업무환경의 조성에 긍정적인 역할을 감당할 때 기관의 성장과 자원봉사자의 만족이 함께 이루어질 수 있다.

따라서 평가회의를 주관하는 자원봉사관리자는 회의 중 누군가가 특정인이나 집단을 지칭하여 개인적 비판이나 칭찬을 하고자 할 때 즉각적으로 개입하여, 이슈지향적이고 업무지향적인 토론의 기본 원칙이 지켜질 수 있도록 노력해야 할 것이다. 기관의 회계담당자가 아닌 예산(수립 혹은 집행)에 대한 평가가, 홍보업무 책임자가 아닌 홍보업무(홍보계획 혹은 홍보물 등) 자체에 대한 평가가, 클라이언트가 아닌 클라이언트 서비스에 대한 평가가 이루어지도록 하는 것은 자원봉사관리자의 책임이다.

4) 프로그램에 대한 적절한 지원의 제공

> 참여 클라이언트들로부터 큰 호평을 받고 있던 한 종교기관의 사회복지 프로그램이 어느 날 갑자기 기관 고위층의 결정에 따라 축소되었다. 이러한 결정이 내려진 근거로 기관의 다른 프로그램과 비교했을 때 그 프로그램의 운영에 지나치게 많은 비용이 들어 비용 대비 비효과적인 프로그램이라는 사실이 지적되었다. 하지만 실제적으로 그 프로그램은 기관이나 외부의 재정 지원을 받지 않고 프로그램 참가자들의 자발적인 기부와 서비스 이용료만으로 운영되는 기관 내 유일한 프로그램으로, 기관 고위층이 제시한 사유는 객관적 타당성이 없는 주장이었다. 기관 고위층이 그 프로그램의 축소를 결정한 실제 이유는 해당 프로그램 참가자들의 대부분이 그 종교기관의 신도들이며, 그들의 평가 내용 중에 자신이 과거에 책임을 맡았던 유사한 프로그램에 대한 부정적인 내용이 포함되어 있다는 사실 때문이라는 것이 추후 밝혀졌다. 기관예산집행의 실권자였던 그 고위층 인사는 추후 해당 프로그램에 대한 지원을 전면 중단했으며, 프로그램의 존속 여부를 결정하는 연말평가회의에서 프로그램의 중단에 결정적인 역할을 했다.

제시한 사례는 사회복지 프로그램을 제공하는 비영리단체에서 흔히 일어날 수 있는 일이다. 일정 프로그램이 성공적인 프로그램이 되기 위해 필요한 적절한 지원이 기관에 의해 제공되지 않았다면, 그 프로그램에 대한 평가 과정이 아무리 공정하게 이루어졌다 하더라도 그 평가는 공정한 평가가 되기 위한 기본 조건을 이미 상실한 상태라고 할 수밖에 없다. 프로그램에 대한 평가가 성공적으로 이루어지기 위해서는 프로그램에 대한 물적 · 인적 · 재정적 · 심리적 · 조직적 지원이 시간적 안배를 가지고 적절하게 이루어져야 함은 아무리 강조해도 지나치지 않을 것이다. 공정한 기회가 주어지지 않은 프로그램을 평가하는 것은 권투시합에서 벨트 아래를 가격하는 것과 다름없기 때문이다.

5) 평가 후 성공의 인정과 보상

정규 직원과 자원봉사자, 기타 프로그램 관련자들이 모두 참가한 평가 과정이 끝난 후 성공적으로 성취한 것과 앞으로 성장하는 데 초석이 되는 배움의 기회를 정리하고 알리는 과정이 필요하다. 이를 위해 기관의 소식지나 연례보고서를 통해 프로그램의 성취와 앞으로의 방향을 널리 공표하는 것은 매우 바람직한 일이다. 하지만 이러한 공식적 발표 외에도 제12장 '자원봉사자의 유지와 성취의 인정' 의 '비공식적 보상체계' 에서 전술한 바와 같이 '공식적인 자리에서 자원봉사자의 기여를 공표하는 방법' 을 포함한 다양한 방법을 활용하여 자원봉사자의 성공과 기여를 인정하고 보상함으로써 그들의 동기를 유지시키고 강화시키는 노력을 병행해야 한다.

자원봉사자의 수고를 공식적으로 보상하기 위한 목적으로 그들의 활동 결과를 평가하고 기여사항을 찾아내는 작업의 일환으로서의 평가 과정은 피평가자들로 하여금 평가에 대한 두려움을 줄이고, 긍정적인 태도를 높이는 순기능적 과정이라 할 수 있다. 같은 맥락에서 프로그램의 성공에 기여한 사람들을 축하하고 보상하는 목적으로 시행되는 프로그램에 대한 평가 과정 역시 긍정적이고 생산적이다.

6) 프로그램 평가 성공을 위한 조건과 유의점

자원봉사자 개인에 대한 평가와 마찬가지로 프로그램에 대한 평가의 성공은 프로그램 구성 요소에 대한 명확한 이해, 전반적 목적과 목표에 대한 이해, 그리고 공정한 평가를 담보하는 객관적인 평가도구에 대한 이해의 공유에 달려 있다.

프로그램 평가의 대상은 서비스를 제공받는 클라이언트, 예산, 인적 요소, 환경, 지역사회홍보 등 기본적 프로그램 구성 요소들은 물론 기관과 프로그램의 고유한 특성과 욕구 등이 반영된 기타 중요한 선택적 사항이 포함된다. 이는 모든 프로그램에 공통적으로 사용될 수 있는 보편성을 지닌 평가모델은 존재하지 않음을 의미한다. 이러한 이유로 자원봉사관리자에게는 프로그램이 추구하는 구체적인 목적, 개인적 기대, 자신의 업무상의 특성과 권한 등을 고려하여 자신이 관리하고 있는 프로그램 평가에 가장 적합하고 효과적인 틀을 고안하고 개선해 나갈 책임이 따른다. 이러한 틀은 공정성, 정직성, 명확성, 그리고 정확성의 원칙을 가지고, 무엇보다도 프로그램의 지속적인 성장과 성공을 담보하는 기회의 창출이라는 관점에서 구성되어야 한다.

4. 단기행사 평가

지금까지 설명한 개인적 차원과 프로그램 차원의 평가에서 반복적으로 강조되었던 주요 사항들의 많은 부분이 세미나, 컨퍼런스, 기금모금, 기관홍보 등의 형태로 나타나는 일회성 혹은 단기행사를 위한 평가에도 다음과 같이 적용된다.

- 행사의 목적이 명확하고, 관련된 모든 사람들이 그 목적을 공유하고 있어야 한다.
- 누가, 무엇을, 언제, 어디서, 어떤 비용을 사용하여 할 것인지 등의 활동계획을 구체적인 일정표를 통해 밝혀야 한다.
- 행사 진행 소요경비, 경비 충당을 위한 예산 확보 방안, 행사 관련 예상

수익 등을 포함한 전반적인 예산지침과 일정을 세워야 한다.

- 행사 종결 후 수행될 평가에 대한 결정이 선행되어야 한다. 평가는 공정하고 현실적인 방법과 과정을 통해 이루어지도록 준비하는 것이 중요하다.
- 행사 실무책임자의 성공적인 업무수행을 위해 필요한 정보와 자원이 제공되어야 한다.
- 업무수행 과정상 예기치 못한 실수가 발견되었을 때 즉각적이고 비심판적인 개입과 수정이 이루어져야 한다.
- 평가의 초점은 업무수행자 개인이나 개별적 특성이 아닌 객관적 결과와 활동에 맞추어져야 한다.
- 평가는 지도자, 클라이언트, 참가자, 행사실무자 등 관련 대상자를 모두 포함하는 다면적·복합적인 관점에 의거해 수행되어야 한다.

1) 다면적(Multi-Facet) 평가의 중요성과 의미

비영리단체에서 기금모금 행사나 축제 등과 같은 단기적 성격의 행사를 마친 후 평가를 할 때 많은 경우 행사를 통해 얼마나 많은 수익을 올렸는지, 혹은 얼마나 많은 사람들이 참석했는지 등 가시적이고 단면적인 결과에 집착하는 경우를 볼 수 있다. 1,000명 이상이 참석할 것으로 예상했는데 참석인원이 기대에 미치지 못한 경우나 1,000만 원 이상의 수익을 예측했는데 실제 수익이 800만 원을 넘지 못했을 경우, 우리는 그 행사가 성공하지 못했다고 쉽게 평가를 내리곤 한다. 하지만 기금모금행사의 경우라 할지라도 목표로 한 수익을 달성하는 것 외에 다른 중요한 목적이 있다. 기관이나 단체를 지역사회에 널리 알리고 인지도를 높이는 홍보의 효과, 공신력의 증대를 통한 후원자나 자원봉사자 등의 추가적인 확보, 새로운 서비스와 프로그램 실시 등 다른 중요한 목적들 역시 기금모금행사의 평가 시 반드시 고려해야 할 요소다.

특정한 목적을 달성하기 위한 일회성 행사의 경우라 할지라도 성공 여부의 평가 기준이 기금모금 액수나 참석인원과 같은 물리적 측면에 국한되어서는 안 된다. 앞으로의 성장이나 장기적 발전과 같은 질적 측면을 포함한 다면적이고 복합적인 평가가 이루어져야 한다. 즉, 행사를 주최하는 기관이나 조직의 프로그램, 지역사회, 행사참여자 등 관련 주체 모두에게 장기적인 측면에서 어떠한 기여가 있었는가에 관한 포괄적이고 다면적인 평가가 이루어져야 함을 명심해야 한다.

(1) 일회성 기금모금행사 평가 시 고려사항

- 행사의 결과로 기관의 프로그램에 기여할 수 있는 새로운 혹은 특별한 재능의 자원봉사자를 얼마나 모집했는가?
- 행사의 결과로 기관이나 프로그램에 대한 지역사회의 공적 인지도가 얼마나 향상되었는가?
- 행사의 결과로 현재의 프로그램을 보다 향상시킬 수 있는 새로운 아이디어를 창출할 수 있었는가?
- 기금모금액수가 기대한 수준을 충족시키는가?
- 앞으로 행사를 지금보다 향상시킬 수 있는 방법을 발견했는가?
- 이번 행사의 결과로 앞으로 지역사회를 대상으로 정기적으로 동일한 성격의 행사를 개최할 수 있는 토대가 마련되었는가?

(2) 일회성 훈련(혹은 교육) 프로그램 평가 시 고려사항(〈표 13-4〉 참조)

- 참석자들에게 얼마나 유익했는가?
- 질적으로 우수한 교육 프로그램 제공으로 기관에 대한 공신도가 얼마나 향상되었는가?
- 네트워킹이 강화되거나, 새롭게 형성되는 효과가 있었는가?

<표 13-4> **세미나 평가 서식**

1. 세미나 내용이 얼마나 유익했습니까?
   □ 매우 유익함 □ 유익함 □ 유익하지 않음 □ 매우 유익하지 않음

2. 세미나에서 제공한 정보가 얼마나 유용했습니까?
   □ 매우 유용함 □ 유용함 □ 유용하지 않음 □ 매우 유용하지 않음

3. 세미나 발표는 어떠했습니까?
   □ 매우 잘되었음 □ 잘되었음 □ 부족함 □ 매우 부족함

4. 이 세미나가 앞으로 귀하의 보다 효과적인 업무수행에 도움이 될 것이라 생각하십니까?
   □ 매우 그러함 □ 그러함 □ 그렇지 않음 □ 매우 그렇지 않음

5. 발표자가 얼마나 명확하게 정보를 전달했다고 생각하십니까?
   □ 매우 명확함 □ 명확함 □ 명확하지 않음 □ 매우 명확하지 않음

6. 세미나 발표가 귀하의 욕구를 충족했습니까?
   □ 예 □ 아니요 □ 어느 정도

   '아니요' 나 '어느 정도' 라고 답변하신 경우 그 이유는?

   ____

   ____

7. 다음의 사항에 대한 귀하의 전반적인 느낌은 어떠했습니까?

구두로 전달된(발표 포함) 정보:

____

제공된 자료 및 문서:

____

발표자:

____

세미나가 끝난 후 저희 직원에게 반송해 주시기 바랍니다. 감사합니다.

- 기관에 대한 광범위한 홍보효과를 수반했는가?
- 교육의 결과로 참석자들이 앞으로 지역사회를 위해 보다 효과적으로 일할 수 있을 것인가?

(3) 대규모 컨퍼런스 평가 시 고려사항(〈표 13-5〉 참조)

- 행사가 만족할 만한 질적 수준을 유지함으로써 기관에 대한 공적 인지도를 높일 수 있었는가?
- 행사가 필요한 수입을 제공했는가?
- 행사를 통해 참가자들이 충분한 네트워킹 기회를 가질 수 있었는가?
- 행사를 통해 참가자들이 새롭고 가치 있는 지식과 정보, 그리고 접촉기회를 충분히 가질 수 있었는가?
- 행사가 새로운 리더십을 선보이는 공개적 대회가 되었는가?
- 행사가 활용 가능한 프로그램 서비스에 대한 이해도를 높이는 기회를 제공했는가?
- 행사의 내용이 참석자들의 지도자적 기술과 능력을 발전시키는 데 도움이 되었는가?
- 행사를 통해 지역사회 내 공적 · 사적 · 개별적 영역 간의 연결과 협력이 강화되는 효과가 있었는가?
- 행사가 지역사회와 관련 당사자들이 생각하기에 중요하고 시급한 주제를 다루었는가?

<표 13-5> (전국단위의) 컨퍼런스 평가서식 샘플

☞ 본인은? □ 정회원입니다 □ 준회원입니다 □ 비회원입니다

☞ 다음의 1번에서 10번까지의 사항들에 대해 얼마나 만족하셨는지 여부를 해당 칸에 표시해 주시기 바랍니다.

		매우 만족				만족			불만족		
		10	9	8	7	6	5	4	3	2	1
1	컨퍼런스 전반에 대한 평가										
2	기조연설										
3	워크숍										
4	시설(워크숍 장소)										
5	시설(호텔)										
6	음식										
7	특별 행사										
8	네트워킹 기회										
9	(기타)__________										
10	(기타)__________										

☞ 귀하에 대한 질문입니다. 해당 칸에 표시해 주시기 바랍니다.

1. 귀하는 다음 중 어느 분야(혹은 직종)에 종사하고 계십니까? (복수 응답 가능)
   □ 교육 □ 건강(의료기관) □ 자선 분야 □ 종교 □ 정부 및 공공 분야
   □ 예술 □ 레크리에이션 □ 직업훈련 □ 위기개입 □ 청소년
   □ 노인 □ 지역복지 □ 여성 □ 기타__________

2. 귀하는 이 컨퍼런스를 어떻게 알게 되었습니까?
   □ 브로셔 □ 직장 동료 □ 교육 프로그램 □ 친지 □ 소식지
   □ 대중매체 □ 기타__________

3. 귀하는 컨퍼런스 참석을 위해 얼마나 여행하셨습니까?
   □ 0~50km □ 51~100km □ 101~200km □ 201km 이상

4. 귀하는 누구와 함께 컨퍼런스에 참석하셨습니까?
□ 동료 □ 컨퍼런스 비참석자와 동행 □ 동행 없음

5. 컨퍼런스에 대한 다음의 사항이 얼마나 중요한지에 대한 귀하의 생각을 1번(가장 중요함)부터 6번(가장 덜 중요함)의 순서로 기입하시기 바랍니다.
___ 기조연설자 ___네트워킹 기회 ___컨퍼런스 중요인사
___교육(훈련)인증 발급 ___워크숍 ___안락한 휴식과 음식
___기타:____________________

6. 컨퍼런스 참가비용에 대한 귀하의 견해는?
□ 적당함 □ 비교적 저렴함 □ 너무 비쌈

7. 다음번 컨퍼런스 참석에 대한 귀하의 견해는?
□ 의향이 있음 □ 참석할 예정 □ 참석치 않을 예정 □ 잘 모르겠음

8. 컨퍼런스 참석 비용은 누가 부담했습니까?
□ 기관부담 □ 대부분 본인부담, 기관 보조
□ 본인부담 □ 대부분 기관부담, 본인 일부 부담
□ 기타____

9. (다음번 컨퍼런스에 귀하가 참석한다면) 어떤 주제나 내용의 워크숍이 새롭게 첨가되기를 원하십니까?
____
____

10. (다음번 컨퍼런스에 귀하가 참석한다면) 듣기를 원하는 기조연설의 주제나 내용은 무엇입니까?
____
____

11. (다음번 컨퍼런스에 귀하가 참석한다면) 원하시는 특별한 기조연설자가 있으십니까? 있다면 누구이며, 왜 그렇습니까?
____
____

(4) 홍보행사 평가 시 고려사항

- 행사의 결과로 기관이 무엇을, 어디서, 어떻게, 그리고 어떤 비용(시간, 에너지, 금전, 사명감 등의 측면에서)으로 할 것인가(혹은 하고 있는가)에 대한 공공의 이해를 향상시켰는가?
- 행사가 홍보하고자 하는 서비스나 프로그램에 대한 기관의 의지와 목적을 공공과 지역사회에 널리 알리는 기회가 되었는가?
- 행사의 결과 차후 자원봉사자, 직원, 후원자, 지지자들을 새롭게 모집하는 데 의미 있는 토대가 마련되었는가?
- 행사의 결과 기관에 대한 부정적이거나 부적절한 이미지와 선입감이 제거되었는가?
- 행사가 클라이언트들에게 희망과 지원을 제공했는가?
- 행사가 지역사회주민의 공적 지식을 높이는 데 일조했는가?

기관의 고유한 특성이나 개별적 욕구 그리고 특별한 기대사항 등에 따라 앞에서 제시한 고려사항 외에 새로운 질문을 추가할 수 있다. 이러한 평가 시 고려할 사항은 반드시 사전에 결정되어야 한다. 그럼으로써 행사가 진행되는 동안, 혹은 행사가 끝난 후 시행되는 다면적 · 복합적 평가의 지침으로 활용될 수 있어야 한다.

2) 현실적인 평가 기준의 수립

경제적으로 침체되고, 소비를 자제하는 어려운 시기에 현실적으로 과도한 기대치를 세우는 것은 바람직하지 않다. 예를 들어, 정부나 재단의 지원이 예년에 비해 감소했다는 이유로 지난해 300명이 참석했던 연례기금모금행사의 목표를 450명 혹은 600명으로 50%, 100% 상향 조정하는 것은 삼가야 한다. 단순히 작년 참석인원 정도인 300명을 목표로 설정하는 것이 현실적이며, 행사의 성공을 위한 토대가 된다. 마찬가지로 기관이 판단하기에 정말로 중요하고, 시급한 주제나 문제라 할지라도, 이를 해결하기 위한 지역사회의 전반적인 공감대가 형성되어 있지 않고 인식이 낮은 경우 관련 행사나 프로그램의 목표치를 지나치게 높게 설정해서는 안 된다.

한마디로 평가 기준은 현실적이어야 한다. 행사를 기획하기 전 지역사회를 살펴보고 현실에 대한 올바른 인식을 가져야 한다. 기관이 다음 달에 개최할 행사와 내용이나 성격이 비슷한 기금모금행사가 지난달에만 여러 차례 있었고, 행사 참석 대상 역시 중복되는 경우를 상정해 보라. 무엇보다 그러한 행사가 차기년도에는 기획되지 않도록 해야 할 것이며, 행사 목표 역시 현실적으로 설정되어야 함은 물론, 가능한 한 기존의 행사들과 차별성을 보일 수 있는 노력이 병행되어야 할 것이다. 또한 비슷한 유형의 행사를 이미 개최한 다른 기관이나 조직의 사례를 조사하고, 그 결과가 어떠했는지를 분석해야 한다. 이러한 모든 사전조사와 작업이 완료된 후 성공적인 평가의 기반이 되는 현실적인 기대와 목표치를 설정할 수 있다.

3) 집단평가

행사 실무에 대한 책임이 있는 집단(혹은 위원회)을 대상으로 하는 평가에서 가장 유의해야 할 점의 하나는 잘된 점과 개선되어야 할 점은 보다 정확하고 객관적으로 파악할 수 있도록 행사완료 후 조속한 시간 내에 평가가 이루어져야 한다는 것이다. 행사에 대한 구체적인 사항과 경험이 비교적 명확한 상태에서 각자의 생각을 나누고, 관점을 교환하며, 그 결과를 기록하는 것이 중요하다. 이러한 평가회의 시 지켜야 할 주요 지침은 다음과 같다.

- 집단의 일반 구성원이 아닌 지도적 위치에 있는 사람(예를 들어, 위원장)이 자신들에게 부여된 업무에 대한 결과물(즉, 숫자, 비용, 문제점 등)에

대한 구체적인 정보를 제공해야 한다.

■ 회의 시 구성원들이 솔직하면서도 개방적인 분위기에서 의견을 교환할 수 있도록 비밀보장의 원칙이 준수되어야 한다.

■ 구체적 사안, 객관적 결과, 업무에 대한 토의가 이루어져야 한다. 새로운 지도자를 선출하는 경우를 제외하고는 개인에 대한 평가가 지양되어야 한다.

■ 토론 시 상대방을 배려하는 태도를 유지해야 한다. 예를 들어, 개선해야 할 점이나 잘못된 점에 대해 토론할 때 "노대제 누가 일을 망친 거지요? 그 결과 얼마나 일이 잘못 됐는지 알고는 계시나요?"와 같은 부정적이고 비판적인 태도는 지양해야 한다.

■ 모든 평가는 초기 행사기획 시 사전에 결정된 기준과 목표에 근거하여 이루어져야 한다. 보다 나은 평가를 위한 새로운 기준이나 영역이 제시될 수도 있으나, 이러한 새로운 기준은 차후 새로운 행사부터 적용되어야 하며, 이미 완료된 행사의 평가를 위한 추가적 기준이 되어서는 안 된다.

■ 평가의 결과 차후 유사한 성격의 혹은 동일한 성격의 행사를 다시 개최하는 것이 바람직한 것인가에 대한 의견이 모아질 수 있으며, 이러한 의견은 기록되어, 집단의 차기 임원이나 책임 있는 사람에게 전달될 수 있다.

■ 회의에 대한 기록은 문서화되고 모든 구성원들에게 공유되어야 한다.

프로그램이나 사람에 대한 평가와 마찬가지로 행사에 대한 평가 역시 공정하고, 적절하며, 시기에 맞게 이루어져야 한다. 그럼으로써 우리의 활동을 객관적이고, 바람직하게 점검할 기회를 가질 수 있게 된다. 이를 바탕으로 무엇이 잘못되었는지를 깨닫고, 보다 효과적인 업무수행능력을 배양하여 미래의 성공을 담보할 수 있게 될 것이다.

14
자원봉사자와 직원의 관계

1. 영원한 삼각관계

대다수의 경험이 많지 않은 자원봉사관리자들은 자신들과 자신들의 자원봉사자와의 관계를 어떻게 형성할 것인가가 프로그램에서 가장 핵심적인 부분의 하나일 것이라고 믿는 오류를 범한다. 자원봉사관리자들은 곧게 뻗어 있는 직선관계로 자신과 자원봉사자의 업무관계를 설정한다.

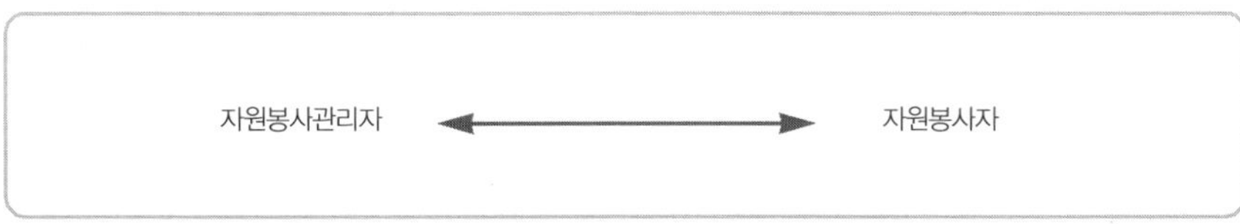

[그림 14-1] 잘못된 자원봉사관리 관계

하지만 이러한 방식으로 업무관계를 설정하는 것은 매우 위험하다. 실제로 대다수의 자원봉사 프로그램에서 업무의 배치는 양방향 배치보다는 세

방향의 배열, 즉 삼각형식 배열과 유사한 형태로 이루어진다.

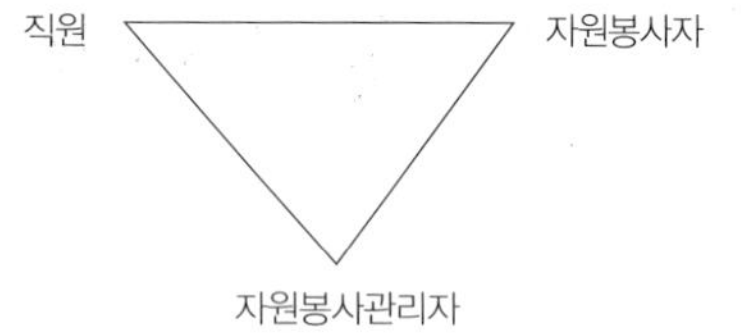

[그림 14-2] 바람직한 자원봉사관리 관계

삼각형식 배치는 자원봉사자가 직원이 소속된 부서 내로 배치되거나, 직원이 담당하고 있는 프로젝트를 돕는 역할을 하거나, 직원이 책임지고 있는 클라이언트를 원조하는 업무를 맡거나, 혹은 직원에게 직접 배치되거나 등의 여부와 관계없이 자원봉사자가 기관에서 유급 직원들과 일할 경우 반드시 따라야 할 배치 방식이다. 따라서 자원봉사관리자는 이러한 업무관계가 형성되었을 때 3개의 집단으로 이루어진 역학적 관계를 세심히 고려하여 자원봉사자집단과 좋은 관계를 맺기 위해 투자하는 시간만큼 직원집단과도 바람직한 관계를 형성하기 위하여 시간을 투자해야 한다.

2. 직원의 관심과 우려에 대한 직면과 대처

유능한 자원봉사관리자는 직원들이 자원봉사자를 활용하는 것에 대해서 개인적인 면이나 조직적인 면에서 관심이나 걱정을 갖는 것이 당연하다는 인식을 갖고 출발해야 한다.

직원들의 자원봉사자에 대한 조직적인 측면의 관심은 다음과 같다.

■ 업무 통제력 상실에 대한 우려
■ 서비스 질적 저하에 대한 우려
■ 자원봉사자에 대한 신뢰성에 대한 우려
■ 부가적인 법적 문제와 책임성의 증가에 대한 우려

직원들의 자원봉사자에 대한 개인적인 측면의 관심은 다음과 같다.

■ 업무량 증가에 대한 분노
■ 실직에 대한 두려움
■ 자원봉사관리 경험이 없는 직원의 경우 관리의 책임에 대한 두려움

자원봉사관리자의 역할은 직원의 관심과 우려가 무엇인지를 알아낸 후에, 이러한 부정적 걱정과 우려를 "자원봉사자는 기관에 유용하다."라는 긍정적 확신으로 인식의 변화를 가져오는 것이다.

자원봉사자의 유용함을 확신하는 직원들은 다음의 2가지 감정을 느끼게 된다.

■ 어려움보다는 이익이 더 크다는 느낌
■ 자원봉사자와 업무에 대한 통제력을 가질 수 있다는 느낌

직원들은 대체로 다음과 같은 상황에서 자원봉사 프로그램에 더욱 만족해 한다. 첫 번째는 자신들이 노력한 것보다 더 큰 보상이 있다고 생각될 때이고, 두 번째는 자원봉사자와 함께 일을 할 때 자신들의 참여 정도를 결정하는 일에 본인이 깊이 관여한다고 생각될 때 만족감을 느낀다.

자원봉사관리자가 직원들의 관심과 우려 사항을 다루는 데 있어 명심하고, 지켜야 할 가장 중요한 원칙은 직원들과 경쟁하여 이기려는 마음을 가져

서는 안 된다는 것이다. 많은 자원봉사관리자들은 기관의 최고관리자에 의해 "모든 직원들에게 자원봉사자가 할당된다."는 식의 강제조항이 하달되도록 하는 것과 같은 권위적인 방법으로 직원들의 우려를 잠재우는 방식을 선호하는 경향이 있다. 하지만 이러한 방식은 치명적이다. 직원들은 자신들이 강요당한 것에 대한 앙갚음을 하려고 할 것이고, 앙갚음이 가능한 유일한 표적인 자원봉사자들에게 이러한 앙갚음이 시도될 것이다.

이 같은 상황에서 자원봉사관리자는 유쾌하지 않은 정치적 게임에 관여할 수도 있다. 이는 조직의 환경(organizational climate)에 부정적인 영향을 준다. 직원 간에 심한 갈등이 상존하는 '전쟁터' 같은 상황에 노출될 경우 자원봉사자가 이에 실망을 느끼고 기관을 떠날 가능성이 높아진다. 자원봉사자가 조직 내에서 상존하는 긴장과 갈등을 심하게 느낀다면 지속적으로 활동할 필요성과 열정이 감소될 것은 자명하다. 그들에게 자원봉사시간은 자유재량의 시간이며 대부분의 자원봉사자들은 유쾌한 업무환경에서 즐거운 마음으로 자신의 시간을 활용하고자 할 것이기 때문이다.

자원봉사자와 함께 일하는 직원들의 관심을 다루는 데 있어 삼가해야 할 또 하나의 부정적인 방법은 비판하는 것이다. 직원과 논쟁하는 것은 무익하다. 예를 들어, 왜 직원들의 생각이 틀렸는지에 대해 논리적인 이유를 명쾌하게 제시하는 행동은 바보 같은 짓이다. 자원봉사자의 활용에 대한 직원들의 관심 사항은 대부분 논리적이지 않으며, 심지어 자원봉사 프로그램과 직접적인 관련이 없을 수도 있다. 직원들에게 지속적인 압력을 가할 경우, 직원들은 더욱 방어적이 될 뿐이며, 이는 다시 적대감만을 조장하게 될 것이다. 직원들의 관심을 다루는 올바른 방법은 직원들에게 자문가 역할을 해 주고, 자원봉사자들을 활용하는 것이 직원들에게 어떻게 도움이 되는지를 인식할 수 있도록 상담을 통해 깨닫도록 해 주는 것이다.

3. 직원에 대한 자문 제공: 자문 제공 실례

직원과 효과적으로 일하기 위해서는 독특한 접근법을 취해야 할 필요가 있는데 이른바 자문요법(consulting method)이다. 이 접근법은 직원들이 자신에게 도움이 될 수 있는 방법을 스스로 찾아낼 수 있도록 역량을 강화(empowering)시킨다는 측면에서 제9장의 카운슬링기법, 제10장의 자원봉사자 역량강화기법과 많은 유사점이 있다. 즉, 직원에 대한 자문가로서 자원봉사관리자의 역할은 직원들이 자신들의 업무를 더욱 용이하게 하는 방법을 찾을 수 있도록 돕는 것이다.

직원에게 자신의 업무에 자원봉사자를 참여시키도록 설득하는 상황을 설정해 보자. 그 직원은 그런 일로 시간을 낭비하고 싶지 않다고 말한다. 이 상황에서 감정적으로는 그 직원에게 이러한 행동이 얼마나 그릇된 것인지를 지적하고, 기관의 정책은 자원봉사자를 활용하게 되어 있음을 주지시키고 싶을 것이다. 그러나 자문제공기법은 다음에 제시되어 있는 대화를 활용하여 질문하는 것이다.

> 자원봉사관리자: 당신이 하는 말은 우리 기관에서 자원봉사자를 활용하는 것에서 큰 가치를 찾을 수 없다는 뜻인가요?
>
> 직원: 음, 이론적으로는 맞는 얘기일 수 있어요. 그러나 나는 자원봉사자들을 신뢰할 수 없어요. 자원봉사자들을 훈련시키는 데 많은 노력과 시간이 들지만, 막상 훈련이 끝나면 그들은 나타나지 않아요.

이 시점에서 자원봉사관리자는 “우리가 자원봉사자들을 잘 대해 준다면, 그들도 잘할 거예요.”라고 말하고 싶을 것이다. 그러나 입술을 깨물며 “그렇게 생각하는 이유가 무엇이지요?" 라고 물어보는 것이 현명한 방법이다.

자원봉사관리자: 그게 무슨 의미인가요? 왜 자원봉사자들이 나타나지 않는 거지요?

직원: 그건 잘 모르겠어요. 아마도 다른 해야 할 일이 있어서겠지요.

자원봉사관리자: 그렇게 열심히 훈련받은 자원봉사자들이 왜 다른 일을 더 좋아할까요?

직원: 글쎄요, 다른 일이 더 재미있어서 그럴 수도 있겠죠.

자원봉사관리자: 그렇다면 우리 업무를 더욱 재미있게 만드는 방법은 없을까요?

직원: 말도 안 돼요. 우리 일은 정말 지루한 일이잖아요.

자원봉사관리자: 왜 그런가요? 우리 업무가 지루한 까닭이 뭐지요?

직원: 글쎄요, 너무 반복적이라서 그런가!

자원봉사관리자: 그렇다면 우리가 업무를 덜 반복적이고 좀 더 흥미롭게 다시 만들 수 있지 않을까요?

직원: 그 말은 내게 일을 더 많이 하라는 소리로 들려요. 저 혼자 어떻게요.

자원봉사관리자: 그래서 내가 있잖아요.

바로 이 시점에서 자원봉사관리자는 직원을 돕는 자원으로 자신을 활용해야 한다. 즉, 자문가에서 조력자로 자원봉사관리자의 역할이 바뀌는 순간이다. 직원이 "당신이 무엇을 도와줄 수 있나요?" 라고 묻는다면, 그것은 직원이 자원봉사관리자에게 문제를 해결하기 위해 도움을 달라고 요청하고 있음을 의미한다. 이는 직원이 자원봉사자를 활용하도록 자원봉사관리자가 노력하는 것과는 다른 성격의 관계다. 만약 직원이 이러한 도움을 요청한다면 자원봉사관리자는 제6장 '자원봉사자 업무설계'에서 기술한 업무설계 동기부여의 원칙을 활용하여 직원을 도울 수 있다.

4. 직원의 지지 구축

자원봉사관리자는 자원봉사 프로그램에 대한 직원들의 지지를 얻기 위해 다음의 단계들을 고려하여 자문하는 접근법을 활용해야 한다. 이 단계들은 직원들의 두려움과 우려를 효과적으로 다루기 위해, 그리고 직원들이 자원봉사자들을 적극적으로 활용하려고 시도하는 것을 돕기 위해 고안되었다. 구체적으로 자원봉사자를 배치하기 이전의 단계와 직원이 자원봉사자와 함께 일하기를 시도하는 단계와 자원봉사자를 배치한 이후의 세 단계로 나누고 각 단계에서 해야 할 일을 제시하고자 한다.

1) 자원봉사자 배치 이전 단계

다음은 직원이 자원봉사자를 배정받기 전 단계에서 시행되어야 할 내용이다.

(1) 자원봉사자 활용에 관한 기관의 정책 규정(Agency Policy)의 개발

자원봉사자 참여에 관한 기관의 정책은 최고정책결정자에 의해 수용되고 지지되어야 하며, 발전과 성장을 위한 기관의 전체적인 계획으로 통합되어야 한다. 또한 자원봉사자 활동 관련 직원의 업무 내용과 업무량에 대한 결정 시기가 포함되어야 한다. 정책은 수용되어야 하지만, 강제 규정으로서 문서화되지 않아야 한다. 모든 직원들이 반드시 자원봉사자를 활용해야 한다고 요구해서도 안 된다.

(2) 자원봉사자 활용에 대한 직원 대상 배경조사 실시

제5장에서 밝힌 것처럼 설문조사나 사정 과정을 통하여 직원들이 과거에 자원봉사자와 함께 일했던 경험의 정도, 직원들의 두려움과 관심사항, 그리고 추가로 필요한 훈련이나 자료 등에 대한 직원들의 요구사항 등이 파악되어야 한다. 이러한 정보 수집 절차는 직원들이 자원봉사자와 업무를 시작한 이후에도 지속적으로 이루어져야 하는데, 월례평가모임의 활용, 자원봉사자 활용자모임 운영 등을 통해 구체적인 정보관리체계가 수립되어야 한다.

(3) 업무 개발 과정의 시행

자원봉사관리자는 기관 내 모든 해당 부서와 직원들이 바람직한 자원봉사 업무를 개발할 수 있도록 돕기 위하여 각 부서 및 각 개인을 개별적으로 접촉하고, 필요한 자문과 원조를 제공해야 한다. 이러한 과정을 실행하는 방법에 관해서는 제6장 '자원봉사자 업무설계'에 제시한 절차와 방법을 참조하기 바란다.

(4) 활용 계획의 수립

자원봉사자를 어떻게 활용할 것인지에 대한 직원 개개인의 계획을 발전시키도록 도와야 한다. 여기에는 다음과 같은 내용이 포함된다. 자원봉사자가 어디에서 활동할 것인가? 자원봉사자들이 필요로 하는 비품이 무엇인가? 누가 자원봉사자를 담당할 것인가? 자원봉사자를 위한 새로운 활동 업무를 누가 계획할 것인가?

(5) 직원에 대한 사전교육 및 훈련의 실시

자원봉사자와 함께 일을 하게 될 모든 직원들은 효과적인 자원봉사관리에 관한 사전교육과 훈련을 받아야 한다. 직원들은 기관을 위해 자원봉사활동을 하는 사람들이 누구이며, 그들이 자신의 기여와 노력의 보상으로 무엇을 원하고 있는지를 정확히 이해해야 한다. 즉, 자원봉사관리자는 직원들이 자원봉사자의 슈퍼바이저로서의 임무를 효과적으로 수행할 수 있도록 교육과 훈련을 제공해야 한다.

2) 자원봉사자 배치 단계

자원봉사관리자는 자원봉사자와 직원을 연결하는 과정에서 다음의 사항을 고려해야 한다.

(1) 자원봉사자의 선발, 면접, 훈련 과정에서의 직원의 참여

자원봉사자들로 인하여 서비스의 질이 하락하고, 업무에 대한 효과적 통제가 어려워질 것을 걱정하는 직원들에게 자원봉사자의 선발과 준비 과정에 참여하도록 함으로써 자원봉사자 활용에 대한 부정적 선입감을 줄이고, 수용적 태도를 높이는 효과를 불러올 수 있다. 직원들을 자원봉사자 선발 기준을 개발하는 업무에 참여시키고, 자기 부서에 배치될 잠재적 자원봉사자 면접에 동참시키며, 자원봉사자 훈련 과정의 개발과 훈련 제공의 업무를 담당케 하는 것 등이 포함된다.

(2) 역할과 책임의 명시

자원봉사자, 직원, 자원봉사관리자 간의 관계망을 명확하게 해야 한다. 직원은 자원봉사관리자와 직원 중에서 누가 자원봉사자에 대한 슈퍼비전 제공의 책임이 있는지를 명확하게 이해해야 한다. 또한 직원은 누가 어떤 업무를 담당하게 되는지, 누가 어떤 업무에 대한 책임을 져야 하는지, 일이 잘못되는 경우에 발생할 수 있는 상황이 무엇인지 등에 대해 이해하고 있어야 한다. 예를 들면, 업무수행의 태만으로 인해 자원봉사자를 해고해야 할 경우 누가 담당하게 되는가? 직원이 할 수 있는가? 아니면 자원봉사관리자가 할 수 있는가? 이는 단독으로 결정할 수 있는가? 합의로 결정해야 하는가? 등에 관하여 확실하게 알고 있어야 한다.

(3) 자원봉사자 배치 후 점검

자원봉사자와 직원의 첫 연결이 모두 성공할 것이라고 가정해서는 안 된다. 자원봉사자 배치 후 일정 기간 동안 배치 후 과정이 성공적으로 이루어지고 있는지를 자주 점검하는 것이 바람직하다. 업무수행에 요구되는 자격과 적합한 기술 소유 여부를 점검해야 하고, 자원봉사자와 직원 간의 바람직한 관계형성 여부 역시 점검해야 하며, 직원이 자원봉사자와 실제적으로 함께 일하면서 느끼는 자신의 능력에 대한 자신감의 정도 등도 지속적으로 검토해야 한다.

(4) 자원봉사자 관리업무의 직원 참여

자원봉사자의 관리와 슈퍼비전에 직원들을 지속적으로 참여시켜야 한다. 직원들의 참여 수준과 정도는 관리 책임에 대한 각 직원의 개별적 욕구와 편안함의 정도에 따라 다양하게 나타난다. 자원봉사관리자가 여전히 자원봉사자에 대한 관리 및 슈퍼비전의 책임을 맡는 경우에도, 어떤 형식으로든 직원들이 관리체계에 포함될 수 있도록 노력해야 하며, 직원들은 자신이 슈퍼비전팀의 일원이며, 자원봉사자에게 일어나는 중요한 일이나 관련 정보로부터 소외되지 않고 있다는 생각을 가질 수 있어야 한다. 이러한 노력은 직원들에게 자원봉사자를 다루는 방법에 대해 조언을 구하거나, 자원봉사자들의 활동에 관하여 직원들이 어떻게 생각하고 있는지에 관하여 질문을 하는 형식으로 이루어질 수 있다.

3) 자원봉사자 배치 이후 단계

자원봉사자의 배치 이후에 직원들이 자원봉사자들을 더 많이, 더 유익하게 활용할 수 있도록 돕기 위하여 다음의 사항을 고려할 수 있다.

(1) 결과에 근거한 피드백의 제공

자원봉사자를 효과적으로 활용하고 있는 직원들에게 자신들의 업무상 결과를 객관적으로 보여 줄 수 있는 평가 결과를 개발한다. 이러한 평가 결과는 자원봉사자가 자기 부서에서 근무한 자원봉사활동 시간의 보고에서부터 자원봉사자의 노력과 헌신을 칭찬하는 표창장이나 간단한 사례보고 등 다양한 형태로 개발 가능하다.

(2) 자원봉사자의 효과적 활용을 위한 새로운 아이디어의 개발

자원봉사자의 관심을 유발하고, 기관에 도움이 될 수 있는 새로운 업무를 지속적으로 개발할 수 있도록 직원들에게 필요한 원조를 제공해야 한다. 창의적이고 모범적인 자원봉사자 활동 사례는 널리 알리도록 한다. 물론 일부 직원들은 자원봉사자 활용에 대해 매우 지지적인 입장과 적극적인 참여 성향을 보인다. 하지만 직원들에 대한 원조의 제공은 자원봉사자 활용에 어려움을 보이거나 부정적인 직원들에게도 동일하게 이루어져야 한다.

(3) 업무를 탁월하게 수행한 직원에 대한 보상

가장 먼저 생각할 수 있는 보상체계는 자원봉사자를 가장 잘 활용한 직원에 대해 공식적인 표창을 하는 것이다. 또한 자원봉사자 관리를 잘한 것에 대한 상을 제정하는 것도 생각해 볼 수 있다. 직원들의 업무(자원봉사자를 활용하는 일)를 동기화시키고, 다른 직원들도 자원봉사자를 활용하도록 격려하기 위해서는 현재 자원봉사자와 효과적으로 업무를 수행하고 있는 직원들을 인정하는 일이 중요하다.

5. 상급관리자로부터의 지지 창출과 획득

자원봉사 프로그램에 대한 직원들의 지지를 구축하는 과정에서 반드시 다루어야 할 중요한 사항 중 하나는 직원들의 자원봉사자 활용에 대한 결정권자일 뿐 아니라, 자원봉사 프로그램 자체에 대한 최종승인권자인 상급관리자로부터의 지지의 구축이다.

기관의 상급관리자의 지지를 얻기 위해 고려해야 할 중요한 3가지 요소가 있다.

첫째, 이해다. 기관의 상급관리자는 자원봉사 프로그램의 효과적 운영을 위해 요구되는 기관 내 다른 직원과의 관계설정문제를 포함하여 자원봉사 프로그램이 구체적으로 무엇이며, 어떻게 운영되어야 하는지 등에 대한 기본적인 이해가 있어야 한다.

둘째, 정보다. 상급관리자는 자원봉사 프로그램을 통해 획득 · 성취할 수 있는 성과물이 무엇이며, 이러한 성과물의 가치가 프로그램 운영에 소요되는 재정적 비용과 인건비 등 전체 비용의 가치와 비교할 때 상대적 우위에 있음을 이해하고 있어야 한다.

셋째, 참여다. 상급관리자는 프로그램의 효과적 운영과 관리를 위해서 자신이 해야 할 일과 할 수 있는 일을 이해해야 하고, 자원봉사자와 다른 직원들과 함께 해야 할 일은 무엇인지에 대해서도 정확히 파악하고 있어야 한다.

1) 이 해

상급관리자로부터의 재가와 확고한 지지를 얻는 과정에서 자원봉사 프로그램의 본질에 대한 상급관리자의 정확한 이해는 첫 번째 조건이다. 즉, 자원봉사자가 왜 기관에 필요한지에 대한 이해다. 상급관리자들은 자신들이 자원봉사 프로그램을 지원하기로 결정한 이유에 대해 확고한 신념이 있어야 하는데, 이러한 신념은 자원봉사자가 기관의 성공과 사명의 완수에 기여하는 바가 크기 때문이라는 사실에 근거해야 한다.

상급관리자들이 자원봉사 프로그램을 실시하기로 결정한 직접적 동기는 다양한 형태로 나타날 수 있다. 자원봉사자를 지역사회 투입의 자원으로 볼 수도 있고, 지역사회 아웃리치의 수단으로 여길 수도 있으며, 아니면 단순히 비용효과적인 서비스 전달의 수단으로 생각할 수도 있다. 이러한 직접적인 동기는 자원봉사 프로그램에 대한 보편적인 원리와 신념보다 중요할 수 없다. 기관 내 상급관리자들 사이에 자원봉사 프로그램에 대한 보편적인 원리가 공유되지 않는다면, 상급관리자들이 공유할 수 있는 원리를 세우기 위해 합의점을 찾아 나갈 수 있도록 유도하고 도와야 한다. 이렇게 하지 못한다면, 자원봉사 프로그램에 대해 상호배타적인 의견이 난립하는 위험에 노출될 수 있으며, 경우에 따라서 자원봉사 프로그램이 존재해야 하는 정당성에 대한 이해를 가진 상급관리자가 한 사람도 없는 위험한 상황에 처할 수도 있다. 완전하게 이해하지 못한 내용을 전적으로 지지하라고 하는 것은 비현실적이고, 어려운 일이기 때문이다.

자원봉사 프로그램에 대한 상급관리자의 이해와 관련한 두 번째 조건은 효과적인 자원봉사 프로그램의 운영을 위해 해야 할 일들이 무엇인지를 상급관리자가 이해하는 것이다. 즉, 상급관리자들은 자원봉사 관리 과정의 개요 및 효과적인 자원봉사자 활용을 위해 기관이 투자해야 할 사항들을 이해하고 있어야 한다. 이는 자원봉사 프로그램이 온전한 기능을 하기 위해 필요한 직원들의 시간, 재정적 투자, 권한의 공유 등 갖추어야 할 요건에 대한 명확한 이해를 하는 것을 의미한다.

2) 정 보

상급관리자의 지지를 얻기 위한 두 번째 요소는 프로그램이 성공적인지를 판단할 수 있는 충분한 정보의 확보이며, 이를 위해 필요한 정보는 다음과 같다.

(1) 자원봉사자 활용 현황

자원봉사자가 어떻게 활용되며, 어디에서 활동하는지에 관한 기록이다. 예를 들어, 이 기록은 참여하는 자원봉사자의 수, 자원봉사 시간, 자원봉사 업무유형 및 내용에 대한 부서별 목록의 형식으로 작성할 수 있다. 이러한 부서별 보고 형식의 장점은 상급관리자로 하여금 부서별 자원봉사자 활용 현황의 파악은 물론 자원봉사자를 효과적으로 활용하는 부서 및 직원, 또 그렇지 못한 부서 및 직원을 손쉽게 식별할 수 있는 수단을 제공한다는 점이다. 또한 상급관리자는 이러한 기록을 통해 자원봉사자가 기관을 위해 기여할 수 있는 업무의 유형이 무엇인지를 파악할 수 있다.

(2) 자원봉사자 활용 가치

자원봉사자의 기관에 대한 기여의 실제적 가치가 어느 정도인지를 측정·환산하고, 이를 정보화하는 작업은 중요하다. 이러한 작업은 다음의 항목을 측정하는 것을 포함한다.

- 자원봉사 시간의 가치: 개인별 전체 자원봉사 시간을 합산하고, 개별 자원봉사자에 합당한 시간당 임금을 산정하여 곱해 보면 자원봉사자가 기여하는 시간의 가치를 금전적 기여로 환산할 수 있다.
- 물품 후원: 자원봉사자들이 자신의 직장에서 얻어 오는 물품이나 개인적인 비품의 사용을 포함하여, 자원봉사자들이 기여하는 물품을 기록

하고, 금전적 가치로 환산한다.

- 자원봉사 관련 개인적 비용의 가치: 자원봉사자가 기관으로부터 보상을 청구하지 않은 자원봉사활동과 관련한 각종 개인 비용, 예를 들어 자동차 주행거리, 전화 사용, 자료 복사 등의 활동에 소요된 비용을 합산하여 기록한다.

이상의 정보는 이야기(일화, 예화, 흥미로운 자원봉사자에 관한 내용 등)와 사실(통계, 목록 등)이 혼합된 형태로 상급관리자에게 제공해야 한다.

3) 참 여

상급관리자의 지지 획득을 위한 마지막 요소는 상급관리자가 프로그램에 언제, 어떻게 도움이 되는지를 그들에게 알려 주는 것이다.

상급관리자가 참여하는 방법에는 여러 가지가 있으며, 상급관리자의 프로그램 참여는 자원봉사 프로그램의 효과적인 관리에 중요한 의미를 가진다. 상급관리자는 자원봉사자 사전교육에 참석하거나, 자원봉사자에게 표창을 수여하거나, 자원봉사자들의 모임에 정기적으로 참여할 수 있다. 상급관리자의 이러한 참여는 자원봉사 프로그램의 지속적 운영에 중요한 지지기반 중 하나가 된다. 최고관리자가 자원봉사 프로그램의 참여를 통해 바람직한 영향을 주는 예를 들어 보자. 어떤 병원의 최고경영자가 매주 화요일마다 자원봉사자와 만나는 시간을 정해 놓고, 매주 각 부서별로 돌아가며 해당 부서의 자원봉사자들과 1시간 동안 함께 이야기를 나누는 모임을 정례화했다. 이러한 모임은 자원봉사자들이 자신의 기여에 대해 병원의 최고책임자로부터 직접적인 감사를 받는 기회가 됨으로써, 더 큰 사명감과 동기부여의 기회로 작용하게 된다. 또한 직원들에게도 자원봉사자와 보다 협력적인 관계에서 효과적인 업무수행을 할 수 있도록 자극하고 격려하는 순기능을 가져오게 된다.

자원봉사관리자는 상급관리자가 직원들을 강제하는 것이 아닌, 독려하는 방법을 활용하도록 유도해야 한다. 자원봉사관리자가 직원들을 격려하고, 자원봉사 프로그램과 자원봉사자의 활동에 대해 납득시키는 데 있어 가장 어려운 점은 직원들이 자원봉사자를 반드시 활용하도록 상급관리자의 힘을 빌려 강제하고, 불이익을 줄 의도가 없음을 주지시키는 일이다. 자원봉사자 관련 업무를 충실히 수행한 직원들에게는 성과에 대해 적절하게 보상하고, 부족한 부분이 있는 직원에게는 스스로 깨달을 수 있도록 보상을 주지 않는 방식을 통해 이러한 환경을 조성할 수 있다.

6. 직원과의 업무 협조 시 주요 원칙

직원과 함께 일하기 위한 계획을 수립할 때 다음의 3가지 일반적인 원칙을 준수해야 한다.

- 자원봉사자와 직접 일하는 데 들이는 시간만큼, 직원들과 함께 일하는 데에도 최대한의 시간을 투자해야 한다. 특히, 초기의 프로그램 개발단계에서는 더욱 많은 시간을 직원과 함께 보내도록 계획한다.
- 발생한 문제는 가능한 한 빨리 다루어야 한다. 상황이 악화되어 상처가 곪을 때까지 기다려서는 안 된다. 또한 좋은 협력관계를 유지하라고 압력을 행사해서도 안 된다. 화합을 강요하기보다는 자원봉사자를 다른 곳으로 이전하는 것이 더 바람직하다.
- 자원봉사관리자의 궁극적인 목적은 직원들이 자원봉사관리의 핵심 업무를 수행하도록 하는 데 있다. 직원들이 자원봉사관리를 실질적으로 책임지고 그 업무를 효과적으로 수행하게 된다면, 자원봉사관리자는

창의적인 업무 개발과 문제 조정 및 개입 업무에 보다 많은 시간을 투자할 수 있게 된다. 자원봉사관리자가 기관에 있는 모든 자원봉사자에게 슈퍼비전을 주어야 하는 상황에 처한다면, 매일매일 사소한 업무에 둘러싸여 시간을 허비해야 할 것이다.

15 제 언

1. 자원봉사관리의 보편적인 원칙

지금까지 기술한 자원봉사관리의 모든 과정과 과제를 성공적으로 수행하기 위해서는 철학적 신념에 근거한 일관성 있는 접근 노력이 요구된다. 이러한 철학적 신념으로 다음의 2가지를 제시하고자 한다. 이러한 신념에 근거하여 자원봉사관리 전체 과정이 기획되고, 실행되고, 평가되고, 수정된다면 성공적인 자원봉사 프로그램에 한걸음 더 나아가게 될 것이다.

1) 작게 시작해서 단계별 성취를 통한 성장을 지향하라

한번에 모든 것을 성취하려고 기대해서는 안 되며, 그렇게 하려고 시도해서도 안 된다. 자원봉사 프로그램 운영은 섬세하고 대단히 복잡한 업무다. 이것은 자원봉사관리업무 고유의 특성에 비추어 볼 때 쉽게 짐작할 수 있는데, 만약 자원봉사관리자가 일정 단계에서 기대 이상의 성과를 거두었다면

(예를 들어, 모집단계), 이것은 더 많은 업무가 부가적으로 발생했음을 의미하는 것이기 때문이다. 지속적으로 증가하는 감당할 수 없는 업무와 이로 인한 성공적이지 못한 자원봉사자관리로 인해 좌절하는 것보다, 현실적으로 실현 가능하고 감당할 수 있는 수준에서 작게 시작하고, 점차적으로 성장을 도모하는 것이 바람직하다. 행복한 직원과 행복한 자원봉사자가 프로그램의 가장 확실한 지지자이자 판매자라는 사실을 명심하라. 그러므로 먼저 이들이 정말 행복한지를 확인해야 한다.

2) 강요하지 말고 설득하라

직원에게도 기관에도 자원봉사자를 반드시 활용해야 한다고 강요하고 압력을 가해서는 안 된다. 자원봉사자를 활용하는 것은 기관을 돕는 것이나, 이는 기관이 자원봉사자 활용의 필요성을 인식하고, 수용해야 가능한 것이다. 자원봉사자 활용에 대한 자신감을 배양시키고, 성공에 대한 확신을 심어주는 것으로 직원과 기관을 설득해야 한다. 예를 들어, 자원봉사자 활용에 소극적인 직원들이 다른 부서에서 자원봉사자를 효과적으로 활용하여 명시적인 이익을 얻는 것을 보게 되면, 그 직원들은 궁극적으로 자신들의 부서에도 같은 효과를 거둘 수 있을 것이라고 생각하게 될 것이다. 자원봉사관리자가 자신이 가진 자원의 가치를 확신하게 될 때에만 직원들에게 억지로 부탁하는 것이 아닌, 직원들이 도움이 필요해서 스스로 다가오게 만들 수 있는 것이다. 다른 사람에게 자원봉사자를 활용하라고 강요할 수 있다고 과신하는 오류를 범해서는 안 된다. 작지만 효과적인 자원봉사 프로그램이 덩치만 큰 비효과적인 프로그램보다 훨씬 더 큰 가치가 있음을 명심하라.

2. 자원봉사자 참여의 구조

자원봉사 프로그램 개발과 관리의 기본 원칙으로, 앞부분에서 소개한 3가지 도형을 이용한 원칙을 항상 명심해야 한다.

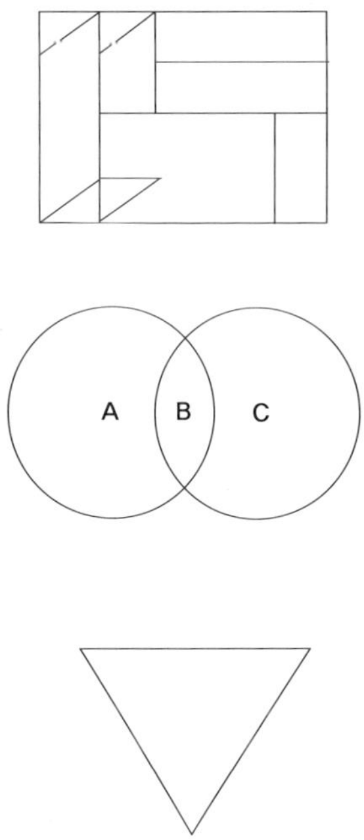

퍼즐 사각형
기관에서 필요로 하는 자원봉사업무

겹쳐서 만나는 두 원형
A: 잠재적 자원봉사자의 참여 동기 및 욕구
B: 기관과 자원봉사자의 공유 욕구
C: 기관(지역사회)의 욕구와 문제

삼각형
자원봉사관리자, 자원봉사자, 직원 간의 삼각형식 관계망

[그림 15-1] 바람직한 자원봉사 프로그램 개발의 원칙

앞의 3가지 원칙이 모두 고려된 자원봉사 프로그램을 개발한다면, 그 프로그램은 자원봉사자 자원을 가장 효과적으로 활용하는 프로그램이 될 것이다.

3. 도움 구하기

자원봉사관리자가 프로그램을 개발할 때 실제적으로 가장 필요한 도움은 노동집약적인 업무를 함께할 사람을 찾는 것이다. 프로그램 초기단계에서 자원봉사자 모집과 배치에 소기의 성과를 거두었다면, 이는 더 많은 계획 과정과 개별적 접촉의 업무가 발생했음을 의미한다. 이러한 딜레마를 해결할 수 있는 실제적이고, 비용효과적인 방법은 행정 및 사무 업무를 도울 수 있는 자원봉사자를 모집하는 것이다. 이러한 방법의 활용은 "당신은 자원봉사자를 활용하지 않으면서, 왜 나에게만 강요하는 거죠?" 라는 생각을 가질 수 있는 다른 직원들에게 일관성 있는 모습을 보여 줄 수 있을 뿐 아니라, 자원봉사관리자가 전문성이 요구되는 보다 기술집약적인 업무에 자신의 시간을 효과적으로 쓸 수 있도록 허용하는 기회를 제공한다. 일반 자원봉사자를 대상으로 하는 면접과 모집 시에 자원봉사관리자를 도울 수 있는 이러한 자원봉사자를 함께 찾도록 노력해야 할 것이다.

4. 자원봉사관리의 황금률

다음의 황금률을 항상 기억하라.

> 처음에는 자원봉사자의 선의가 그들을 모집할 수 있도록 했으나, 이후에는 자원봉사관리자의 능력만이 자원봉사자들을 지킬 수 있는 힘이다.

참고문헌

고수현(2003). 자원봉사활동의 활성화에 관한 연구. 한국복지행정학회, 13권, 2호, pp. 21-39.

교육인적자원부(2004). 자원봉사제도 개선방안연구.

교육과학기술부(2006). 초 · 중 · 고등학교 학생 봉사활동의 이론과 실제. 서울: 교육과학기술부.

구혜영(2006). 자원봉사조직 특성 및 업무 특성의 자원봉사자 활용 유효성에 대한 연구: 임파워먼트 매개효과를 중심으로. 가톨릭대학교 대학원 박사학위논문.

권중돈(2008). 전문 노인자원봉사 프로그램 매뉴얼. 보건복지가족부 용역 최종보고서.

김동배, 조학래, 최재성, 최선희(1998). 한국 자원봉사활동의 관리운영 실태평가와 지원욕구. 한국사회복지학, 35권, pp. 31-50.

김동배, 윤석인, 박영란(2001). 한국자원봉사단체의 현황연구조사. 한국자원봉사단체협의회.

김동배(2005). 시민사회와 자원봉사. 서울: 학지사.

김만두(2000). 현대사회복지개론. 서울: 홍익제.

김미숙, 김유경, 김성희(1998). 자원봉사센터의 현황과 효율적 운영방안. 한국보건사회연구원.

김범수, 권선진, 손병돈, 신승연, 신은주, 이종복 외(2004). 자원봉사의 이해. 서울: 학지사.

김범수, 권선진, 신승연, 이종복, 손영희, 정옥희 외(2007). 자원봉사론. 서울: 학지사.

김영호(1997). 자원봉사활동의 활성화 방법. 서울: 학문사.

김창의, 신승국, 박홍배, 채규옥(2001). (신)인사관리론. 서울: 두남.

류기형, 남미애, 박경일, 이경희, 장중탁, 홍봉선 외(2008). 자원봉사론. 파주: 양서원.

류기형, 남미애, 박경일, 홍봉선, 이경희, 장중탁(1999). 자원봉사론. 서울: 양서원.

보건복지가족부(2008). 2008년 사회복지 자원봉사센터 운영안내. 보건복지부 복지자원팀.

보건복지가족부(2009a). 2009년도 사회복지관 운영 관련 업무처리 요령안내.

보건복지가족부(2009b). 2008 사회복지 자원봉사 통계연보.

배기효, 김한양, 김현수, 남연희, 도기봉, 오현숙 외(2007). 자원봉사론. 고양: 공동체.

성공회사회복지 · 선교네트워크(1999). 자원봉사의 길잡이.

승금희(2005). 자원봉사론. 서울: 대왕사.

안은영(2003). 자원봉사관리 과정이 자원봉사활동지속에 미치는 영향에 관한 연구. 자원봉사, 제2권 1호, pp. 59-103

오홍석(2003). 자원봉사조직의 운영효과에 영향을 미치는 요인에 관한 연구. 자원봉사, 2권, 1호, pp. 27-55.

오효근, 김욱(2008). 대학생 자원봉사활동의 지속성 결정요인에 대한 경로분석, 사회복지정책, 35권, pp. 297-327.

윤기종, 최승희(2009). 생태체계관점에서 본 청소년 자원봉사활동 지속요인. 한국청소년연구, 20권, 3호, pp. 5-31.

윤병국(2004). 자원봉사활동에 대한 자원봉사센터 실무자의 인식연구. 가톨릭대학교

사회복지대학원 석사학위논문.

윤석인(2003). 참여정부의 자원봉사 진흥방안 자원봉사와 시민참여, 참여정부와 민간 자원봉사계의 과제. 제34회 정기포럼자료집.

윤중현, 이수동(1994). 현대마케팅론. 서울: 범한서적.

이강현(2002). 자원봉사의 의미와 가치. 도시와 빈곤, 57.

이강현(2004). 자원봉사, 그 의미와 범주. 제1차 자원봉사관리자 포럼자료집. 한국자원봉사관리협회.

이강현, 김성경, 박윤애, 이성록(2005). 2005 한국인의 자원봉사 · 기부현황 조사연구: 1999-2005년 자원봉사 · 기부현황비교. 서울: 볼런티어 21.

이민창(2008). 우리나라 자원봉사연구의 경향분석. 지방정부연구, 12권, 1호. 한국지방정부학회.

이민창(2009). 자원봉사연구의 최근 동향. SAPA News & Platform, 2009년 12호, pp. 130-134.

이성록(2001). 자원봉사활동 관리조정론. 서울: 하문사.

이성록(2003a). 자원봉사 매니지먼트. 서울: 지식과 경영.

이성록(2003b). 자원봉사센터의 현실과 비전. 전국자원봉사센터 실무자워크숍 자료집. 한국자원봉사센터협의회.

이창호(2003). 자원봉사의 과제와 발전방향, 참여정부와 민간자원봉사계의 과제. 한국자원봉사포럼.

임번장, 이창섭, 손천택, 김경식(2003). 2002 월드컵 자원봉사자의 스포츠 이벤트 자원봉사 재참여 의사에 관한 연구. 한국스포츠 사회학회지, 제2호, pp. 311-325.

정무성, 조홍식, 이만식, 손의성, 김성철, 이종록 외(2009). 교회 자원봉사. 고양: 공동체.

조성숙(2009). 지역사회 복지자원 개발을 위한 노인자원봉사프로그램 활성화 방안. 사회과학논총, 제28집, 1호, pp. 307-332

조휘일(1997). 자원봉사에 대한 이해. 자원봉사의 기초. 한국사회복지협의회.

조휘일(2000). 자원봉사 프로그램 관리과정 개발에 관한 연구. (사례 중심으로 본) 자원봉사관리의 실제. 서울: 서울특별시 사회복지협의회.

주성수(2005). 자원봉사: 이론, 제도, 정책. 서울: 아르케.

최해진(2004). 갈등의 구조와 전략. 서울: 도서출판두남.

통계청(2010). 사회통계국 사회통계기획과 자원봉사활동자료. 국가통계포털 홈페이지(www.kosis.kr).

한국복지연구회(2001). 현대사회의 자원봉사론. 서울: 유풍출판사.

한국사회복지협의회(1997). 자원봉사 프로그램 백과, 제 1-10권.

한국자원봉사단체협의회(1998). 21세기와 자원봉사. 제1회 한국자원봉사전국대회 자료집.

한국자원봉사단체협의회(2002). 한국자원봉사단체 현황.

한국자원봉사센터협의회(2005). 전국자원봉사센터 관계관 워크숍 자료집.

한국자원봉사협의회(2007). 자원봉사활동 진흥을 위한 국가기본계획수립 연구용역보고서(2008–2012).

행정안전부(2009). 2008년 자원봉사센터 현황.

행정자치부(2003). 자원봉사활성화 추진방안.

행정자치부(2004). 행정자치백서.

행정자치부, 한국자원봉사센터협회(2005). 2005전국자원봉사센터 관계관 워크숍 자료집.

조선일보(2004. 9. 6.). 한해 150만 명…… 자원봉사 자리 잡았다.

중앙일보(2005. 6. 11.). 도우며 사는 재미 예전엔 몰랐어요.

Abdennur, A. (1987). *The Conflict Resolution Syndrome: Volunteerism, Violence, and Beyond*. Ottawa: University of Ottawa Press.

Australian Bureau of Statistics (2009). *Australian Social Trends 2008*.

Carrell, M., Elbert, N., & Hatfield R. (1995). *Human Resource Management: Global Strategies for Managing a Diverse Workforce* (5th ed.). Englewood Cliffs, NJ: Prentice Hall.

Dunn, P. (1995). Volunteer Management. *Encyclopedia of Social Work* (19th ed.). Washington, DC: NASW.

Ellis, S. J. (1986). *From the Top Down: The Executive Role in Volunteer Program Success*. Philadelphia: Energize Associates.

Fletcher, K. B. (1987). *The Keys to 9 Successful Volunteer Program*. Washington, DC.: The Taft Group.

Gallup Organization for Independent Sector (1990). *Giving and Volunteering in the United States*. Washington, DC: Independent Sector.

Gidron, B. (1983). Sources of Job Satisfaction Among Service Volunteers. *Journal of Voluntary Action Research, 12*(1), pp. 20 35.

Jacobson, A. (1978). *Standard and Guidelines for the Field of Volunteerism*. Association of Volunteer Bureaus.

Kotler, P., & Levi, S. (1969). Broadening the Concept of Marketing. *Journal of Marketing*, Vol. 33, pp. 10-15.

Macduff, N. (1987). *Volunteer Recruiting & Retention A Marketing Approach*. Washington: MBA Publishing.

Macduff, N. (1996). *Recruiting and Retention: A Marketing Approach*. Washington: MBA Publishing.

McCurley, S., & Lynch, R. (1998). *Essential volunteer management* (2nd ed.). London: Directory of Social Change.

Rafig, M. (1995). Using the 79s as a generic marketing mix: exploratory survey of UK and European marketing academics. *Marketing Intelligence and Planning*, Vol. 13, No. 9, pp. 4-15.

Statistics Canada (2009). *Caring Canadians, Involved Canadians: Highlights from the 2007 Canada Survey of Giving, Volunteering and Participation.*

Sieder, V., & Kirshbaum, D. (1977). Volunteers. *Encyclopedia of Social Work* (17th ed.). Washington, DC: NASW.

Smith, D. H., Macaulay, J., & Associates (1980). *Participation in Social and Political Activities: A Comprehensive Analysis of Political Involvement, Expressive Leasure Time, and Helping Behavior.* San Francisco: Jossey-Bass.

Smith, D. H. (1981). "Altruism, Volunteers and Volunteering." *Journal of Voluntary Action Research, 10*(1), pp. 21-36.

United Kingdom National Statistics(2009). *2007-2008 Citizenship Survey: Volunteering and Charitable Giving Topic.*

US Bureau of Labor Statistics (2009). *Economic New Release: Volunteering in the United States 2008.*

Van Til, J. (1988). *Mapping the Third Sector: Voluntarism in a Changing Social Economy.* New York: Foundation Center.

Vineyard, S. (1984). *Marketing Magic for Volunteer Programs.* Heritage Arto Publishing.

Wilson, M. (1970). *The Effective Management of Volunteer Programs.* Volunteer Management Associates.

웹사이트

한국사회복지협의회. www.kncsw.bokji.net.

한국자원봉사센터협회. www.kavc.or.kr.

사회복지봉사활동 인증관리. www.vsm.or.kr.

United Nations Volunteers. www.unv.org.

2001 Giving & Volunteering in the United States. www.independentsector.org.

찾아보기

저자 소개

이만식

연세대학교 사회사업과 학사

미국 뉴욕 컬럼비아대학교 사회복지대학원 사회복지학 박사

학교법인 연세대학교 가양4복지관 부관장 역임

사회복지공동모금회 중앙배분위원(부위원장) 역임

현 장로회신학대학교 목회전문대학원 사회복지전공 부교수

서울시 사회복지공동모금회 배분위원

손 신

연세대학교 사회사업과 학사

미국 뉴욕 컬럼비아대학교 사회복지대학원 사회복지학 박사

미국 뉴욕 코리안커뮤니티서비스 사무총장 역임

미국아시안노인연맹 뉴욕프로젝트 디렉터 역임

현 장로회신학대학교 사회복지전공 학술연구교수(전임강사)

신효진

이화여자대학교 사회사업과 학사

미국 뉴욕 컬럼비아대학교 사회복지대학원 사회복지학 박사

미국 뉴욕시립병원 정신의료사회복지사 역임

미국 뉴욕 퀸즈아동상담소 아동 및 학교사회복지사 역임

현 경일대학교 사회복지학과 조교수

21세기

자원봉사관리

–이론과 실제–

2010년 10월 4일 1판 1쇄 인쇄
2010년 10월 11일 1판 1쇄 발행

지은이 • 이만식 · 손 신 · 신효진
펴낸이 • 김진환

펴낸곳 • ㈜학지사
121-837 서울특별시 마포구 서교동 352-29 마인드월드빌딩 5층
대표전화 • 02) 330-5114 팩스 • 02) 324-2345
등록번호 • 제313-2006-000265호

홈페이지 • http://www.hakjisa.co.kr
커뮤니티 • http://cafe.naver.com/hakjisa

ISBN 978-89-6330-534-9 93330

정가 16,000원